权威·前沿·原创

皮书系列为
"十二五""十三五"国家重点图书出版规划项目

北京市哲学社会科学研究基地智库报告系列丛书

北京人口发展研究报告
（2018）

RESEARCH REPORT ON POPULATION DEVELOPMENT
IN BEIJING (2018)

主　编／洪小良　尹德挺　马小红

社会科学文献出版社
SOCIAL SCIENCES ACADEMIC PRESS（CHINA）

图书在版编目（CIP）数据

北京人口发展研究报告. 2018／洪小良，尹德挺，
马小红主编. －－北京：社会科学文献出版社，2018.12
（北京人口蓝皮书）
ISBN 978 - 7 - 5097 - 5846 - 5

Ⅰ. ①北… Ⅱ. ①洪… ②尹… ③马… Ⅲ. ①人口 -
研究报告 - 北京 - 2018 Ⅳ. ①C924. 24

中国版本图书馆 CIP 数据核字（2018）第 272469 号

北京人口蓝皮书
北京人口发展研究报告（2018）

主 编／洪小良 尹德挺 马小红

出 版 人／谢寿光
项目统筹／恽 薇 高 雁
责任编辑／王楠楠

出 版／社会科学文献出版社·经济与管理分社（010）59367226
地址：北京市北三环中路甲 29 号院华龙大厦 邮编：100029
网址：www. ssap. com. cn
发 行／市场营销中心（010）59367081 59367083
印 装／三河市龙林印务有限公司

规 格／开 本：787mm × 1092mm 1/16
印 张：20. 75 字 数：311 千字
版 次／2018 年 12 月第 1 版 2018 年 12 月第 1 次印刷
书 号／ISBN 978 - 7 - 5097 - 5846 - 5
定 价／98. 00 元

皮书序列号／PSN B - 2018 - 777 - 1/1

为贯彻落实中共中央和北京市委关于繁荣哲学社会科学的系列指示精神，北京市社科规划办和北京市教委自 2004 年以来，依托首都高校和科研机构的优势学科领域，建设了一批北京市哲学社会科学研究基地。研究基地在优化整合社科资源、资政育人、体制创新、服务首都改革发展等方面发挥了生力军作用，为首都新型高端智库建设进行了积极探索，做出了突出贡献。

　　围绕新时期首都改革发展的重点和热点问题，北京市哲学社会科学规划办公室与社会科学文献出版社联合推出"北京市哲学社会科学研究基地智库报告系列丛书"，旨在推动研究基地成果深度转化的同时打造首都新型智库拳头产品。

"北京人口蓝皮书"编委会

主　　　编　洪小良　尹德挺　马小红

副　主　编　陈志光

核心组成员　洪小良　尹德挺　马小红　张耀军　李　兵
　　　　　　　　王雪梅　闫　萍　吴　军　薛伟玲　菅立成
　　　　　　　　陈志光

本书作者　（按文序排列）
　　　　　　　　洪小良　陈志光　王凤祥　王雪梅　刘　洋
　　　　　　　　薛伟玲　李　兵　张航空　李林雪　李冬梅
　　　　　　　　杨胜慧　涂清华　张耀军　王小玺　郑翔文
　　　　　　　　赵泽原　王若丞　尹德挺　菅立成　史　毅
　　　　　　　　张　锋　吴　军　刘安琪　刘柯瑾

主要编撰者简介

主　编

洪小良　教授、硕士生导师。现任中共北京市委党校研究生部主任，北京社会建设研究会秘书长，中国社会学会理事。曾任中共北京市委党校社会学教研部主任、北京人口与社会发展中心首席专家。主要研究方向为社会治理、城市贫困与社会政策、流动人口及农民工问题。出版个人专著1部，合著多部，并在《中国人口科学》《中共中央党校学报》《北京社会科学》《北京行政学院学报》等期刊上发表论文30余篇。荣获4项省部级以上科研奖励：北京市哲学社会科学优秀成果二等奖2项、中国人口科学优秀成果二等奖2项。

尹德挺　教授，中共北京市委党校社会学教研部主任、北京市人口学会副会长。研究方向为京津冀协同发展、人口有序管理等。在《中国人口科学》《人口研究》等期刊上发表科研成果100余篇。荣获北京市哲学社会科学优秀科研成果奖、北京市优秀调研成果奖一等奖、全国党校系统优秀决策咨询成果奖一等奖、全国行政学院系统优秀科研成果奖一等奖等10余项省部级科研奖励。主持国家社科、北京市社科重点项目20余项。多篇研究报告获中央及省部级领导的肯定性批示。

马小红　中国人民大学人口学博士毕业，美国马里兰大学访问学者。现任中共北京市委党校（北京行政学院）北京市市情研究中心主任、图书馆馆长，北京人口学会、中国社会科学情报学会常务理事。主要研究方向为人口社会学、人口与社会发展、北京人口问题。已出版《当代北京人口》等著作 3 部，主编《二孩，你会生吗?》《北京人口发展研究报告》（2014、2017）等论文集和教材 5 部，在《中国人口科学》《人口研究》等报刊上公开发表论文 50 余篇，主持人口学方向的国家社科基金项目 1 项、北京市社科基金重点项目 3 项、决策咨询和政府委托项目 30 余项。

副主编

陈志光　副研究员，中共北京市委党校和中国人民大学联合培养博士后。2012 年毕业于中国人民大学社会与人口学院，获法学博士学位。在《人口研究》《山东社会科学》《东岳论丛》《兰州学刊》《山东师范大学学报》等期刊上发表多篇文章，出版个人专著 1 部，主持国家社科基金、天津市哲学社会科学规划等多项课题。

摘　要

　　一定规模的人口是城市生产生活运行的基础和前提，是影响经济社会发展最为关键的因素。北京市是一个拥有 2000 多万人口的特大城市，这是我们想问题、做决策、办事情必须始终把握的基本市情。本研究立足于京津冀协同发展、非首都功能疏解与城市副中心建设等新规划、新战略，利用人口、就业、住房、教育、交通、医疗、消费等方面的数据，使用描述性分析、模型分析、深度访谈、扎根研究等定量、定性方法，对展开有效的首都人口疏解、实现老龄化背景下的人口发展、做好流动人口聚居区的有效治理、服务科创人员的生产生活等现实性问题给出政策分析与对策建议。

　　第一部分是总报告，拟对北京市人口形势、人口问题与人口布局等展开系统分析。首先，介绍了北京市人口发展的一些新特征和规律。例如，人口规模呈现下降趋势，超低生育水平格局未变，劳动年龄人口比例下降，人口抚养比不断上升，外来人口"环中心"分布特征明显，制造、批发和零售等行业占比较高等。其次，描述了北京市人口发展面临的问题与挑战。主要包括人口调控难度大、人口分布不均衡、高技术人才与创新人才缺乏、农业转移人口市民化程度较低、老龄化社会面临巨大挑战、人口对资源环境生态的压力加剧、人口服务管理水平有待提高等。最后，提出了北京市人口发展的政策建议。重点是加强人口发展战略研究，提升人口信息化建设水平，促进生育政策和相关经济社会政策配套衔接，优化人口空间分布，提高人口文化教育水平，加大人才投资吸引力度，加快农业转移人口市民化进程，积极应对人口老龄化，促进京津冀人口协同发展。

　　第二部分是分报告，从人口流动与城市治理、人口老龄化挑战与应对、京津冀人口协同发展三个方面进行分析。人口流动与城市治理方面，包括三

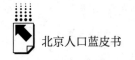

个报告：其一，北京市流动人口现状；其二，城乡结合部地区流动人口聚居与治理；其三，北京市高龄打工族社会保护研究。人口老龄化挑战与应对方面，包括两个报告：其一，北京市老年人口现状和变化趋势分析；其二，北京市养老服务——挑战与应对。京津冀协同与人口发展方面，包括三个报告：其一，京津冀人口发展态势；其二，京津冀协同发展背景下城市副中心职住平衡研究；其三，雄安新区人口发展及政策调控研究。

分报告"北京市流动人口现状"基于 2016 年全国流动人口卫生计生动态监测调查数据，对北京市流动人口基本情况、劳动就业、迁移和聚集状况进行了描述性分析，并与 2012 年数据进行比较。研究发现，党的十八大以来，北京市流动人口群体出现新变化、新特点：流动人口总量、比重呈双下降趋势；劳动年龄流动人口整体受教育程度提高、已婚人口大幅增加；流动人口求职途径趋于多元化、劳动合同签订率和就业职业层次均有提高。但是，首都经济对劳动人口的虹吸效应不减、在京流动人口向心性分布明显。总之，流动人口总量结构等变化特点将会影响首都人口的未来走势，应予以关注。报告建议，政府应更加重视流动人口的城市融入问题，加大对流动人口的社会保障力度。

分报告"城乡结合部地区流动人口聚居与治理"分别从社区层面和群体层面展现了流动人口聚居的基本现状与特点。发现城乡结合部地区流动人口总量呈先快速增加、后略有减少的趋势。但拆迁整治引发流动人口聚居变动的"堰塞湖效应"、流动人口就业—居住空间分离现象突出等。基于这些发现，报告进一步分析了城乡结合部地区人口疏解与治理面临的若干问题与挑战。报告建议，从"善治"出发重新思考流动人口聚居区治理，认为善治的前提是善待流动人口，善治的关键是在城乡结合部地区施行善政。

中国社会老龄化呈现快速上升趋势，学界关于劳动力结构老化的关注点主要集中在高龄农民工这一群体，但忽视了部分农转非以及城市户籍的高龄打工者，分报告"北京市高龄打工族社会保护研究"选取高龄打工族这一概念意在覆盖这三类群体，将其作为研究中国劳动力结构老化的切入点。报告根据 2015 年国家卫生和计划生育委员会流动人口动态监测数据，结合北京市实地访谈样本，分析北京市高龄打工族所面临的困境与风险。同时，借鉴国际组织的劳工社会保护政策，尝试构建北京市高龄打工族社会保护政策措施。

分报告"北京市老年人口现状和变化趋势分析"以 2015 年北京市 1% 人口抽样调查数据为主，辅以 1990 年、2000 年和 2010 年三次人口普查数据，对北京市人口老龄化、老年人口数量、性别构成、年龄构成、受教育程度、婚姻状况、家庭与户居状况、分布状况、在业状况、健康状况、主要生活来源状况等进行分析。分析发现，60 岁及以上老年人口比例突破 16%；北京市老年人的平均受教育年限为 9.7 年；近八成的老年人有配偶，近两成的老年人丧偶；仅老夫妇户和单身老人户比例超过三分之一；老年人口主要分布在城镇，比例超过八成；老年人主要从事农、林、牧、渔业，公共管理、社会保障和社会组织，建筑业，以及批发和零售业，比例接近六成；老年人身体健康的比例超过八成；老年人口的主要生活来源是离退休金、养老金和家庭其他成员供养，比例超过九成。

分报告"北京市养老服务——挑战与应对"分析了居家养老服务政策演变和养老机构政策演变、养老服务决策的科学性程度影响政策的延续性、部分养老服务项目定位不够清楚、政府与市场的边界模糊、短期内全面推行可复制性未知的项目、部分政策在基层落地不能生根、居家养老服务与养老机构服务分工不明确、养老服务供给与需要匹配的精准性不足、老龄大数据平台尚未搭建起来、人才队伍不足以支撑现有的养老服务体系建设等问题。因此，北京市养老服务未来要打造老年人口大数据平台，建立科学的决策机制，政策实施要试点先行、科学评估，确立政府与市场的精准界限，不同服务主体之间分工明确，养老服务项目要精准定位，实现养老服务供给与需求的精准匹配，加强养老服务人才队伍建设，借用外力服务老年人。

京津冀协同发展是新时代重大国家战略。进入 21 世纪以来，京津冀地区常住人口出现大幅增长，京津冀内部差异明显，形成了"京强、津中、冀弱"的局面，但近年来，河北人口增速最快，北京最慢。京津冀协同发展战略的核心是有序疏解北京非首都功能，通过调整优化经济、社会与空间

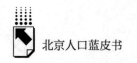

结构，推动京津冀地区的新发展，但是区域内部的人口流动仍旧是一种单向的流动，北京市是区域的核心区，经济发展、公共服务、基础设施等都占绝对优势，人口密集，大量人口的流入为首都经济社会注入活力，同时也带来交通拥堵、住房困难、资源紧张、环境污染等"大城市病"。适度的人口规模，是北京可持续发展的重要保障，但人口规模控制并非易事，也不是新鲜的话题，未来有很长的路要走。

分报告"京津冀协同发展背景下城市副中心职住平衡研究"运用大数据分析，整合各部门资源，从通州城市副中心总体建设情况、京津冀协同发展的大背景着眼，得出区域内常住人口结构变化、城镇化速度加快、产业调整升级、房屋空间分布、交通通勤时间等方面的数据资料。以人口结构、就业结构、空间结构为依托，以职住平衡为纽带，针对产业发展、人口调控、居住环境、交通情况，梳理通州城市副中心建设当中的人口、就业、居住现状，分析出通州职住距离和时间处于不合理范围，探讨就业—居住空间分异明显、职住失衡等一系列问题，进行职住空间失配现象和作用机制的研究，最终从就业空间、居住空间、通勤交通和配套设施四个方面提出优化的可行性对策，对未来通州区域的发展有十分现实的指导意义。

第三部分是专题报告，从人口疏解与首都功能提升、创新创业人才与城市发展两个方面进行分析。专题报告"北京市人口疏解的历史、现状与未来"以历史和多源数据的视角，分析了北京人口调控的关键特点、重要举措、效果、挑战及其应对策略，以期在新形势下为合理、有效调控北京人口提供一定的决策参考。第一，研究首先从人口调控机构设置、人口调控政策举措、人口调控参与主体和人口规划目标四个方面考察了新中国成立后至今北京市为有效控制人口总量采取的一系列相关举措。第二，利用美国经济分析局和北京市统计局的区域行业数据，对纽约都市区和北京市的人口和产业结构分布进行比较，试图发现大都市发展过程中人口和经济之间的联动关系，寻找产业空间转移的发展规律，为北京市及其中心城区人口疏解和产业结构优化提供参考和建议。第三，研究了人口疏解应避免的几个认识误区，包括人口疏解的要旨在于"降规模"、依赖纯行政手段的惯性思维还会奏效、"疏解"与"服务"是一对矛盾、人口疏解一蹴而就、人口调控的着眼点是个人、人口疏解"单兵作战"等。第四，探讨了化解人口疏解风险的帮扶保障政策体系。首都人口疏解工作既要讲求科学性、系统性、前瞻性，也要强调现实性、社会性与协调性，对与疏解相关的各类社会成员，尤其是中低收入群体给予必要的帮扶支持是满足人民群众对美好生活向往的题中应有之义，更是保障首都秩序与公共安全、确保疏解工作顺利完成的前提和基础。第五，提出首都人口疏解的政策建议。从国家层面来看，要制定首都圈相关规划和配套法律，深化分税制及转移支付制度的改革创新，加快实施中部崛起和西部大开发战略，大力提高中小城市的人口吸纳力，加快推进基本公共服务均等化。从省级层面来看，要运用市场手段引导人口外迁，减少特大城市对流动人口的过度需求，积极探索多主体综合调控模式，综合运用多手段调控人口规模，突出证件管理在人口管理中的调控功能，提升地方政府人口转移动力，加快市域内的人口合理分布，促进京津冀人口格局的优化。

城市满意度与居留意愿是社会学、人口学、经济学、管理学等最近一段时期经常讨论的话题之一。尤其是随着知识经济来临，诸如科技创新人才等高级人力资本对于城市发展竞争力越来越重要，其"选择某个城市或不选择某个城市"直接关系着城市发展能否制胜。专题报告"北京科技创新人才城市满意度与居留意愿分析"对北京320多位科技创新人才进行了问卷调查，结果发现：第一，在城市总体感受和评价上，他们的城市生活水平满意度评价偏低，工作环境满意度相对较高；第二，在长期居留意愿方面，科技创新人才对北京城市长期居留意愿并不是非常强烈，选择"会"长期居住的人数没有超过被调查人数的一半，反而，有35.7%被调查者持观望态度；第三，关于影响长期居留意愿的因素中，工作机会、城市生活便利性、城市包容性以及文化魅力都发挥着重要作用。因此，本报告建议，建设更具生活便利性、包容性和文化魅力的城市，对于吸引聚集科技创新人才有着重要作用。

专题报告"北京城市创新能力优势与不足：与上海、广州、深圳比较"不同于传统聚焦于专业创新人群的研究范式，该报告的城市创新涵盖了普通

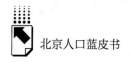

大众的创新。从这个更广义角度理解创新，报告把城市创新能力划分为三个方面：创新主体、创新资源、创新环境。基于此，将北京与上海、广州、深圳等大城市的创新情况进行了比较，数据主要采用四个城市 2017 年的统计年鉴。结果发现，第一，北京城市创新主体中的企业组织数量具有绝对优势，高新企业从业人数、高等学校、科研院所与社会组织等数量均高于上海、广州和深圳，但人口密度远低于这三个城市；第二，北京城市创新资源得天独厚，较上海、广州、深圳优势明显，然而，科研投入与产生效益低于深圳，专利含金量有待提升；第三，北京城市创新环境中绿色发展和公共服务资源方面具有明显优势，但城市包容度方面不如深圳。

关键词： 北京市　人口发展　人口疏解　老龄化　科技创新

Abstract

A certain scale of population is the basis and premise of urban production and life, and is the most critical factor affecting economic and social development. . Beijing is a mega-city with a population of more than 20 million. This is the basic situation that we must always grasp when we think about problems, make decisions and do things. Based on the new planning and strategy of Beijing-Tianjin-Hebei coordinated development, non-capital function relaxation and urban sub-center construction, this study uses the data of population, employment, housing, education, transportation, medical treatment and consumption, and uses quantitative and qualitative methods such as descriptive analysis, model analysis, in-depth interviews and grounded research. It also gives policy analysis and suggestions on the practical problems such as effective population mediation in the capital, population development under the background of aging, effective management of floating population settlements, and service for the production and life of science and technology innovators.

The first part is the general report, which is intended to systematically analyze the population situation, population problems and population distribution in Beijing. First, it introduces some new characteristics and laws of population development in Beijing. For example, the population size shows a downward trend, the pattern of ultra-low fertility level remains unchanged, the proportion of the working-age population declines, the ratio of population dependency keeps rising, the distribution characteristics of the "ring center" of the foreign population are obvious, and the proportion of manufacturing, wholesale and retail industries is higher. Secondly, it describes the problems and challenges faced by Beijing's population development. It mainly includes the difficulty of population control, the unbalanced population distribution, the lack of high-tech talents and innovative talents, the low degree of urbanization of agricultural transfer population, the enormous challenges facing the aging society, the intensification of population pressure on resources, environment and ecology, and the improvement of population service and management level. Finally, the policy recommendations for population development in Beijing are put forward. Emphasis is laid on strengthening the study of population development strategy, improving the level of population informatization, promoting the matching of fertility policy and related economic and social policies, optimizing the spatial distribution of population, improving the level of population culture and education, increasing the attraction of talent investment, accelerating the process of urbanization of agricultural transfer population, actively responding to the aging population, and promoting the coordinated development of Beijing-Tianjin-Hebei population.

The second part is a report, divided into three parts: population mobility and urban governance, population aging challenges and responses, Beijing-Tianjin-Hebei population coordinated development. The part of population migration and urban governance includes three parts: first, the characteristics and analysis of the floating population in Beijing; second, the settlement and governance of the floating population in the urban-rural fringe; third, the social protection of the elderly migrant workers in Beijing. Challenges and Countermeasures of population aging include two parts: first, the analysis of the current situation and problems of the elderly population in Beijing; second, the elderly services in Beijing-challenges and responses. The part of Beijing-Tianjin-Hebei synergy and population development includes three contents: first, the population development situation of Beijing-Tianjin-Hebei; second, the population problem and response of urban sub-center; third, the population problem and response of Xiong'an New Area.

Based on the data of the National Health and Family Planning Survey in 2016, the report" Current situation of floating population in Beijing" makes a descriptive analysis of the basic situation, employment, migration and aggregation of the floating population in Beijing, and compares them with the data of 2012. The study finds that since the 18th National Congress of the People's Republic of China, there have been new changes and new characteristics of the floating population in Beijing: the total number and proportion of the floating population have both declined; the overall education level of the working-age floating population has increased; the married population has greatly increased; the employment channels of the floating population have tended to be diversified; the signing rate of labor contracts and the employment occupational level have increased. However, the siphon effect of the capital economy on the working population remains unchanged, and the centripetal distribution of the floating population in Beijing is obvious. In a word, the total structure of floating population and other changes will affect the future trend of the capital population, which should be paid attention to. The report suggests that the government should pay more attention to the urban integration of the floating population and increase the social security of the floating population.

The report "Residence and Governance of Migrant Population in the Urban-Rural fringe" shows the basic situation and characteristics of the migrant population from the community level and group level. It was found that the total number of floating population in urban and rural areas increased rapidly and then decreased slightly. However, the "barrier Lake effect" caused by demolition and renovation, and the phenomenon of separation of employment and residential space of floating population are prominent. Based on these findings, the paper further analyzes some problems and challenges faced by population thinning and governance in urban-rural fringe areas. The report concludes with a proposal to rethink the governance of migrant settlements from the perspective of "good governance" and concludes that the prerequisite for good governance is good treatment of migrants and that the key to good governance is good governance in urban-rural fringe areas.

China's aging society is showing a rapid upward trend. The focus of academic attention on the aging of the labor force structure is mainly concentrated on the elderly migrant workers. However, some of them have neglected the "agricultural to non-agricultural" status transition and the urban household registration of the elderly migrant workers. It is intended to cover these three groups as a starting point to study the aging of China's labor structure. The concept of the elderly migrant workers in "A study on social protection of senior workers in Beijing" is selected as the breakthrough point to study the aging of China's labor structure. Based on the dynamic monitoring data of the floating population of the National Health and

Family Planning Commission in 2015 and the sample of field interviews in Beijing, the report analyzes the difficulties and risks faced by the elderly migrant workers in Beijing. At the same time, drawing lessons from the labor social protection policies of international organizations, the report try to construct the social protection policies and measures for the elderly migrant workers in Beijing.

Based on the sample survey data of 1% of the population in 2015, supplemented by the census data of 1990, 2000 and 2010, the report "Analysis of the Present Situation and Trend of the Elderly Population in Beijing" covers the aging population, the number of the elderly population, gender composition, age composition, education level, marital status, family and household status, distribution, employment status, health status, and major sources of living in Beijing. The analysis shows that the proportion of the elderly aged 60 years and over has exceeded 16%; the average length of education for the elderly in Beijing is 9.7 years; nearly 80% of the elderly have spouses, and nearly 20% of the elderly have widows; only one-third of the elderly households are elderly couples and living alone; the elderly population mainly distributes in cities and towns, with the proportion exceeding 80%; The elderly are mainly engaged in agriculture, forestry, animal husbandry, fishery, public administration, social security and social organizations, construction, wholesale and retail trade, with a proportion of nearly 60%; the proportion of the elderly in health is more than 80%; the main source of livelihood for the elderly is retirement pension and the support of other family members, more than 90%.

The report "Beijing Old-age Services: Challenges and Responses" analyzes the evolution of home-based old-age services policy and old-age institutions policy, the impact of scientific decision-making on the continuity of old-age services policy, the unclear positioning of some old-age services, the blurred boundary between the government and the market, and the short-term full implementation of replicable. Unknown projects, some policies can not take root at the grass-roots level, the division of labor between home-based care services and old-age institutions is not clear, the precision of matching the supply and demand of old-age services is insufficient, the old-age data platform has not yet been built, and the talent team is insufficient to support the existing old-age service system. Therefore, in the future, Beijing's pension services should build a large data platform for the elderly population, establish a scientific decision-making mechanism, implement policies through pilot projects and scientific evaluation, establish precise boundaries between the government and the market, and make clear the division of labor between different service subjects. The pension service items should be positioned precisely, the supply and demand of the pension service should be matched precisely, the construction of the talent team of the pension service should be strengthened, and external forces should be used to serve the elderly.

The coordinated development of Beijing, Tianjin and Hebei is a major national strategy in the new era. Since the beginning of the new century, the permanent population of Beijing-Tianjin-Hebei region has increased dramatically, and the difference between Beijing-Tianjin-Hebei region is obvious, which forms the situation of "Beijing is strong, Tianjin is medium and Hebei is weak". However, in recent years, the growth rate of Hebei is the fastest, and that of Beijing is the slowest. The core of Beijing-Tianjin-Hebei coordinated development strategy is to smooth out the non-capital function of Beijing in an orderly way, and to promote the new development of Beijing-Tianjin-Hebei region by adjusting and optimizing the economic, social and spatial structure. However, the population flow within the region is still a one-way flow. The core of Beijing-Tianjin-Hebei coordinated development strategy is to smooth out the non-capital function of Beijing in an orderly way, and to promote the new development of Beijing-Tianjin-Hebei region by adjusting and optimizing the economic, social and spatial structure. However, the population flow within the region is still a one-way flow. Beijing is the core area of the region, with economic development, public services and infrastructure occupying a dominant position. Densely populated, the inflow of large numbers of people into the capital economy and society to inject vitality, but also bring traffic congestion, housing difficulties, resource constraints, environmental pollution and other "big city disease". Moderate population size is an important guarantee for Beijing's sustainable development, but population size control is not easy, nor is it a new topic, there is a long way to go in the future.

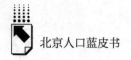
The report "Research on the Balance of Work and Residence of Urban Vice-centers under the Background of Beijing-Tianjin-Hebei Synergistic Development" uses large data analysis, integrates the resources of various departments, and the data of resident population structure change, urbanization speed, industrial adjustment and upgrading, housing spatial distribution, traffic commuting time and so on are obtained under the overall construction of Tongzhou City Vice-centers and the background of Beijing-Tianjin-Hebei synergistic development. Based on the population structure, employment structure and spatial structure, and with the balance of work and housing as a link, this paper combs the current situation of population, employment and residence in the construction of the urban sub-center of Tongzhou, aiming at the industrial development, population control, living environment and traffic conditions, and analyzes the unreasonable range of working and residence distance and time in Tongzhou. This paper discusses a series of problems such as obvious differentiation of employment-residential space and imbalance of occupational-residential space, studies the phenomenon and mechanism of occupational-residential space mismatch, and finally puts forward feasible countermeasures for optimization from four aspects: employment space, residential space, commuting traffic and supporting facilities, which is of practical guiding significance for the future development of Tongzhou region.

The third part is a special report, which includes two parts: population thinning and capital function upgrading, innovative and entrepreneurial talents and urban development. In order to provide certain decision-making reference, the special report "History, Current Situation and Future of Beijing Population Dissolution" analyzes the key characteristics, important measures, effects, challenges and Countermeasures of Beijing population control from the historical perspective and multi-source data perspective, with a view to rationally and effectively regulating Beijing population and realizing the "new normal" of Beijing population under the new situation. Firstly, this paper investigates a series of measures taken by Beijing to effectively control the total population since the founding of the People's Republic of China from four aspects: the establishment of population control institutions, population control policies and measures, population control participants and population planning objectives. Secondly, using the regional industry data of the US Bureau of Economic Analysis and the Beijing Bureau of Statistics, this paper compares the distribution of population and industrial structure between the metropolitan areas of New York and Beijing, and tries to find out the linkage between population and economy in the process of metropolitan development, and to find out the development law of industrial spatial transfer. It provides references and suggestions about urban population dispersion and industrial structure optimization for Beijing and its center. Third, we studied several misunderstandings that should be avoided in population dispersion. Including the main purpose of population mediation is to "reduce the scale", relying on pure administrative means of inertial thinking will also work, "mediation" and "service" is a pair of contradictions, population mediation quickly achieved, population control focus on the individual, population mediation "soldier combat" and other issues. Fourth, we should study the policy system of helping and defusing the risk of population dispersion. The work of population relief in the capital should not only be scientific, systematic and forward-looking, but also be realistic, social and coordinated. To give necessary support to all kinds of social members, especially, the necessary support from the middle and low-income groups is the premise to satisfy the people's yearning for a better life, and to ensure the order and public safety of the capital and the smooth completion of the mediation work. Fifth, policy recommendations on Population Dispersion in the capital. From the national level, we should formulate relevant plans and supporting laws for the capital circle, deepen the reform and innovation of the tax distribution system and transfer payment system, speed up the implementation of the strategy of the rise of the central region and the development of the western region, vigorously improve the population absorption of small and medium-sized cities, and accelerate the equalization of basic public services. From the provincial level, we should use market means to guide migration, reduce the excessive demand for migrant population in mega-cities, actively explore the multi-subject comprehensive regulation mode, comprehensively use multi-means to control population size, highlight the regulatory function of certificate management in population management, enhance the impetus of local government population transfer, and accelerate the reasonable distribution of population in the city area

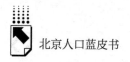

and promote the optimization of population structure in Beijing-Tianjin-Hebei region.

Urban satisfaction and dwelling desire are frequently discussed in recent years, such as sociology, demography, economics, management and so on. Especially with the advent of knowledge-based economy, high-level human capital, such as scientific and technological innovative talents, is becoming more and more important to the competitiveness of urban development. Its "choosing a city or not choosing a city" is directly related to the key to the success of urban development. The special report "Beijing Science and Technology Innovation Talents City Satisfaction and Residence Willingness Analysis" conducted a questionnaire survey of 320 science and technology innovative talents in Beijing. The results show that: First, in the overall feeling and evaluation of the city, their satisfaction with the urban living standard is low, and their satisfaction with the working environment is relatively high. Secondly, in terms of long-term residential willingness, technological innovators are not very keen on Beijing's long-term residential willingness. The number of people choosing "club" for long-term residential is not more than half of the number surveyed. On the contrary, 35.7% of the respondents hold a wait-and-see attitude. Thirdly, among the factors affecting long-term residential desire, job opportunities, urban convenience, urban inclusiveness and cultural charm play an important role. Therefore, this paper suggests that the construction of a more convenient, more inclusive and more cultural charm of the city, to attract the gathering of scientific and technological innovative talents has an important role.

The special report "Advantages and Disadvantages of Beijing's Urban Innovation Ability: Comparison with Shanghai, Guangzhou and Shenzhen" is different from the traditional research paradigm focusing on professional innovators. The report covers the innovation of the general public. To understand innovation in a broader sense, the report divides urban innovation capability into three aspects: innovation subject, innovation resource and innovation environment. Based on this, this paper compares the innovations of Beijing with those of Shanghai, Guangzhou and Shenzhen. The data are mainly from the statistical yearbook of four cities in 2017. The results show that, firstly, the number of enterprise organizations in the main body of urban innovation in Beijing has an absolute advantage. The number of employees of high-tech enterprises, universities, scientific research institutes and social organizations are higher than those in Shanghai, Guangzhou and Shenzhen, but the population density is far lower than those in other three cities. Secondly, Beijing is endowed with unique innovative resources, which have obvious advantages over Shanghai, Guangzhou and Shenzhen. However, the investment and benefit of scientific research are lower than Shenzhen, and the gold content of patents needs to be improved. Thirdly, Beijing has obvious advantages in green development and public service resources in the innovative environment of the city, but it is not as inclusive as Shenzhen.

Keywords: Beijing; Population Development; Population Disintegration; Aging; Science and Technology Innovation

目 录

Ⅰ 总报告

Ⅱ 分报告

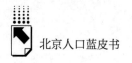
Ⅲ 专题报告

皮书数据库阅读**使用指南**

CONTENTS

I General Report

II Sub-reports

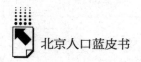
Ⅲ   Special Topic Reports

总 报 告

General Report

B.1
北京人口形势分析报告（2018）

洪小良　陈志光*

摘　要：　北京市是一个拥有2000多万人口的特大城市，这是我们想问
　　　　　题、做决策、办事情必须始终把握的基本市情。本报告拟对
　　　　　北京市人口形势、人口问题与人口布局等展开系统分析。第
　　　　　一，北京市人口发展呈现一些新的特征和规律。例如，人口
　　　　　规模呈现下降趋势，超低生育水平格局未变，劳动年龄人口
　　　　　比例下降，人口抚养比不断上升，外来人口"环中心"分布
　　　　　特征明显，制造、批发和零售等行业就业占比仍较高等。第
　　　　　二，北京市人口发展面临的问题与挑战。主要包括人口调控
　　　　　难度大，人口分布不均衡，高技术人才与创新人才缺乏，农
　　　　　业转移人口市民化程度较低，老龄化社会面临巨大挑战，人

* 洪小良，博士，教授，中共北京市委党校研究生部主任；陈志光，博士，副研究员，中共北
京市委党校博士后。

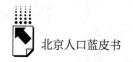
北京人口蓝皮书

口对资源、环境、生态的压力加剧，人口服务管理水平有待提高等。第三，针对北京市人口发展提出相应的政策建议。重点是加强人口发展战略研究，提升人口信息化建设水平，促进生育政策和相关经济社会政策配套衔接，优化人口空间分布，提高人口文化教育水平，加大人才投资吸引力度，加快农业转移人口市民化进程，积极应对人口老龄化，促进京津冀人口协同发展。

关键词： 北京市　人口　发展战略　服务管理

一定规模的人口是城市生产生活运行的基础和前提，是影响经济社会发展最为关键的因素。北京市是一个拥有2000多万人口的特大城市，这是我们想问题、做决策、办事情必须始终把握的基本市情。人口是一个非常复杂的系统，涉及人口数量、人口结构、人口分布、人口素质等多个方面和多个环节，也与生育、健康、家庭、教育、医疗、职业、养老等多项活动密切相关。人口系统具有长期性和稳定性，政策调整、经济发展、观念改变等众多因素都能够影响人口的发展，但这些作用都需要一代甚至是几代人的时间和努力才能完成。同时，人口系统也具有动态性和变化性，经济波动、突发问题、人口流迁等众多因素也能在很短的时间内给人口系统带来变化甚至是突变。因此，促进人口发展是一个艰巨、复杂的长期性工程，我们应尽最大努力做好人口规划工作，开展生育服务，提高人口素质，优化人口结构，引导人口合理分布，保障人口安全，促进人口与经济、社会、资源、环境协调可持续发展。

本报告拟对北京市本年度人口形势与人口问题展开系统分析。第一，详细阐述北京市人口规模、人口结构、人口分布以及人口素质等方面的新形势、新情况、新特征，从而综合反映北京市人口发展的总体面貌与整体特征。第二，深入研究当前北京市人口发展与经济发展、产业转型、资源平衡、环境保护、公共服务、城市安全之间面临的一系列重大考验，深刻揭示当前人口进程中的问题与困难。第三，依据北京城市总体规划和北京人口发展的特点与特征，提出一些有针对性的、有效的建议与措施，以期为北京市委、市政府未来的决策工作提供参考依据。

一 北京市人口发展形势

2018 年是党的十九大召开之后的第一年，是实施"十三五"规划的重要一年，是全面深化改革、加快建设的关键之年，也是北京市人口发展的重要一年。随着经济社会因素的变化、宏观政策背景的调整，北京人口发展形势出现了许多新的变化。

（一）人口规模呈现下降趋势

自 1949 年新中国成立以来，北京市常住人口规模呈现整体性上升的趋势，并表现出较强的阶段性特点，分别经历了 1949～1959 年的较快增长阶段，1960～1969 年的起伏阶段，1970～1994 年的平稳增长阶段，1995～1999 年的稳定阶段，2000～2005 年的快速增长阶段，2006～2010 年的特快增长阶段，2011～2016 年的增速回落阶段以及 2017 年以后的缓慢下降阶段（见图 1）。

北京市户籍人口的增长大体经历了四个阶段。第一阶段是 1949～1960 年的较快增长阶段，从 414 万人增加到 732 万人，年均增长近 30 万人。第二阶段是 1961～1970 年的起伏阶段，从 721 万人增加到 771 万人，年均增长 5.5 万人。第三阶段是 1971～2016 年的平稳增长阶段，从 783 万人增加到 1363 万人，年均增长 13 万人。第四阶段是 2017 年及以后，预测户籍人口将出现下降趋势（见图 2）。

北京市常住外来人口的增长大体经历了五个阶段。第一阶段是 1978～1985 年和 1986～1994 年，外来人口处于稳定时期。第二阶段是 1995～1999

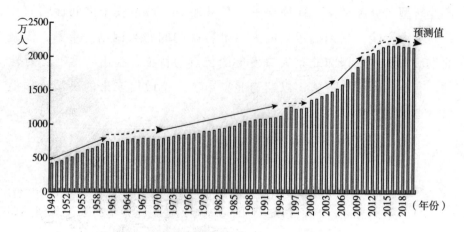

图1　北京市1949～2020年常住人口变动趋势

资料来源：历年北京统计年鉴和《当代北京人口》。

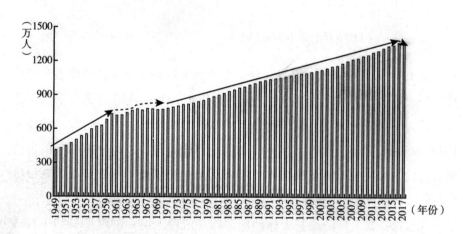

图2　北京市1949～2017年户籍人口变动趋势

资料来源：历年北京统计年鉴和《当代北京人口》。

年，外来人口的变化高低起伏。第三阶段是2000～2005年，外来人口增长迅速，年均增加20万人。第四阶段是2006～2010年，外来人口呈现特快增长态势，年均增加近70万人。第五阶段是从2011年以后，外来人口增速逐渐回落，直到2016年和2017年出现负增长（见图3）。

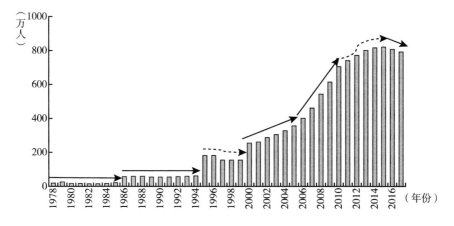

图3　北京市1978~2017年常住外来人口变动趋势

资料来源：历年北京统计年鉴。

（二）超低生育水平格局未变，人口死亡率基本保持稳定

在人口学研究中，一般把出生率在10‰以下（总和生育率约在1.3以下）称为超低生育水平。北京市人口出生率自1991年下降到10‰以下，之后再未超过10‰。其中，1998~2006年期间出生率达到最低水平，基本在5‰、6‰左右徘徊。2007年以后，出生率有所回升。特别是2015年"全面二孩"政策出台以后，北京市人口出生率进一步增长，从2015年的7.96‰上升到2017年的9.06‰，但仍没有超过10‰，还是处于超低生育阶段。北京市人口死亡率基本保持不变，1998~2017年的20年间，稳定在5‰左右（见图4）。

从分区人口自然变动情况来看，各区之间差异较大。从出生率来看，平谷区、大兴区都在10‰以上；从死亡率来看，东城区、西城区、密云区、平谷区较高，死亡人数相对较多。具体来看，密云区出生率为9.37‰，死亡率高达9.53‰，出生率小于死亡率，自然增长率为-0.16‰；东城区出生率和死亡率基本相等，一年自然增加人数仅为664人；西城区人口出生率为9.81‰，死亡率为7.55‰，自然增长率也仅为2.26‰；大兴区出生率为10.79‰，死亡率为4.67‰，自然增长率为各区最高，高达6.12‰；海淀区出

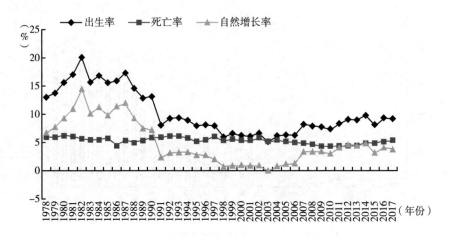

图4 北京市1978～2017年常住人口自然变动情况

生率为9.04‰，死亡率为4.01‰，自然增长率高达5.03‰；昌平区出生率为7.79‰，死亡率为3.43‰，自然增长率为4.36‰；朝阳区出生率为8.57‰，死亡率为4.33‰，自然增长率达4.24‰（见表1）。

表1 北京市2017年常住人口分区自然变动情况

单位：人，‰

地 区	出生人数	死亡人数	自然增加人数	出生率	死亡率	自然增长率
东 城 区	8315	7651	664	9.62	8.85	0.77
西 城 区	12165	9362	2803	9.81	7.55	2.26
朝 阳 区	32559	16454	16105	8.57	4.33	4.24
丰 台 区	20138	11129	9009	9.07	5.01	4.06
石景山区	5240	3749	1491	8.41	6.02	2.39
海 淀 区	31974	14176	17798	9.04	4.01	5.03
门头沟区	2727	2256	471	8.62	7.13	1.49
房 山 区	10831	7505	3326	9.63	6.67	2.96
通 州 区	11741	7820	3921	8	5.33	2.67
顺 义 区	10633	7158	3475	9.65	6.5	3.15
昌 平 区	15859	6985	8874	7.79	3.43	4.36
大 兴 区	18636	8069	10567	10.79	4.67	6.12
怀 柔 区	3447	2400	1047	8.64	6.02	2.62
平 谷 区	5160	3589	1571	11.66	8.11	3.55
密 云 区	4557	4637	−80	9.37	9.53	−0.16
延 庆 区	2816	2059	757	8.44	6.17	2.27

资料来源：北京统计局公布的数据。

（三）劳动年龄人口比例下降，人口抚养比不断上升

对于人类社会或国家中的男女性别比，人口学上通常是以每 100 位女性所对应的男性数目为计算标准。从 1978～2017 年的人口性别比数据来看，北京市人口性别结构变动较大。从 1978 年到 1986 年，人口性别比稳定在 103 和 104 之间；从 1987 年到 1995 年，人口性别比在 100～101 区间内波动，人口性别结构处于基本平衡状态；2000～2004 年，人口性别比高达 109 左右，人口性别结构处于一种失衡状态；从 2010 年开始，人口性别比又进入了缓慢下降阶段，从 2010 年的 107 下降到 2017 年的 104，人口性别结构正在重新趋于平衡（见图 5）。

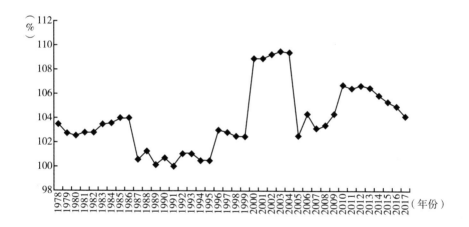

图 5 北京市 1978～2017 年人口性别比

如图 6 所示，北京市已进入老龄化社会，2017 年 65 岁及以上老年人为 237.6 万人，占总人口的 10.5%。受"全面二孩"生育政策等因素影响，近年来北京市生育率逐渐上升，0～14 岁少年儿童占总人口比重由 2010 年的 8.6% 增长到 2017 年的 10.4%。与老年、儿童比例上升相对应的是 15～64 岁劳动年龄人口比例的逐年下降，所占比例由 2010 年的 82.7% 回落到 2017 年的 78.6%。人口总抚养比从 2010 年的 21% 上升到 2017 年的 27%，换言之，100 名劳动年龄人口在 2010 年需要抚养 21 名老人、儿童，而到

2017 年需要抚养 27 名老人、儿童。如果从户籍人口角度来看，北京市的人口负担问题更为严重，只是外来人口的增加，特别是 20 ~ 34 岁年轻劳动力的大量涌入，使其得到了很大程度上的缓解。

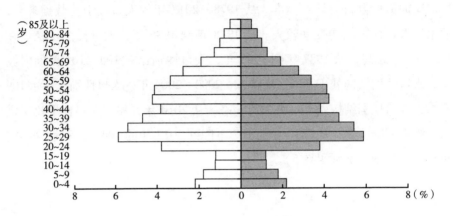

图 6　北京市 2017 年人口年龄分布

资料来源：北京市统计局公布数据。

从 1978 ~ 2016 年人口城乡结构来看，北京市人口城镇化率一直呈不断增长趋势，主要分为三个阶段。第一阶段是 1978 ~ 1989 年，人口城镇化率从 55% 增加到 61.8%，每年约增长 0.6 个百分点。第二阶段是 1990 ~ 2004 年，人口城镇化率从 73.5% 增加到 79.5%，每年约增长 0.4 个百分点。第三阶段是 2005 年至今，人口城镇化率从 83.6% 增加到 86.5%，每年约增长 0.2 个百分点（见图 7）。

（四）外来人口"环中心"分布特征明显

从区级人口分布情况来看，朝阳区常住人口为 374 万人，居各区之首；海淀区常住人口为 348 万人，位居第二。同时，这两个区也是吸纳外来人口较多的区域，两个区外来人口规模近 300 万人，占全市外来人口总数的近 40%。而昌平、大兴、顺义、通州等区的外来人口也较多，昌平区外来人口规模超过户籍人口规模，是全市唯一一个人口倒挂的区级单位（见图 8）。

从区级人口密度情况来看，2013 ~ 2017 年中心城区人口密度有所下降。

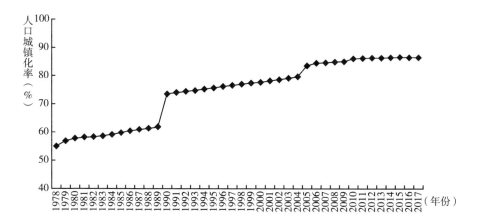

图 7　北京市 1978~2017 年人口城镇化趋势

资料来源：历年北京统计年鉴。

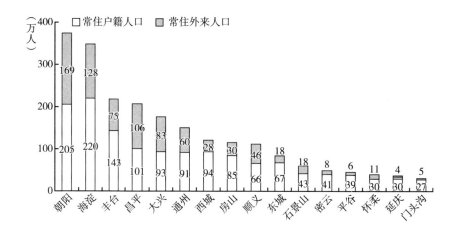

图 8　北京市 2017 年分区人口规模

资料来源：北京市统计局公布数据。

东城区人口密度从 2013 年的 21715 人/平方公里降低到 2017 年的 20330 人/平方公里，降幅 6.4%；西城区人口密度从 2013 年的 25787 人/平方公里降低到 2017 年的 24144 人/平方公里，降幅也是 6.4%。朝阳、海淀、丰台、石景山四区的人口密度也都有不同程度的下降（见图 9）。

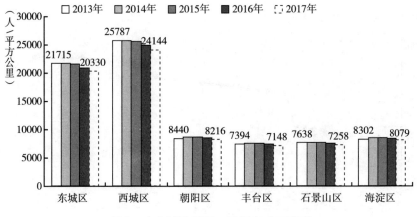

图9 中心城区2013~2017年人口密度

资料来源：历年北京统计年鉴。

从分街道人口密度情况来看，北京市各街道的人口密度差异也极大，特别是户籍人口形成了典型的"向心化"分布态势。中心城区人口高度集中，人口密度很大，如东城区的北新桥街道、西城区的大栅栏街道，人口密度超过40000人/平方公里；西城区的牛街街道、广安门内街道、月坛街道、椿树街道、白纸坊街道、德胜街道，东城区的交道口街道、崇文门外街道、朝阳门街道、安定门街道，人口密度超过30000人/平方公里。随着离中心地区的距离递增，人口密度也相应不断下降。

与户籍人口向心化分布不同的是，北京市外来人口呈现"环中心"分布趋势，集中分布在四环到六环区域内，且集聚区不断向外扩展。从2010年人口普查数据来看，朝阳区的高碑店乡、来广营乡、小红门乡、崔各庄乡，海淀区的上地街道、海淀镇，顺义区的双丰街道、昌平区的回龙观区域、沙河镇，大兴区的旧宫镇、黄村镇、西红门镇等城乡结合部区域，外来人口已经超过50%，即外来人口比户籍人口还多，形成人口倒挂。

（五）三成人口受过大学及以上教育

从2014~2017年的数据分析来看，北京市人口受教育程度几年来变化不大。总体来看，北京市人口的受教育程度较高，大学专科及以上学历的比例达35%以上。其中，近五分之一人口受过大学本科教育，近5%受过研究生教育。但小学、初中文化程度的人口占比仍较大，约10%人口只有小学文化程度，约30%人口只有初中文化程度。从分性别的受教育程度来看，女性的受教育程度稍低，2014～2017年，女性受教育程度为小学的比例高出男性2个百分点左右，研究生教育程度的比例也低于男性（见表2）。

表2　北京市2014～2017年6岁及以上人口分性别受教育程度

单位：%

受教育程度	2014年		2015年		2016年		2017年	
	男	女	男	女	男	女	男	女
小　学	9.8	11.6	11.0	13.2	10.5	12.8	10.6	13.1
初　中	30.7	26.3	29.6	26.0	30.6	26.8	28.8	25.9
普通高中	16.0	14.7	14.7	14.8	14.6	14.5	14.9	14.8
中　职	6.7	6.4	7.7	7.0	7.2	6.8	7.5	6.7
大学专科	12.7	13.3	12.9	13.2	13.1	13.6	13.6	13.9
大学本科	17.8	20.4	18.3	18.0	18.2	18.1	18.7	18.6
研究生	5.2	4.2	4.7	4.3	4.7	4.3	5.1	4.7

资料来源：北京市历年统计年鉴。

（六）城乡家庭规模小型化

从城镇家庭户规模来看，二人户和三人户最多，两者比例都在30%左右，近两年二人户比例稍有上升，而三人户比例稍有下降。下降最多的是一人户家庭，所占比重从2010年的25.7%降到2017年的21.7%。四人户和五人及以上户所占比重有所增长，四人户家庭所占比重从2010年的8.6%上升到2017年的10.3%，五人及以上户家庭所占比重从2010年的5.8%上升到2017年的8.2%（见图10）。

从乡村家庭户规模来看，二人户所占比重最大，且呈现上升趋势，从2010年的29%上升到2017年的32.3%。次之的是三人户，但是其比重呈现迅速下降趋势，从2010年的26.4%下降到2017年的22.1%。一人户比重虽然有所波动，但基本保持平稳。四人户家庭所占比重从2010年的14.2%下降到

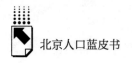
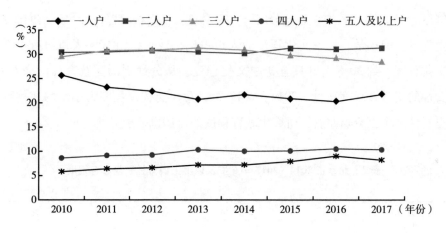

图10 北京市 2010～2017 年不同城镇家庭户规模占比情况

2017 年的 11.8%，减少趋势明显。与之相反的是，近年来五人及以上户家庭呈现明显的上升趋势，从 2010 年的 11.7% 上升到 2017 年的 13.7%（见图 11）。

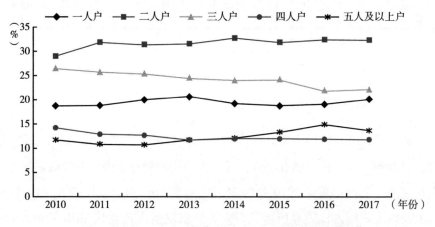

图11 北京市 2010～2017 年不同乡村家庭户规模占比情况

（七）制造、批发和零售等行业就业占比仍较高

从常住人口来看，全市第一、第二、第三产业的就业人口比例分别由 1978 年的 28.3%、40.1% 以及 31.6% 变为 2017 年的 3.9%、15.5% 以及 80.6%。按登记注册类型分，在有限责任公司和私营企业就职的员工最多，

占比分别为28.4%和27.5%。次之的是国有单位和股份有限公司，占比分别为16.4%和11.1%。在外商投资企业和港、澳、台商投资企业就业的比例也较大，分别为7.1%和5.8%（见图12）。

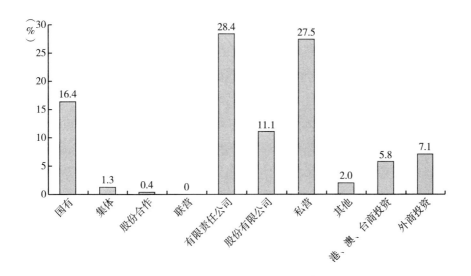

图12 北京市2017年按登记注册类型分从业人员占比

按国民经济行业划分，在租赁和商务服务业就业的人员最多，占比为15.5%；次之的是批发和零售业以及科学研究和技术服务业，就业人口分别占总就业人口的11.6%和9.5%；再次之的是制造业以及信息传输、软件和信息技术服务业，就业人口占比分别为9.3%和9.1%；建筑业，交通运输、仓储和邮政业，房地产业，金融业，教育等行业就业人口占比基本在5%～6%（见图13）。

（八）"中心就业＋郊区居住"的职住分离特征凸显

就业人口"职住分离"几乎是所有大城市的主要特征之一，北京亦不例外。我们使用"就业居住偏离人数"衡量北京市的职住分离特征。就业居住偏离人数＝各区实际就业人口－各区劳动年龄人口×全市劳动年龄人口平均就业率。以东城区为例来看，全区15～64岁的劳动年龄人口为72万

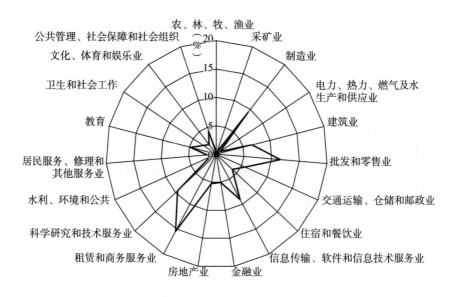

图13 北京市2017年按行业分就业人口占比雷达图

人，乘以全市劳动年龄人口平均就业率0.64，应有46万就业人口，但东城区实际就业人口为85万人，实际和应有之间相差39万人。从图14可以看出，东城、西城、朝阳、海淀、顺义是吸纳就业人口的主要流入地，而昌平、通州、丰台、房山等区是就业人口的主要流出地（见图14）。

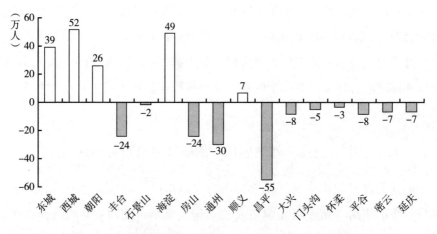

图14 北京市各区2013年劳动年龄人口就业居住偏离人数

资料来源：《北京经济普查年鉴（2013）》。

二 北京市人口发展面临的问题与挑战

作为全国的政治中心、文化中心、对外交流中心和科技创新中心，首都北京有着独特的政治、文化、科技等资源优势，在此基础上形成了大量人口聚集的发展态势，由此也带来了各种人口、社会问题。

（一）人口较多，人口调控难度大

北京人口规模从 1978 年的 871.5 万人上升到 2017 年的 2170.7 万人。一方面，人口规模快速扩大为城市发展带来新的劳动力，促进了首都经济社会的快速发展。另一方面，人口规模过大成为长期困扰北京的一个大问题，对北京市的资源、环境带来了巨大压力，造成了交通拥堵、就业紧张、住房不足、环境恶化、水资源紧缺等一系列问题。因而对北京市人口的调控也成为社会各界关注的焦点。人口调控政策属于社会政策系统，随着特定时期社会经济、环境发展状况和人口系统的变化而不断调整，但北京人口规划屡设屡破，问题突出。1983 年出台的《北京市城市建设总体规划方案》提出，要把北京市 2000 年的人口规模控制在 1000 万人左右。仅仅 3 年后，1986 年北京市总人口已达 1000 万人。《北京城市总体规划（1991 年—2010 年）》要求，2010 年北京市常住人口控制在 1250 万人左右，事实是，2000 年第五次全国人口普查结果显示，北京市常住人口已达 1382 万人。《北京城市总体规划（2004 年—2020 年）》提出，2020 年北京的总人口要控制在 1800 万人。但北京市统计局发布的数据显示，2009 年，北京市常住人口已达 1860 万人。因此，人口规模的巨大与人口调控的艰难成为北京人口发展中最为突出问题。

（二）婴幼儿照料面临较多困境，生育率难以大幅提升

"全面二孩"政策实施以来，全市迎来生育高峰，常住人口出生率从 2015 年的 7.96‰ 上升到 2017 年的 9.06‰。全市孕前检查、住院分娩、母婴保健、预防接种等服务都出现供给不足、分配不均的问题。各大医院的产

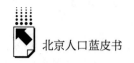

房、床位等硬件设施和助产能力、孕产妇和新生儿危急重症救治能力等都面临重大考验。大型公共场所、公共交通工具、旅游景区景点等场所缺乏母婴室或婴儿护理台，难以保障母婴权益。公办托儿所、托儿中心非常少，托幼服务明显发展不足，难以满足群众的需求，托幼服务体系亟待建立。幼儿园、学前教育、儿童照料等资源供不应求，"入园难""上学难"等问题困扰着无数家庭，许多生育妇女被迫延长产假，甚至中断职业生涯。对于育龄女性及处于孕期、产期、哺乳期"三期"女性的就业歧视一直存在，在岗的女性职工在"三期"遭受用人单位不公平对待的情形也时有发生。面临这些难题与困境，北京市未来生育率不会出现大幅提高。

（三）人口分布不均衡

北京市人口分布呈现不均衡趋势，一方面，北京市人口空间分布呈现向心化趋势和同心圆趋势，优质公共资源和城市功能过多集中于中心城区，造成中心城区人口密度过大、发展压力增大；另一方面，北京市人口自中心城区→中郊→远郊的空间递推特征也十分明显。20世纪80年代以来，北京都市区人口次中心数量不断增加，人口分布呈现明显的分散化和多中心化趋势。城市功能拓展区人口趋于集中和不均衡，并在以上地为核心的海淀、朝阳、昌平三区接壤地带和以高碑店为核心的朝阳和通州区的走廊地带形成了人口快速增长的两个副中心。同时，由于流动人口不断地流入，城乡结合部、城中村成为人口集聚、社会治理的重点区域。人口空间分布的不平衡带来许多严重的问题。其一，与产业发展不相匹配。由于人口集中在中心城区，近郊、远郊各区的功能规划都受到不同程度的影响，既不利于首都功能产业布局，也不利于京津冀整体的功能协同。其二，给基本公共服务带来巨大压力。人口过多与供给不足的矛盾尖锐，使得基本公共服务规模不足、质量不高、发展不快等短板突出，资源配置不均衡、硬件软件不协调、服务水平差异较大等难题频出，就业难、住房难、上学难、就医难等问题凸显。其三，造成严重的交通拥堵。2017年第三季度北京市交通高峰拥堵延时指数为1.6，即高峰出行时间是畅通状态下出行时间的1.6倍，高峰平均行车速度仅为 29 公里/小时。如图 15 所示，上下班时间北京市交通道路全线拥堵，给人民群众的出行带来极大的不便。

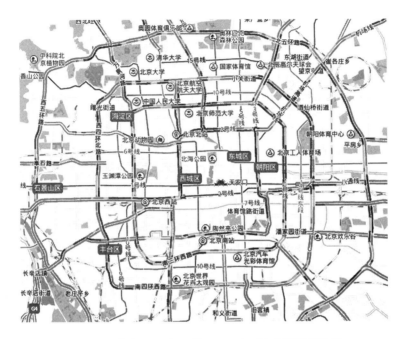

图 15　北京市 2018 年 6 月 29 日 18：00 交通拥堵路况

（四）高技术人才与创新人才缺乏

人口的一个很重要方面是人口素质，而人口素质往往体现为人才的数量与质量。人才是一个城市发展的根本，人才是支撑发展的第一资源。实现高质量发展、建设现代化经济体系，人才是关键。北京定位为全球创新中心，其产业升级、动能转换、城市更新都需要人才支持。但是，现在北京城市发展所面临的商业机会与可以吸引到的合格管理技术人才之间的不平衡变得愈加严重。以金融行业为例来看，国际化人才、金融监管人才、特许金融分析师、金融风险分析师、国际注册会计师、金融工程师和行业研究员等岗位人才需求非常强烈，但往往供不应求。再以地铁行业的技术人员需求为例来看，近十年来，北京地铁线路越开越多，运营里程也保持强势增长。地铁线路与运

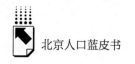

营里程双增长的背后，为了保障地铁的安全、便捷运行，如何补充和培养人才，成了一道绕不过的考题。截至 2017 年底，北京市轨道交通运营总里程 608 公里，根据《北京城市总体规划（2016 年—2035 年)》，到 2020 年，北京市轨道交通里程将达到 1000 公里左右，新增 400 公里地铁里程，以每公里需要 60~70 名技术人员来计算，未来三年，地铁行业技术人员缺口在 2.5 万~3 万人。

（五）农业转移人口市民化程度较低

当前，北京市常住人口为 2170 多万人，外来人口有近 800 万人，其中大多数是农业转移人口。由于劳动市场分割，大部分农业转移人口被排斥到相对低端的次级劳动力市场工作，主要集中在制造业、批发零售业、居民服务业以及住宿和餐饮业等；从事金融业、信息软件业、科学研究业的比例很小。农业转移人口租房居住的占大多数，已购商品房的较少，能够享受到廉租房、公租房、政策性保障房的更是数量稀少。农业转移人口特别是农民工集聚在工棚、临建房、简易房、城中村中，给城市的住房建设和公共安全带来巨大的压力。相关数据表明，农业转移人口参加社会保险的比例较低，社会保障状况堪忧。随迁子女入学证明材料种类繁多，涵盖"身份证""暂住证""劳务合同"等十余种；这些手续的办理过程不仅消耗了农业转移人口大量的时间精力，而且有的还不能在限定时间内办理成功。随迁学生在学习中遇到诸多问题，如学习成绩差、学习压力大、缺少朋友、人际交往困难，造成孤僻、自卑、不信任的人格特点。同时，农业转移人口在北京市的居留意愿、融入意愿、养老意愿都不高，与本地居民的社会距离还比较大，对城市的认同感也较低。总之，虽然随着经济社会的发展，农业转移人口的生产生活有了很大的进步，但他们仍处于就业状况差、收入水平低、住房设施缺、社保参与低、子女教育难、居留意愿弱、社会距离大的"半市民化"阶段。

（六）老龄化社会面临巨大挑战

北京市已经进入人口老龄化加速期，老年人口的强烈需求与养老服务业发展滞后的矛盾日益突出。一是老年人口基数大、占比高，截至 2017 年底，全市 60 岁以上常住老年人口为 358.2 万人，占全市总人口的 16.5%。二是人口老龄化、高龄化、空巢化、家庭小型化"四化"叠加，产生放大效应，给应对人口老龄化增加了难度。三是"未富先老""未备先老"并存，应对人口老龄化准备不充分。四是老龄工作和养老体系建设体制机制尚不健全，人才队伍较为短缺，涉老政策碎片化；涉老部门沟通协调不顺畅、互通衔接不充分；养老服务有效供给不足，质量效益不高。

（七）人口对资源生态环境的压力加剧

由于人口高度集中，社会经济活动频繁，以资源短缺、环境污染为核心的区域生态环境问题已成为严重制约首都可持续发展的短板。以水资源为例来看，2017 年，北京市水资源总量为 29 亿立方米，比 2016 年下降 17.3%。按照 2017 年常住人口 2170.7 万人计算，北京市人均水资源占有量为 133.6 立方米，严重低于国际公认的人均 1000 立方米的缺水警戒线，人多水少是北京的基本市情水情。空气污染也是社会各界特别关注的环境问题之一。2017 年，北京市 PM2.5 年平均浓度为 58 微克/立方米，发生空气重污染过程 4 次，造成重污染日 5 天。截至 2018 年上半年，北京市空气仍然处于经常污染的状况（见图 16）。

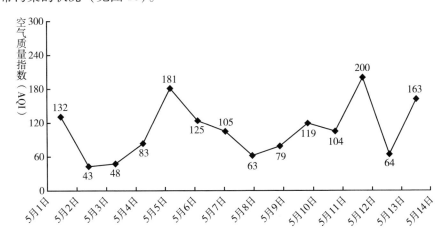

图 16 北京市 2018 年 5 月 1 日～5 月 14 日空气质量指数

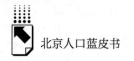

（八）人口服务管理水平有待提高

北京作为人口大市，虽然拥有庞大的人口信息资源，但是在人口信息资源的管理方面还有诸多不完善之处，数据统计口径不一致、数据漏报与缺失现象严重、数据共享机制不健全，致使人口数据在实际应用中发挥的作用十分有限，有效的人口预警机制难以构建。人口服务管理仍处于粗放式阶段，服务管理工作浮于表面，停留在理论或制度层面，缺乏对具体管理方法和手段的研究，针对性、操作性和稳定性不强。人口服务管理组织构架和职能定位不够合理清晰，管理层次较多，管理中存在众多交叉、盲点和结合部，造成服务管理效率低下。许多地区和部门的人口服务管理工作满足于"差不多、过得去"，远未达到精确、量化和规范的要求。

三　北京市人口发展的政策建议

人口发展有其自身独特的运行规律，既受到宏观政策、市场经济、个体选择等多方面因素影响，也对经济社会发展、资源生态环境等因素具有反作用。北京市作为全国的政治中心、文化中心、对外交流中心和科技创新中心，全市必须不断提高人口服务管理水平，保持人口数量稳定，促进人口结构优化，合理布局人口分布，使人口发展为经济社会良好运行提供坚实基础和根本保障。

（一）加强人口发展战略研究

人口问题始终是基础性、战略性问题，是制约全面协调可持续发展的重大问题，是影响经济社会发展的关键问题。做好人口发展战略研究，准确把握人口发展长期趋势，是做好产业布局、资源配置、福利安排等的基本依据。我们要强化人口发展的基础和保障地位，积极将人口发展纳入全市国民经济和社会发展的总体规划。促进人口与经济社会协调推进，加强人口因素变化与经济社会发展、资源节约、环境保护内在关系的研究。准确把握生育、死亡、分布、流动等方面的现状特征和发展趋势，加强对新的经济社会环境下生育模式及相关影响因素的研究，加强家庭发展、人口老龄化及老龄健康的经济社会影响研究，加强人口与经济、社会、资源、环境互动关系的研究。准确认识新时代北京人口发展的新特点新规律，不断研究探索人口发展的新模式新方法，深刻揭示促进人口长期均衡发展的新机制新动能，持续推进各阶段人口工作的创新发展。

（二）提升人口信息化建设水平

加强政府部门间协调与合作，充分利用卫健、统计、公安、工商、民政、社保、农业等部门的信息资源和数据基础，建立起全市人口信息资源收集、传输、存储的共享机制。推进四级服务网络联动，实现市中心与区县、乡镇街、村居人口信息网络的有机链接，使人口信息系统形成多元、多层、多级服务管理平台，实现人口服务管理区域的"一盘棋"。完善以常住人口基础信息为主要内容，以自主采集为基础、办事采集与共享采集为主要手段的人口信息采集体系建设，提高信息采集能力和数据质量。进一步提高信息覆盖率、完整率和准确率，建成标准统一、管理规范、覆盖全部人口的个案信息库。借鉴各地"以房管人""以业管人""以证管人"的模式与经验，构建全市体系的人口动态监测统计系统，掌握人口的变动信息和前后的对比状况。加强全员人口信息的分析与应用，在服务领导决策、提供政策依据、调控人口规模、引导人口有序流动和合理分布等方面发挥重要作用。

（三）促进生育政策和相关经济社会政策配套衔接

准确把握当前人口出生状况和育龄妇女、生育旺盛期妇女、少儿人数在总人口中的占比，以及性别比和人口流动的状况，有助于在研究制定和调整完善相关经济社会政策时，更好、更有针对性地与生育政策配套衔接。做好优生优育全程服务，为生育妇女提供优质的婚前孕前咨询指导、优生优育健康检查、住院分娩、母婴保健、儿童预防接种等服务。深化生育服务证制度改革，加强生育信息采集和出生医学证明管理，全面推进人口婚育证明电子

化改革，提高工作效率。健全流动孕产妇健康和生育服务体系，提升服务流动孕产妇健康和生育的能力。重点加强各级妇产专科医院和综合医院妇产科急危重症救治能力建设，建设助产实训中心，建立健全基层产院、产科和有关大医院应急转诊通道。加强出生缺陷综合防治，开展出生缺陷发生机理和防治技术研究，推进新生儿疾病筛查、诊断和治疗工作。完善计划生育奖励假制度和配偶陪产假制度，鼓励雇主为孕期和哺乳期妇女提供灵活的工作时间安排及必要的便利条件。出台相关措施，提高月嫂、保姆、小时工等人员的服务水平，确保婴幼儿得到良好的照料，解决妇女生育的后顾之忧。加强科学预测，合理规划配置幼儿抚育、儿童照料、幼儿园和中小学教育等资源，满足新增儿童需求。

（四）促进女性发展，培育和谐家庭

加强怀孕生育全程管理和服务，协调卫健、食药监、公安等部门健全查处"两非"案件长效机制。完善出生实名登记和统计制度，准确掌握出生人口性别比状况。深化关爱女孩行动，在全市形成关心女孩成长、促进女孩家庭发展的良好氛围，健全有利于女孩健康成长的利益导向机制。通过《妇女权益保障法》《妇女劳动保护法》等法律、法规进一步保护妇女的权益。加大对女性的教育和职业培训，消除阻碍女性职业发展的政策法规，为社会各领域的女性人才成长创造条件。通过电视、网络、报纸、微博、微信等媒体多宣扬、突出妇女的贡献和付出，增强她们的家庭话语权，提高她们的社会经济地位。家庭是人类生产生活的基本活动单位，是个体从出生、成长，到晚年生活的主要活动场所。促进全市每一个家庭美满和谐和每一位家庭成员健康成长是我们人口发展的根本目标之一。加强街道、居委会调解夫妻关系、家庭矛盾、邻里纠纷、社区冲突的功能，通过"模范家庭""五好家庭""文明家庭"等的宣传与教育活动，促进众多家庭的和谐与发展。

（五）优化人口空间分布

北京市要按照现代化城市的发展方向与建设标准，结合常住人口规模、

性别年龄结构、产业转型升级需求、公共服务设施配置等指标，合理布局人口空间分布状况。核心区的高密度人口亟须疏解，特别是高污染、高耗能的制造企业要加快转移、疏解速度。要引导优质的教育、医疗资源及文化、体育、娱乐等重大项目向功能扩展区和新城集聚，加快建设适应人口和产业集聚需求、优质高效的设施体系，完善城市的载体功能，提高城市的现代化水平。功能拓展区的集聚功能也要逐渐加强，更多地承担居住和服务功能，吸引核心区人口的转移和输入，与核心区进行协同协调发展。同时，功能拓展区也要承担核心区与发展新区、生态涵养区的通道与中介作用，做好人口、产业、资本等要素的连接与流通。发展新区也是北京市今后城市化发展的重要一环，是新农村和特色小镇建设的重要基础，应进一步提高远郊新城对人口的集聚能力。

（六）提高人口文化教育水平，加大人才投资吸引力度

加大基础教育投资力度，多层面、多方式、多角度提高少年儿童的综合素质和学习能力。根据经济社会发展的需求和技术进步情况调整高等院校学习内容，使大学生的课程更具时代性、应用性；同时不断加强对高校教师、研究生的创新能力培养，使创新人才成为北京市产业转型和技术进步的重要支撑。实施更积极的人才引进政策，不仅要完善领军型人才、高层次人才、创新性人才的入职落户政策，也要积极吸引职业技术人员、产业工人、商业服务业人员流入。把职业教育放在更突出的位置上，通过企业学习、在职培训、岗位培训、继续教育等一系列教育活动，提高从业人员的职业技能和劳动技术。加强学习型社区的建设和示范作用，通过教育学院、兴趣小组、社区培训、文化娱乐活动等多种多样形式，不断提高社区居民的文化教育水平。

（七）加快农业转移人口市民化进程

我们要按照党的十九大和新型城镇化规划的要求，保障基本、循序渐进，积极推进农业转移人口市民化。逐步统一城乡劳动力市场，实行平等就业的工作制度，使农业转移人口在北京市能够享受到平等的就业机会、同等的工

作待遇。各区县应结合本地的经济发展水平、企业工资制度、生活消费支出等指标，逐步提高农业转移人口的劳动收入。设立更规范、更严格的监察监管机制，督促企业、工厂等按时发放农民工的工资和奖金。改善恶劣的工作环境，有效缩短就业人口的工作时间。加强农民工职业技能培训，提高他们的就业创业能力和职业素质；鼓励农民工取得职业资格证书和专项职业能力证书。强化企业开展农民工岗位技能培训责任，鼓励高等学校、各类职业院校和培训机构积极开展职业教育和技能培训，推进职业技能实训基地建设。

将外来人口纳入城市住房建设规划，合理布置一般商品房、经济适用房、公租房、廉租房的建设数量和建设面积，满足外来人口购房、买房、租房的不同需求。农民工集中的开发区和产业园区可以建设单元型或宿舍型公共租赁住房，农民工数量较多的企业可以在符合规定的用地范围内建设农民工集体宿舍。将农民工随迁子女义务教育纳入政府教育发展规划和财政保障范畴，合理规划学校布局，科学核定教师编制，足额拨付教育经费，保障农民工随迁子女接受各种教育的权利。根据常住人口配置城镇基本医疗卫生服务资源，将农民工及其随迁家属纳入社区卫生服务体系，免费提供健康教育、妇幼保健、预防接种、传染病防控、计划生育等公共卫生服务。建立健全城乡居民基本养老保险制度，整合城乡居民基本医疗保险制度；完善社会保险关系转移接续政策，在农村参加的养老保险和医疗保险规范接入城镇社保体系。强化企业缴费责任，扩大农民工参加城镇职工工伤保险、失业保险、生育保险比例。推进农民工融入企业、子女融入学校、家庭融入社区、群体融入社会，建设包容性城市。开展形式多样、内容丰富的社区活动，推动外来人口和本地居民的相互交流和互相帮扶。鼓励外来人口积极参与各种文化体育娱乐活动，提高他们的归属感和认同感，实现外来人口的社会融合。

（八）积极应对人口老龄化

将养老服务体系建设摆上北京市各级政府的重要议事日程和目标责任考核范围，纳入经济社会发展规划，切实抓实抓好。依托民政部门现有信息系统和城乡社区信息平台，以社会福利机构或街道（乡镇）社区服务中心为管理节点，以社区老年服务设施及家庭为使用终端，构建区域性的养老服务信息平台。坚持以社会化、产业化为方向，积极发展为老服务产业。设立老龄产业专项引导基金，重点支持家庭护理、康复护理、精神慰藉等老龄产业。建立和完善以居家为基础、社区为依托、机构为支撑的社会养老服务体系。家庭是中国老年人口养老的最主要场所和最根本性的依靠，应采取多种方式，支持和支撑家庭养老功能的延续和发展。加大社区养老设施和养老敬老活动投资力度，在社区建立老年餐厅、图书阅览室、卫生保健室、心理咨询室等，并对高龄、失能等老年人提供餐饮供应、家务劳动、紧急救助等服务。加大市、区县、乡镇各级养老机构投资力度，改善公办养老机构设施配置，提高机构服务人员素质，创新机构服务环境。加大职工基本养老保险费征缴力度，发展企业补充养老保险、商业养老保险和个人储蓄性养老保险等，形成多层次的养老保险制度。采取政府购买服务、发放养老服务补贴等形式，重点保障高龄老人、低收入老人、"五保"老人的基本养老需求。加强护理型养老机构和护理院、护理站建设，增加照护床位供给，逐步满足失能、半失能老人照护需求。推进医养结合，大力推动养老机构提高医疗护理服务能力，养老机构可根据服务需求和自身能力，按相关规定申请开办医疗卫生机构。按照就近就便、互利互惠的原则，推进医院与养老机构建立合作机制，为老年人提供免费体检、保健咨询、治疗期住院、康复期护理、稳定期生活照料以及临终关怀一体化的健康养老服务。

继续加强对居住小区、园林绿地、机场火车站、既有道路、建筑物等与老年人生活密切相关的公共服务设施的改造，推进无障碍交通设施与服务体系建设，为老年人特别是残疾老年人的居家生活和出行提供便利。借助养老机构和居家养老服务平台，建立以乡镇街道为组织单元、村居委会为节点、基层老年人协会为骨干的空巢老人帮扶网络。开展邻里间互帮互助、结伴助老等活动，建立由亲属、邻里、社区、单位共同参与的志愿者队伍，采用"一对一""一对二"等照顾方式，开展陪聊、陪购物、陪看病、帮助做家务等服务。利用公园、绿地、广场等公共空间，开辟老年人文化和运动健身场所。敬老爱老是中华民族的传统美德，要贯彻落实老年人权益保障法，倡

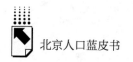

导全社会优待老年人。充分发挥电视、广播、报刊、网络等各类媒体的作用，提高社会各界对老龄问题的认识，营造尊老、敬老、爱老、助老、孝老的社会氛围，在更高层次上实现"老有所养、老有所医、老有所教、老有所学、老有所为、老有所乐"的目标。

（九）京津冀人口协同发展

人口是影响京津冀协同发展的关键要素，要编制实施好京津冀人口协同发展战略，通过科学合理的总体布局，明确三地人口规模、人口结构、人口素质、人口分布等重大问题，并从人口政策、生育政策、流动政策、养老政策等方面形成具体措施，努力推动三地人口发展"一张图"规划、"一盘棋"建设。加大对人口协同发展的推动，加强顶层设计，自觉打破"一亩三分地"的思维定式，充分发挥人口协调发展机制的作用。着力加快推进人口一体化进程，下决心破除户籍、土地、住房、技术、产权等各种要素的阻碍，推动三地人口按照市场规律在区域内自由流动和优化配置。着力加快推进产业对接协作，理顺三地产业发展链条，形成区域间产业合理分布和上下游联动机制，对接产业规划，形成人口与经济的协调共进。

参考文献

［1］北京市规划和国土资源管理委员：《北京城市总体规划（2016 年—2035 年)》，2017 年 9 月 29 日。

［2］尹德挺、闫萍、杜鹃：《北京人口发展研究报告（2013)》，《新视野》2013 年第 6 期。

［3］王培安：《学习贯彻党的十九大精神　开创人口和计划生育工作新征程》，《人口研究》2018 年第 1 期。

［4］贺承志：《乘势而上　创新发展　为滨海新区深入开发开放创造良好的人口环境》，《人口与计划生育》2013 年第 8 期。

［5］中共中央、国务院：《国家新型城镇化规划（2014—2020 年)》，2014 年 3 月 16 日。

分　报　告

Sub-reports

B.2

北京市流动人口现状[*]

王凤祥　王雪梅^{**}

摘　要： 基于2016年全国流动人口卫生计生动态监测调查数据（北京市），对北京市流动人口基本情况、劳动就业、迁移和聚集状况进行了描述性分析，并与2012年数据进行比较。研究发现，党的十八大以来北京市流动人口群体出现新变化、新特点：流动人口总量、比重呈双下降趋势；劳动年龄流动人口整体受教育程度提高、已婚人口大幅增加；流动人口求职途径趋于多元化、劳动合同签订率和就业职业层次均有提高。但是，首都经济对劳动人口的虹吸效应不减、在京流动人口向心性分布明

---

* 本报告为北京市社会科学基金研究基地项目"疏解非首都功能背景下城乡结合部流动人口聚居区治理研究"阶段性成果（项目编号：17JDSHB002）。

** 王凤祥，中共北京市委党校社会学教研部硕士研究生；王雪梅，博士，中共北京市委党校社会学教研部副教授。

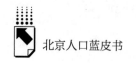

显。总之，流动人口总量结构等变化特点将会影响到首都人口的未来走势，应予以关注。报告建议，政府应更加重视流动人口的城市融合问题，加大对流动人口的社会保障力度。

关键词： 流动人口　现状与特点　城市融合

北京市的流动人口已经成为常住人口的重要组成部分。随着时代的发展，流动人口问题已经成为事关北京市发展大局的重大战略性问题，是影响北京市经济社会发展的关键因素。本报告主要以全国流动人口卫生计生动态监测调查中北京市的样本数据为分析基础，样本对象为截至2016年4月年龄为15周岁及以上，即2001年4月以前出生，在本地居住一个月以上，非本区（县、市）户口的男性和女性人口。报告还同时选取了2012年全国流动人口卫生计生动态监测调查、北京统计年鉴、2010年全国人口普查北京地区外来人口卷的相关数据进行对比分析，以期反映和揭示党的十八大（2012年）以来北京市流动人口的变化。

一　流动人口基本特征

（一）流动人口总量、比重呈双下降趋势①

从2006年到2015年，北京市流动人口总量始终呈增长趋势，2012年增加至773.8万人，2015年进一步增加至822.6万人。截至2016年底，流动人口总量为807.5万人，在总量上首次出现下降。

与此同时，从2006年到2014年，流动人口占常住人口的比重同样呈增

---

① 该部分流动人口总量的数据来源为《北京统计年鉴（2017）》。统计年鉴中的口径为常住外来人口（流动人口），指居住在本市、户口登记地在外省市、离开户口登记地半年以上的人。

长趋势。2012 年北京市流动人口为 2172.9 万人，流动人口占比增至 37.39%，这一增长趋势持续到 2014 年（占 38.05%）。2015 年流动人口比 重首次下降（37.90%），2016 年比重（37.16%）已低于 2012 年水平。从 整体上来看，北京市的人口调控政策初显成效（见图 1）。

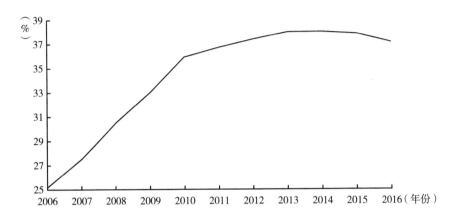

图1 2006～2016 年北京市流动人口占常住人口比重情况

资料来源：历年《北京统计年鉴》，中国统计出版社，2007～2017。

（二）劳动年龄人口平均年龄上升

15～59 岁劳动年龄人口①依然是在京流动人口的主力军，且平均年龄有 所上升。根据"全国流动人口卫生计生动态监测调查"的数据，2016 年北京 市流动人口中 15～59 岁的劳动年龄人口占 15 岁及以上流动人口总数的 93.3%，他们的平均年龄是 35.26 岁，比 2012 年的 32.22 岁上升了 3.04 岁。

分年龄组来看，劳动年龄人口分布相对集中，25～29 岁组、30～34 岁 组、35～39 岁组、40～44 岁组的劳动年龄人口，占比分别为 17.7%、 23.8%、15.9%、11.8%。说明在京的流动人口以壮年劳动力为主，特别是

---

① 在 2012 年与 2016 年"全国流动人口卫生计生动态监测调查"中，2012 年调查对象为年龄 范围为 15～59 周岁的流动人口，而 2016 年调查对象为 15 周岁及以上人口，因此本报告该 部分对比的均为 15～59 岁的劳动年龄人口。

"新生代流动人口"（即1980年及之后出生的流动人口）约占六成，与2012年（52.7%）相比，上升了5.8个百分点。

（三）已婚人口大幅增加，性别结构相对均衡

在婚姻状况方面，15岁及以上的流动人口中，85.1%的人口有配偶，未婚人口占12%，离婚人口占1.9%。根据2010年全国人口普查中北京市流动人口的数据，比较2010年流动人口婚姻状况（有配偶的占63.79%，未婚人口占34.39%，离婚人口占0.89%[①]），可见，六年来已婚与未婚人口此涨彼消，占比增幅和降幅均超过20个百分点，分别上升21.31个百分点和下降22.39个百分点。

从性别结构来看，男性占总体的50.8%，女性占总体的49.2%，性别比为103.43∶100。2016年监测数据显示，在流动人口的各年龄段中，45~54岁组的男性最多，性别比为128.75∶100；在25~34岁组中，女性多于男性，性别比为89.89∶100。总的来说，北京市的流动人口性别结构较为均衡。

（四）整体文化水平有较大提升

根据2016年流动人口监测数据，在京流动人口的平均受教育年限为11.9年，较2012年的平均受教育年限10.8年增加了1.1年。2016年，北京市的流动人口中，具有小学及以上受教育程度的人数占总数的99%，未上过学的仅占总数的1%，未完成九年制义务教育的人数占比为8.4%。受教育程度以大学专科及以上（专科、本科、研究生及以上合计37.2%）、初中（33%）、高中/中专（21.4%）为主。最值得注意的是，与2012年相比，受教育程度为初中的人口所占比例明显下降，具有大学专科及以上学历的人口所占比重显著增加（详见图2），表明近年来北京人才引进策略取得了一定的成效，流动人口整体文化水平有较大提升。

---

① 由于2012年"全国流动人口卫生计生动态监测调查"中缺少婚姻状况相关数据，所以本报告该部分选取《北京市2010年人口普查资料外来人口卷》中数据进行比较分析。

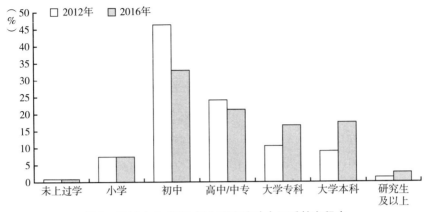

图2　2012年与2016年北京市流动人口受教育程度

（五）非农流动人口比例明显增加

从整体情况来看，2016年北京市流动人口仍以农业户籍人口为主，数据显示，农业户籍人口占60.74%，非农业户籍人口①占39.29%；对比2012年，农业和非农业户籍流动人口分别占73.3%和26.6%。非农业户籍流动人口比例明显增加，上升了12.69个百分点，这是北京市流动人口出现的一种新趋势（见图3）。

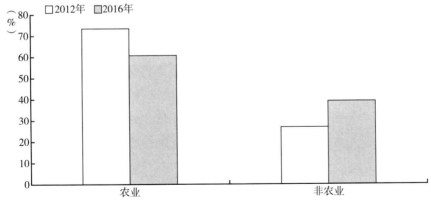

图3　2012年与2016年北京市流动人口户籍性质分布

① 在户籍改革中，一些地方取消农业户口和非农业户口性质划分，统一登记为居民户口。

（六）首都经济的虹吸效应不减

人口的流动常常是流入地与流出地之间拉力与推力共同作用的结果。我国区域经济发展的不均衡，使得作为人口流入地的北京在各个方面均优于流出地，成为流动人口外出务工的重要选择。如图4所示，2016年北京市流动人口来京原因中，务工/工作的占73.5%，经商的占11.6%，两项合计占85.1%，比2010年人口普查①中相应占比（73.9%）上升了11.2个百分点。这说明，就业等经济因素仍然是流动人口来京最重要的动因，首都经济对劳动人口的虹吸效应不减。

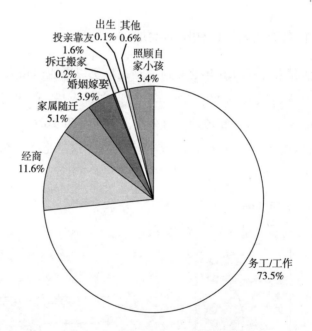

图4　2016年北京市流动人口来京原因

---

① 2012年"全国流动人口卫生计生动态监测调查"中没有涉及来京原因等相关问题，所以此处对比了北京市2010年人口普查资料外来人口卷的相关数据。

二　劳动就业状况

（一）求职途径趋于多元化

关系社会学认为，存在于中国人社会交往中的强关系有助于人们通过自身的关系网络来获得工作，人际网络关系在流动人口找工作中发挥着巨大的作用。"2006 年北京市 1% 流动人口调查"[①] 的相关数据印证了这一观点——59.4% 的流动人口是通过他人介绍找到工作的。而 2016 年有 46.4% 的流动人口通过他人介绍（家人、同乡、亲戚、朋友以及社会中介等）来寻找工作。

流动人口寻找工作的途径趋于多元化，随着互联网的发展以及就业信息发布更加透明化，人们越来越倾向于自身主动寻求工作。2016 年动态监测数据显示，自主就业（即劳动者进入劳动力市场，通过各种渠道自谋职业）的占 20.94%，通过互联网寻找工作的占 14.99%，朋友介绍的占 17.47%；其他的求职途径还有同乡介绍、企业/老板招聘、亲戚/家人帮忙等。值得注意的是，通过政府部门求职的仅占 0.62%，这说明政府在流动人口就业支持方面的作用发挥有待提升（见图 5）。

（二）行业分布集中，职业层次有所提高

流动人口遍布北京市的各个产业、行业，但相对集中在第三产业。2016 年，20.1% 的流动人口就业于居民服务、修理和其他服务业，17.7% 的分布在批发和零售业，在住宿餐饮业就业的占 12.3%，在信息传输、软件和信息技术服务业就业的占 13%（见表 1）。随着北京市非首都功能疏解、产业结构调整，流动人口职业分布也呈现出与之相匹配的特征，更进一步的，超过五成的流动人口集中就业于第三产业的生活服务型行业。

---

① 2012 年"全国流动人口卫生计生动态监测调查"与 2010 年人口普查数据中没有求职途径相关数据，因此，本小节选择了部分"2006 年北京市 1% 流动人口调查"数据来进行对比分析。

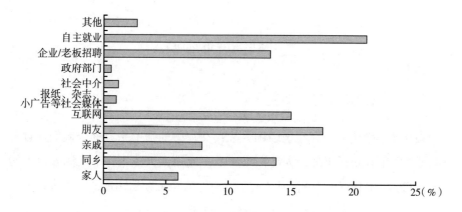

图5 2016年北京市流动人口求职途径

表1 2016年北京市流动人口分布的行业及其占比

单位：%

行业	占比	行业	占比
居民服务、修理和其他服务	20.1	科研和技术服务	3
批发和零售	17.7	金融	2.7
信息传输、软件和信息技术服务	13	卫生和社会工作	2.6
住宿餐饮	12.3	教育	2.5
建筑	6.4	房地产	2.2
制造	6.2	文体和娱乐	2.1
交通运输、仓储和邮政	3.3	租赁和商务服务	2

2016年流动人口主要从事的职业依次为：其他商业和服务业（26.6%）、专业技术人员（18.3%）、经商（12.5%）、餐饮（9.8%）；2012年的职业比例依次为：其他商业和服务业（25.3%）、专业技术人员（12.3%）、经商（14.8%）、餐饮（13.4%）。其中，专业技术人员比例增加了6个百分点。比较之下，流动人口在传统职业就业的比例依然很高，但随着科技发展、人们受教育程度普遍提高，流动人口从事传统职业的比例下降，从事专业技术等新兴职业的比例有所增加，就业层次逐步提高。

（三）劳动合同签订率有所提高，医疗保障有待加强

从 2016 年流动人口的就业身份来看，70.7% 为雇员身份，9.9% 是作为生产组织者的雇主，17.8% 为自营劳动者。与 2012 年情况比较，雇员增加了 6.2 个百分点，雇主增加了 1.7 个百分点，自营劳动者群体变化最大，减少了 7.9 个百分点。聚焦 2016 年的雇员群体可以发现，已就业并与雇主签订劳动合同的占 81.9%，未签订劳动合同的仅占 16.3%，在"2006 年北京市 1% 流动人口调查"数据中，67.9% 的流动人口未与雇主签订劳动合同[①]，这表明流动人口趋于选择更加合理、有保障的工作，在一定程度上反映了北京市在流动人口就业保障方面的加强。

随着我国整体社会保障水平的提高，对流动人口的社会保障也在进步。74.7% 的流动人口享有养老保险（含新农保、养老金等），近半数的流动人口享有失业保险、工伤保险、生育保险，且均在北京市本地参保。约四分之一的流动人口在京享有住房公积金。从社会医疗保险来看，42.6% 的流动人口在其户籍地参加了新型农村合作医疗保险，但仍有近六成没有在京参加医疗保险（见图 6）。

（四）收入水平低且增速较缓

2016 年北京市流动人口个人平均月收入为 4107 元，比 2012 年大约增加了 350 元，但仅相当于 2016 年北京市社会平均工资[②]（7706 元）的 53%。此外，四分之一流动人口的月收入集中在 1000～2000 元，半数流动人口的月收入不及 4000 元。更有甚者，1.7% 的流动人口月收入不足 800 元，低于北京市城市居民最低生活标准。

---

① 2012 年"全国流动人口卫生计生动态监测调查"与 2010 年人口普查中没有是否签订劳动合同的数据，因此，此处选择了"2006 年北京市 1% 流动人口调查"数据来进行对比分析。

② 2016 年北京市社会平均工资的数据来源为：《北京统计年鉴（2017）》，中国统计出版社，2017。

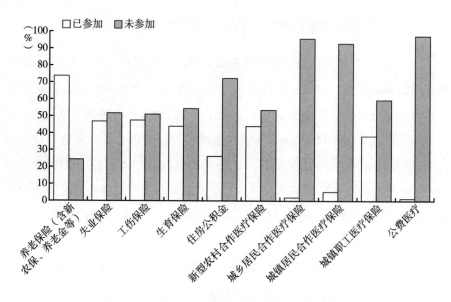

图6　2016 年北京市流动人口的社会保障情况

三　流动、迁移与聚集情况

（一）多来自环首都经济圈

　　流动人口的流出地是其最重要的特征之一。在"2016 年全国流动人口卫生计生动态监测调查"数据中，北京市流动人口来自河北、河南、山东、黑龙江、安徽、山西六省的累计占比达到了流动人口总数的 63.7%，其中近半数流动人口的户籍地为河北、河南、山东三省，户籍地为河北的人口最多。对比 2012 年情况，流动人口主要来源地变化不大（见图7）。来源地如此集中，可能的原因是这三省与北京市的距离相对较近，也与这三省人口密度大、剩余劳动力较多，且农业户籍比重较高等因素有关。2016 年来自河北省的流动人口占 24%，比 2012 年上升了 2.7 个百分点，而河南、山东籍的流动人口比例都有所下降。

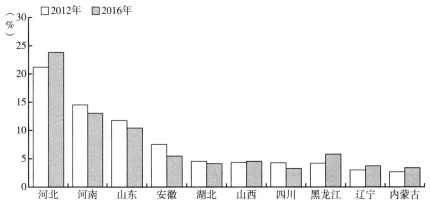

图7　北京市流动人口主要来源地比较

（二）多数在京流动人口首选入京且居住时间长期化

根据2016年的动态监测数据，在京流动人口的平均居留时间约为5.8年，其中91.9%的人口流动次数仅为1次，即他们离乡后直接进入北京，而没有通过其他城市辗转入京，北京市是他们流动的首选地。这一比例远高于其他城市统计结果：广州市为69.1%，深圳市为69.1%，上海市为80.3%。

从在京流动人口首次抵京年份分布上看，总体呈上升趋势，并形成三个峰点，分别是2000年、2010年和2015年。从整体的分布格局来看，2011年以后进京的流动人口比例出现了明显上升，2015年相比2014年增幅较大，超过3个百分点。

（三）家庭化流动趋势明显

2016年调查表明，流动人口中仅有10%的人在京单独居住，绝大多数选择与家庭成员或亲属共同居住。根据家庭关系的不同，最为普遍的是与儿子同住，占比42.7%；其次是夫妇共同居住和与女儿同住，分别占22.1%和19.3%（见表2）。家庭是社会的细胞，是社会最基本的构成单位，家庭居住形态有助于流动人口在京生活稳定，更有利于社会安定。

表 2　2016 年北京市流动人口同住人情况

单位：%

同住人	占比	同住人	占比
儿子	42.7	女婿	0.8
配偶	22.1	父亲	0.1
女儿	19.3	公公	—
本人	10	母亲	—
儿媳	5		

（四）多数流动人口留京意愿较强

流动人口的留京意愿是多方面影响的结果。经济、政策、生活都会对流动人口产生推力与拉力。2016 年北京市流动人口中，打算继续留在北京的占比最多，达到了 66.9%；没想好的则占 23.1%，但是这部分人口可能会继续留在北京或者做其他打算；而有意愿不再留京的人口仅占 10%，其中具有返乡意愿的流动人口仅占 6.6%。但是对比 2012 年，打算继续留京的人口比例下降了 8.5 个百分点，而没想好是否离京的流动人口比例上升了 7.8 个百分点，也就是说更多的流动人口在犹豫是否要继续在北京工作和生活（见图 8）。

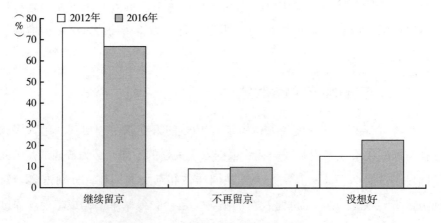

图 8　2012 年与 2016 年北京市流动人口留京意愿（打算继续留京 5 年以上）

（五）流动人口向心性分布明显

2016年首都功能核心区（东城区和西城区）与通州城市副中心聚集流动人口比例分别为8.72%、5.72%，与2012年比较，分别上升了2.72个百分点和1.72个百分点。首都中心城六区聚集流动人口66.5%，比2012年聚集程度（68.6%）略有下降。但城六区内部不同区域之间流动人口变化较为显著，丰台区流动人口比例比2012年下降了约9个百分点；由顺义区、房山区、大兴区、通州区、昌平区组成的城市发展新区集中了29.4%的流动人口，比2012年上升了1.4个百分点。近几年北京市近郊的发展新区在交通、商业服务业等多方面获得了大幅度的提升，而且拥有较低的房租，这也使部分流动人口选择在发展新区谋生。

从流动人口的密度来看，密度最高的是首都功能核心区，其中西城区达到5779人/平方公里；其次是城市功能拓展区，海淀区和朝阳区均超过了3000人/平方公里；城市发展新区密度不高，不超过1000人/平方公里。

城市规划在城市发展中起着重要引领作用，《北京城市总体规划（2016年—2035年）》立足首都城市战略定位，着眼于新时代、新要求，提出了各项规划要求，其中第14条确立了严格控制人口规模、调整人口空间布局、优化人口分布的战略；第25条明确了降低人口密度的任务目标，到2020年中心城区常住人口密度由现在的1.4万人/平方公里下降到1.2万人/平方公里左右，到2035年控制在1.2万人/平方公里。流动人口在首都各区域的空间聚集状态和分布密度，在一定程度上受到城市规划和相关政策的影响。

四　结语

对北京市流动人口现状的分析研究表明：近十年来，北京市流动人口的总量在总体上呈上升态势，但2016年底首次出现下降趋势；在京流动人口整体受教育年限增加，尤其是具有大专及以上学历的人口所占比重显著增加；务工流动人口的劳动合同签订率也有所提升，就业程序更为规范；并且

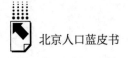

流动人口向心化分布明显，多集中在城六区内，但对比往年略有下降。这也说明近年来北京市的人口疏解整治、优化提升政策取得了一定的成效。

但是从数据中我们也可以看到以下值得关注的方面：首都经济对劳动人口的虹吸效应不减，在京的劳动年龄流动人口平均年龄小幅上升；流动人口集中就业于生活型服务业，但从事专业技术等新兴职业的比例有所增加，就业层次逐步提高；平均月收入与社会平均工资差距较大且增速较缓等。这些方面的变化将会影响流动人口的未来走势。除此之外，流动人口在京的社会医疗保障仍需加强，政府对流动人口技能培训与再就业支持不足；流动人口整体收入有待提高；家庭化流动的趋势非常明显，这也意味着我们需要更多地关注流动人口的社区融合问题等。而且在京流动人口主要以租住私人房屋为主，其收入水平很难支撑城六区的较高房租，且随着产业结构与空间结构优化调整，可以预见的是，在京流动人口将逐渐向城市边缘迁移，涌入城市外围的城乡结合部等地区，给这些地区带来新的挑战和机遇。

B.3
城乡结合部地区流动人口聚居与治理*

洪小良　王雪梅**

摘　要：　本报告摘选自《北京城乡结合部重点地区流动人口情况调
查分析报告》，分别从社区层面和群体层面展现流动人口聚
居的基本现状与特点，发现城乡结合部地区流动人口总量
呈先快速增加、后略有减少的趋势，但拆迁整治引发流动
人口聚居变动的"堰塞湖效应"、流动人口就业—居住空间
分离现象突出等。基于此，进一步分析了城乡结合部地区
人口疏解与治理面临的若干问题与挑战。报告最后建议，
从"善治"出发重新思考流动人口聚居区治理，认为善治
的前提是善待流动人口，善治的关键是在城乡结合部地区
施行善政。

关键词：　流动人口聚居　堰塞湖效应　善治

　　2015 年 2 月 10 日，习近平总书记在中央财经领导小组第九次会议上
指出，疏解北京非首都功能、推进京津冀协同发展，是一个巨大的系统工
程。目标要明确，通过疏解北京非首都功能，调整经济结构和空间结构，
走出一条内涵集约发展的新路子，探索出一种人口经济密集地区优化开发

　　* 本报告为北京市社会科学基金研究基地项目"疏解非首都功能背景下城乡结合部流动人口聚
居区治理研究"阶段性成果,项目编号:17JDSHB002。
　　** 洪小良, 博士, 教授, 中共北京市委党校研究生部主任；王雪梅, 博士, 中共北京市委党校
社会学教研部副教授。

的模式，促进区域协调发展，形成新增长极。2015 年 4 月 30 日，中央政治局在审议《京津冀协同发展规划纲要》的会议中强调，要坚持协同发展、重点突破、深化改革、有序推进。要严控增量、疏解存量、疏堵结合调控北京市人口规模。在此背景下，2016 年北京市制定《城乡结合部重点地区公共安全隐患问题综合整治工作方案》，对城乡结合部地区 100 个重点村进行为期一年的综合整治。为准确掌握城乡结合部外来人口结构特征，科学解释重点村（社区）形成特点、变动规律，从而为城乡结合部地区整治和人口疏解工作提供数据支持、决策依据，受首都综合治理办公室委托，北京市人口研究所于 2016 年 7～9 月实施了"北京市城乡结合部重点地区外来人口情况调查分析"项目。该项目的调查内容包括三个部分：一是百村普查，对 100 个挂账村（社区）发放《摸底普查表》，全面掌握挂账村（社区）外来人口数量、结构以及村（社区）相关社会经济管理情况，并弥补外来人口数据管理平台缺失的 7 村数据；二是五村（社区）典型深度调查，对选定的 5 个典型村（社区）进行解剖麻雀式的深度定性研究，以期总结出外来人口聚居区主要类型、结构、功能特征，聚居区服务管理问题，以及人口疏解的可能路径；三是流动人口抽样问卷调查，在 5 个典型村（社区）内随机选定 2075 名外来人口进行入户调查，重点了解外来人口的个人和家庭特征、就业情况、迁移历史和未来打算等内容，从中概括出典型村（社区）外来人口的总体特征，以及不同典型村（社区）外来人口的类型差异，从而为有序引导外来人口合理流动提供定量数据支持。本报告主要基于此调研数据形成。

一　城乡结合部地区流动人口聚居情况

此次调查的 100 个重点村（社区）共有户籍人口 8.8 万户 21.6 万人，其中非农业人口有 9.6 万人。截至 2016 年 6 月 30 日，共有流动人口 100 万人，其中家庭迁移人口约 42 万人。

（一）流动人口总量呈现先快速增加，后略有减少的趋势

从 2008 年到 2012 年，百村（社区）流动人口总量增加 27.6 万人；从 2012 年至 2016 年，流动人口总量减少 4.0 万人（见图 1）。

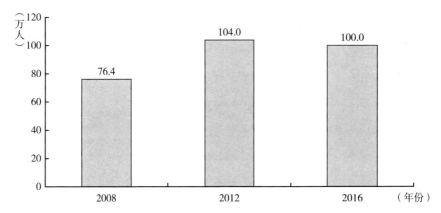

图 1　2008~2016 年 100 个重点村（社区）流动人口总量变动情况

与 2012 年相比，2016 年流动人口数量增加的村（社区）有 46 个，其中，流动人口增加 1 万人以上的村（社区）有 5 个；流动人口数量减少的村（社区）有 54 个，其中，流动人口减少 1 万人以上的村（社区）有 7 个（见图 2）。流动人口增加和减少的村（社区）分布见图 3。

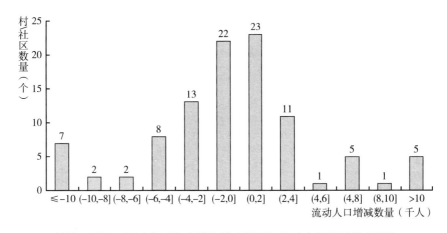

图 2　2012~2016 年 100 个重点村（社区）流动人口数量增减情况

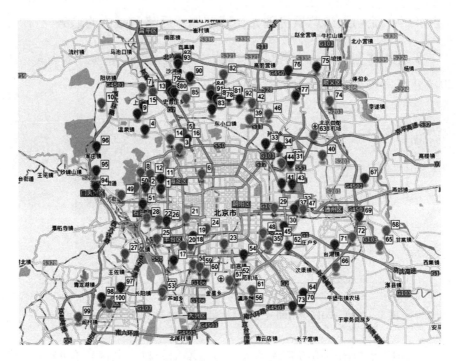

图3 与2012相比，2016年流动人口增加和减少的村（社区）分布

说明：A. 较浅颜色图标代表流动人口减少的村（社区），较深颜色图标代表流动人口增加的村（社区）。B. 图中序号对应的村（社区）分别为：

1 半壁店第二社区 2 宝山村 3 福缘门社区 4 冷泉村 5 马北路 1 号社区 6 明光村社区 7 上庄村 8 双新村 9 屯佃村 10 西埠头村 11 西冉村 12 西山村 13 西玉河村 14 肖家河社区 15 永丰屯村 16 圆明园东里社区 17 葆台村 18 黄土岗村 19 纪家庙村 20 樊家村 21 太平桥 22 小屯村 23 新宫村 24 右安门村 25 榆树庄村 26 岳各庄村 27 张家坟村 28 张仪村 29 半壁店村 30 李罗营村 31 东风村 32 东柳村 33 东辛店村 34 黑桥村 35 横街子村 36 后街村 37 金家村 38 老君堂村 39 奶西村 40 皮村 41 平房村 42 沙子营村 43 石各庄村 44 西北门村 45 西直河村 46 下辛堡村 47 咸宁侯村 48 小武基村 49 北辛安铁社区 50 西黄村社区 51 衙门口南社区 52 德茂试验场 53 鹅房工业大院 54 红星楼村 55 芦城工业大院 56 南宫村 57 南街四村 58 西红门二村 59 西红门四村 60 西红门一村 61 怡乐工业园 62 董村 63 管头村 64 后银子村 65 里二泗村 66 南火堡 67 宋庄村 68 小甘棠村 69 小圣庙村 70 小周易村 71 玉甫上营村 72 张辛庄村 73 周营村 74 米各庄村 75 南卷村 76 西马各庄村 77 杨二营村 78 半截塔村 79 定福黄庄村 80 东半壁店 81 东三旗村 82 东沙各庄村 83 兰各庄村 84 平西府村 85 三合庄村 86 史各庄村 87 松兰堡村 88 魏窑村 89 西半壁店村 90 小沙河村 91 小辛庄村 92 燕丹村 93 于辛庄村 97 碧桂园社区 98 固村 99 南梨园村 100 文化路社区

（二）经济因素是城乡结合部流动人口聚集的主因，业缘与地缘是聚集的纽带

调查表明，生活成本（含房屋租金）低、交通便利和周边就业机会多是导致流动人口在重点村（社区）聚集的三个最为重要的因素。在100个重点村（社区）中，分别有72个、53个、46个和39个村（社区）认为房屋租金便宜、交通便利、周边就业机会多、生活成本低是流动人口来本村聚集的主要原因（见表1）。

表1　流动人口来本村聚居原因分析

单位：个，分

原因	总选择数	第一选择	第二选择	第三选择	影响强度得分
房屋租金便宜	72	34	23	15	95
交通便利	53	37	13	3	66
周边就业机会多	46	15	21	10	67
生活成本低	39	3	19	17	58
周边拆迁及整治	33	6	8	19	41
老乡带老乡	18	2	6	10	24
生活便利	11	0	6	5	17
业缘聚集	10	2	2	6	12
临时落脚	5	0	0	5	5
其他	2	0	0	2	2
用工单位建房及蜗房	0	0	0	0	0

进一步数据分析，发现在100个村（社区）中，分别有22个村（社区）和20个村（社区）不同程度地存在"地缘"与"业缘"聚集现象，其中11个村（社区）兼有"地缘"和"业缘"聚集现象。

在存在"地缘"聚集现象的村（社区）中，流动人口来自同一省份，聚集规模较大的有昌平区东小口镇半截塔村（河北，18400人）、丰台区卢沟桥镇岳各庄村（江西，4000人）、昌平区回龙观镇西半壁店村（河南，4000人）；流动人口来自同一市（县），聚集规模较大的有朝阳区平房乡石

各庄村（四川达县，2000人）、海淀区青龙桥街道圆明园东里社区（安徽芜湖，1410人）、昌平回龙观镇兰各庄村（河南信阳，1000人）等。存在地缘聚集现象的村（社区）空间分布见图4。

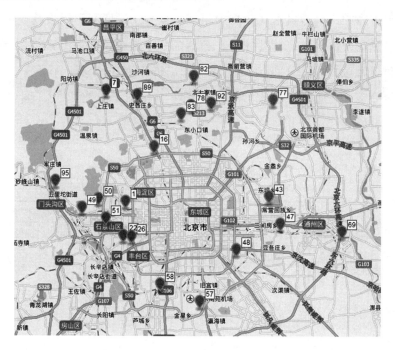

图4　存在地缘聚集现象的村（社区）空间分布

存在"业缘"聚集现象的村（社区）中，从事同一行业规模较大的有朝阳区平房乡石各庄村（建筑行业，8000人）、丰台区卢沟桥镇岳各庄村（小商贩，5000人）、海淀区北太平庄街道明光村社区（零售批发，4902人）、朝阳区东坝乡东风村（个体装修，3180人）、通州区马驹桥镇后银子村（物流，2208人）等。存在业缘聚集现象的村（社区）空间分布见图5。

（三）拆迁整治引发城乡结合部人口疏解的"堰塞湖效应"

调查显示，近三分之一的村（社区）反映"周边拆迁及整治"是流动人口在本村聚集的主要原因之一，其中有6个村甚至认为这是导致该村流动人口规模膨胀、比例严重倒挂、社会治理难度大的最主要原因，如朝阳区横

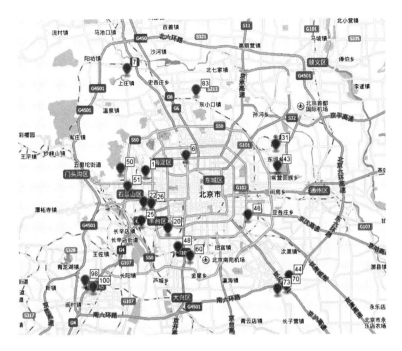

图5 存在业缘聚集现象的村（社区）空间分布

街子村、后街村、咸宁侯村、奶西村，以及丰台区卢沟桥乡太平桥村、通州区永顺镇小圣庙村。

北京市以流动人口聚居区为重点的城乡结合部整治经过多次，2010～2012年，对问题凸显的50个市级挂账督办的"重点村"集中拆除整治；2014年APEC会议期间，对60个城乡结合部重点地区开展为期4个月的专项整治。最近的一次是2016年对城乡结合部地区100个重点村（社区）进行为期1年的综合整治。北京市制定《城乡结合部重点地区公共安全隐患问题综合整治工作方案》（以下简称《方案》），市委、市政府统一领导，成立市城乡结合部重点地区综合整治工作总指挥部，综合整治工作任务分解为若干项专项整治，如违法建设专项整治等，《方案》还明确指出，"通过产业疏解、拆除违法建设，加强出租房管理，实现流动人口数量同比下降10%以上"。

城乡结合部地区100个重点村（社区）的整治取得了很好的效果，但也引发了"堰塞湖"效应：流动人口向周边地区转移居住，导致周边村人

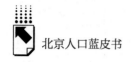

口激增，公共服务压力大，违法建设掀高潮，社会治理现风险，进而生成一批新的"重点村"。

二 城乡结合部流动人口聚居区的人口经济特征

（一）外地人与本地人之间的人口倒挂严重

从流动人口与本地户籍人口的相对数量看，大多数重点村（社区）的人口倒挂现象严重。在100个村（社区）中，88个村（社区）存在本地户籍人口与流动人口数量倒挂现象，其中人口倒挂比例最高的是昌平区北七家镇东三旗村，户籍人口为2190人，流动人口为58000人，流动人口是户籍人口的26.48倍。人口倒挂2倍以上的村（社区）有71个，人口倒挂5倍以上的村（社区）有31个，人口倒挂10倍以上的村有（社区）12个（见图6）。

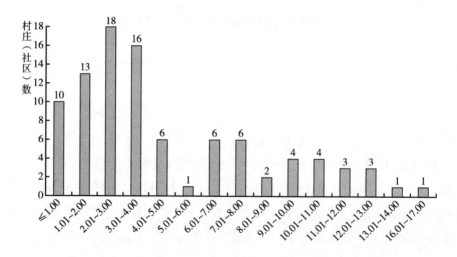

图6　2016年100个重点村（社区）流动人口与户籍人口之比

（二）就业—居住空间分离现象突出

从职住关系看，重点村（社区）流动人口的就业形态以职住分离为主。

在 100 个重点村（社区）83.7 万就业流动人口中，17.0% 的人在本村（社区）内就业，19.7% 的人在本乡（镇、街道）内就业，63.4% 的流动人口在本乡（镇、街道）外就业。

根据各村（社区）流动人口的职住关系比例，我们可以将 100 个重点村（社区）划分为四大类型：职住一体型［流动人口本村（社区）内就业比例超过 50%］、周边就业型［流动人口在本乡（镇、街道）内就业比例超过 50%］、职住分离型［流动人口在本乡（镇、街道）外就业比例超过 50%］、混合型（上述三类比例均不超过 50%）。

分析结果显示，在 100 个重点村（社区）中，流动人口职住一体型村（社区）共 16 个；周边就业型村（社区）11 个；职住分离型村（社区）最多，共 56 个；混合型村（社区）17 个。

进一步分析表明，职住分离型村（社区）大多分布在有公交站、地铁站和高速公路入口的交通便利地段；职住一体型和周边就业型村（社区）则与本村（社区）或周边的就业机会多有关（见表 2）。

表 2　不同职住关系类型村（社区）的交通设施、商户数及
村办企业聘用外来人口情况

	职住一体型	周边就业型	职住分离型	混合型
有公交站（村社数）	15	11	51	17
有地铁站（村社数）	2	1	5	1
有高速公路入口（村社数）	2	0	4	1
门店平均数（户）	330	134	262	173
固定摊位平均数（户）	319	22	203	120
村办企业聘用外来人口平均数（人）	787	105	119	413

（三）集体经济和居民收入高度依赖土地和房屋出租

集体经济高度依赖土地出租和房屋出租。大多数重点村（社区）的集体经济收入主要来源于土地和房屋出租。在 100 个重点村（社区）中，有集体经济的村（社区）共 54 个。

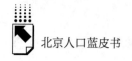

在这54个村（社区）集体经济的收入来源中，土地出租和房屋出租收入占总收入的平均比例为77.8%，其中，土地出租收入占总收入的平均比例为57.4%，房屋出租收入占总收入的平均比例为20.4%。土地和房屋出租收入占村集体总收入比例超过50%的村集体有45个，占比超过90%的村集体有32个（见图7）。

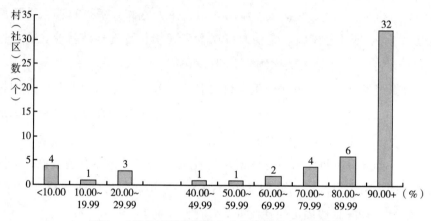

图7　土地和房屋出租收入占集体总收入比例情况

私房出租是本地村民和居民支柱性收入来源。私房出租是大多数重点村（社区）本地村民和居民的重要收入来源。调查数据显示，房屋出租收入占村民收入比例超过60%的村（社区）有53个，其中比例超过80%的村（社区）53个；房屋出租收入占居民收入比例超过60%的村（社区）有21个，其中比例超过80%的村（社区）9个。

对5个重点村（社区）的典型调查，也支持了这个发现，对丰台区黄土岗村、海淀区福缘门社区、昌平区兰各庄村、朝阳区东辛店村以及通州区小周易村的5位房东进行了访谈，房屋出租费用占他们家庭总收入的比例分别为60%、85%、80%、75%以及80%。

对集体土地出租和瓦片经济的高度依赖，是村集体和农民为追求经济利益最大化而做出的一种理性选择。"瓦片经济"实质上是农民维持生计的一种方式。在城乡结合部，本地农民最大的问题就是失去土地后的出路问题。由于村集体土地多数被征用，对农民再就业、居住和集体资产的分配等方面产生很大影响。由于农民就业条件有限，进城打工收益小，多数从事回报丰厚的房屋出租产业。部分村以村民委员会或村民小组的名义将农村集体土地使用权出租给第三方，用于建设厂房、经营用房或出租房，所得收入用于维持村里的基本公共服务开支。

瓦片经济衍生社区内经营商户数量庞大。调查数据显示，100个重点村（社区）中，共有不同类型的商户4.06万户，其中门店经营2.22万户，市场固定摊位经营1.22万户，其他场所经营0.62万户。

从各村（社区）的分布情况看，商户数在100户以下的村（社区）34个；有100～199户商户的村（社区）21个；商户数在200户以上的村（社区）45个，其中500户以上的村（社区）19个（见图8）。

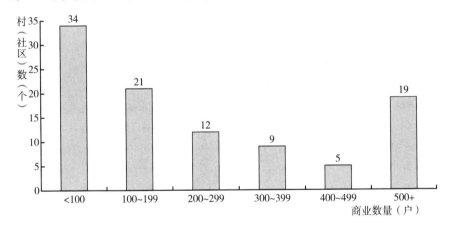

图8　重点村（社区）域内的商户数量

城乡结合部租赁经济非常发达，吸引着无数的流动人口进入。这种租赁经济使房主成为本地人的职业身份，房租成为他们的主要收入来源；使房客成为外地人的消费身份，住房成为他们的最大消费内容。本地人与外地人之间因此变得休戚相关，成为利益共同体。

三　聚居区流动人口基本特征

本部分基于100个重点村（社区）普查和典型五村（社区）抽样问卷调

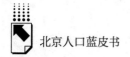
查，通过专家论证考察及历史数据分析，并考虑到重点村的流动人口分布、地区方位分布、流动人口类型等因素，采用整群代表性抽样调查方法，选定朝阳区崔各庄乡东辛店村、海淀区青龙桥街道福缘门社区、昌平区东小口镇兰各庄村、丰台花乡黄土岗村、通州区马驹桥镇小周易村为区域的代表单位（见图9）。共回收有效问卷2075份。其中，昌平兰各庄423份，朝阳东辛店397份，海淀福缘门437份，丰台黄土岗401份，通州小周易417份。调查样本中男性占58.85%，高于北京市流动人口中男性占比4.53个百分点。在年龄分布上，"90后"占24.19%，"80后"占33.59%，"70后"占25.25%，"70前"占16.96%，青壮年是主力。在受教育程度上，拥有初中学历的流动人口占比最高，达41.26%；高中学历者（17.79%）次之；大专及以上学历占13.81%，低于北京市流动人口的24.35%。在婚姻状况上，已婚比例高，占71.06%。流动人口来源地较为集中，排名前五的省份依次是河南省（23.54%）、河北省（22.28%）、山东省（10.29%）、安徽省（8.46%）和山西省（5.85%）。

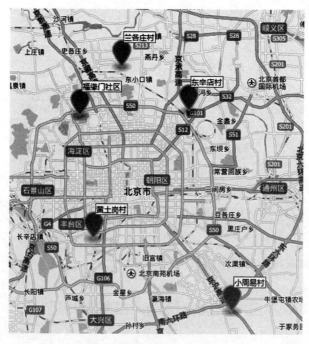

图9 典型五村（社区）分布

（一）流动人口在村（社区）居住时间普遍较长

八成以上流动人口在所在村（社区）的居住时间在半年以上。从居住时间看，重点村（社区）流动人口在所在村（社区）的居住时间普遍较长，居住半年以上的占83.4%，居住3年及以上的占38.1%（见图10）。

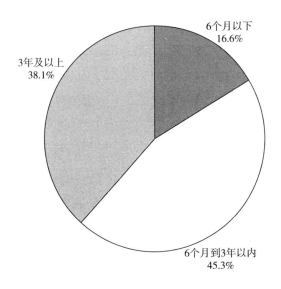

图10　百村（社区）流动人口在所在村（社区）的居住时间

（二）大多数流动人口与家庭成员共同居住

在家庭结构分布上，夫妻家庭、带子女家庭和联合家庭占比分别为31.12%、7.61%、24.45%，三项合计是63.18%，表明大多数流动人口与家庭成员共同居住（见图11）。

（三）住房类型以平房为主

从住房来源来看，租房占九成，是流动人口最主要的住房来源。另外，单位提供免费住房和住在工作场所的分别占3.72%和3.24%。从住房类型来看，大多数流动人口居住在平房（院）中，比例高达62.74%。其次，住

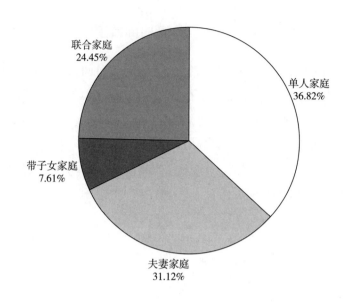

图 11　典型村（社区）流动人口家庭类型

在公寓楼的比例也较高，约为 28%。由典型村（社区）调查数据计算出流动人口的平均住房面积约为 11.73 平方米。

（四）生活"低消费、高积累"特征明显

典型村（社区）流动人口家庭月平均收入为 6330.94 元，月平均支出为 2960.64 元，家庭月平均收入与支出的差，即家庭月净结余约为 3370 元，呈现出"低消费、高积累"的特点。

（五）长期居住倾向明显

近六成典型村（社区）流动人口打算在本村（社区）长期居住。在村（社区）居留意愿方面，有 57.57% 的流动人口打算在本村（社区）长期居住，其中 65.47% 的人打算居住 1 年以上；有 13.26% 的人不打算在本村（社区）长期居留，其中 35.42% 的人打算直接离开北京，13.28% 的人打算去北京市内其他地方，32.47% 的人表示没有想好、犹豫不决或处于观望状态。

（六）在京生活满意度高

调查数据显示，对于在北京的生活，27.53%的流动人口感到很满意，33.90%的流动人口比较满意，31.77%的流动人口感觉一般，而仅有6.80%的流动人口感到不太满意或者很不满意（见图12）。

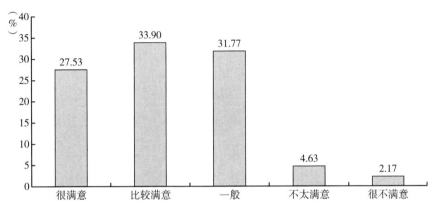

图12　典型村流动人口对于在北京生活状况的满意度

城乡结合部社区转型为流动人口聚居社区，转型社区的功能之一是为流动人口提供缓冲性生存空间。流动人口对聚居区的依赖程度不同。聚居区或者为他们提供了住房，或者提供了自雇劳动的机会，或者提供了基本生活与关系网络。对他们而言，聚居区不只是一堆住宅而已，其中的居民形成繁复紧密的联系，并且利用其中的空间做生意并经营非正式企业，借此在社会上得以向上流动。城乡结合部流动人口聚居区的主要功能是作为他们迁徙过程中的落脚地，是流动人口融入城市的跳板。在相当长时期内，城乡结合部仍将且必须承担为流动人口提供重要的生存空间和融入城市的跳板的功能。

四　城乡结合部地区人口疏解难题分析

（一）非首都功能疏解只能部分解决城乡结合部人口疏解难题

流动人口就业行业主要集中于批发和零售业、住宿和餐饮业以及居民服

务和其他服务业。从流动人口的行业聚集情况来看，排名前五位的依次是批发和零售业（28.91%），住宿和餐饮业（18.01%），居民服务和其他服务业（16.85%），制造业（7.94%），交通运输、仓储和邮政业（6.88%）（见图13）。

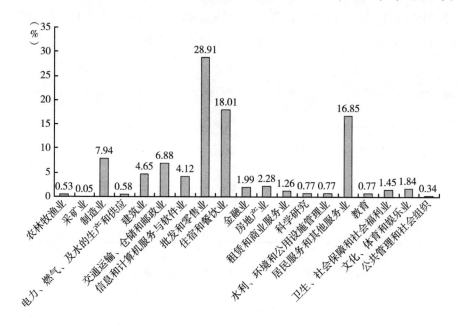

图13 典型村（社区）流动人口行业分布

比较批发业和零售业聚集的流动人口占比，零售业（23.1%）远高于批发业（5.81%）。零售业中又以综合零售、食品/饮料及烟草制品专门零售、家用电器/电子产品专门零售、纺织/服装及日用品专门零售为主。比较住宿业和餐饮业吸纳的流动人口占比，餐饮业（17.14%）远高于住宿业（0.87%）。餐饮业中又以正餐服务业（11.48%）、快餐服务业（5.32%）为主。流动劳动力在居民服务和其他服务业中分布相对集中的是理发及美容保健服务业（4.16%）。综合起来看，排名前五位的小类行业依次是：正餐服务业、综合零售、食品/饮料及烟草制品专门零售、理发及美容保健和快餐服务业。

疏解非首都功能是习近平总书记在2014年2月16日考察北京市工作时提出的：要明确城市战略定位，坚持和强化首都全国"政治中心、文化中心、国际交往中心、科技创新中心"的首都核心功能。非首都功能指与"四个中心"不相符的城市功能。按照国家发展和改革委员会有关人士说法，非首都功能疏解是以"几个一批"指导北京旧城和中心城区的疏解工作，包括"一批制造业""一批城区批发市场""一批教育功能""一批医疗卫生功能""一批行政事业单位"。概括起来就是四类：一般性制造业，区域性物流基地和区域性批发市场，部分教育医疗等公共服务功能，部分行政性、事业性服务机构。进一步的，北京市又出台了《新增产业禁止和限制目录》，计划在未来 5 年里，按照此目录，通过"禁、关、控、转、调" 5 种方式来完成疏解非首都功能目标。来自国家发展和改革委员会的数据显示，2015 年，全市共撤并、升级、清退低端市场 150 家，关停退出一般性制造业和污染企业 326 家。

可见，城乡结合部地区聚居的流动人口就业的主要行业与首都功能疏解的主要行业并不完全一致。也就是说，直接疏解聚居区流动人口，并不一定有助于非首都功能疏解。

（二）外来人口留京意愿强烈，考验政府人口疏解能力

三分之二的流动人口 3 年内不打算离开北京。从居留意愿来看，近 60% 的流动人口 3 年内不打算离开北京，有意愿离开北京的比例仅有 16.59%。可见，城乡结合部流动人口具有较强的居留在北京的意愿。而打算离开北京的流动人口多考虑生活成本高（36.63%）、为了照顾家人（15.12%）和更好的发展（16.28%）等因素。

3 年内打算留京者的收入更高，居住年限超过 7 年。通过交互分析可知，打算留在北京的流动人口的平均个人收入为 4838.97 元，高于打算离开北京的流动人口。从居住年限上看，3 年内打算留在北京的流动人口在北京居住的平均时间超过 7 年，而打算离开北京者和犹豫不决者的平均时间分别为 6.41 年和 6.29 年。

近八成集贸市场经营者 3 年内不打算离开北京，比例高于务工者和其他形式经营者。总体来说，从事经营活动的流动人口打算 3 年内留在北京的比

例大都高于务工者。其中，街边摆摊者对3年内的打算犹豫不决的比例最高，近30%（见表3）。

表3 典型村（社区）流动人口3年内居住在北京的打算

	离开北京	留在北京	没想好	样本量（个）
平均个人收入(元)	4498.54	4838.97	4588.82	2069
平均在京居住年限(年)	6.41	7.79	6.29	2068
业态(占比,%)				
务工	17.44	56.74	25.81	1290
小作坊经营	20.00	62.22	17.78	90
街边摆摊	14.04	56.14	29.82	57
流动经营	17.74	64.52	17.74	62
集贸市场经营	5.13	79.49	15.38	39
门店经营	14.46	63.64	21.90	484
其他经营形式	19.23	55.77	25.00	52
行业(占比,%)				
汽车、摩托车、燃料及零配件专门零售	0	90.00	10	10
其他批发	0	84.62	15.38	13
纺织、服装及日用品批发	9.09	81.82	9.09	11
家庭服务	0	76.92	23.08	26
金融业	9.76	75.61	14.63	41
租赁和商业服务业	11.54	73.08	15.38	26
农林牧渔业	9.09	72.73	18.18	11
仓储业	18.18	72.73	9.09	11
家用电器及电子产品专门零售	18.87	71.7	9.43	53
道路运输业	14.29	71.43	14.29	56
科学研究	0	68.75	31.25	16
文化、体育和娱乐业	13.16	68.42	18.42	38
机械、五金及电子产品批发	4.55	68.18	27.27	22
五金、家具及室内装修器材专门零售	14.81	66.67	18.52	27
房地产中介服务	14.29	64.29	21.43	14
装卸搬运服务业	23.53	61.76	14.71	34
正餐服务	13.92	59.92	26.16	237
食品、饮料及烟草制品批发	10.26	58.97	30.77	39
信息和计算机服务与软件业	11.76	58.82	29.41	85
公共交通业	17.24	58.62	24.14	29

续表

	离开北京	留在北京	没想好	样本量
其他居民服务	18.87	58.49	22.64	106
电力、燃气及水的生产和供应	16.67	58.33	25.00	12
农畜产品批发	8.33	58.33	33.33	12
其他餐饮服务	20.93	58.14	20.93	43
制造业	25.61	57.93	16.46	164
卫生、社会保障和社会福利业	6.67	56.67	36.67	30
综合零售	8.29	56.48	35.23	193
教育	31.25	56.25	12.5	16
纺织、服装及日用品专门零售	28.00	56.00	16.00	50
理发及美容保健服务	20.93	55.81	23.26	86
修理与维护	25.00	55.00	20.00	40
医药及医疗器材专门零售	35.00	55.00	10.00	20
食品、饮料及烟草制品专门零售	19.32	54.55	26.14	88
建筑业	13.54	53.13	33.33	96
无店铺及其他零售	12.5	53.13	34.38	32
物业管理	9.68	51.61	38.71	31
清洁服务	25.76	51.52	22.73	66
住宿业	5.56	50.00	44.44	18
水利、环境和公共设施管理业	25.00	50.00	25.00	16
快餐服务	31.34	40.30	28.36	67
医药及医疗器械批发	33.33	33.33	33.33	12

注：为保证分析的有效性，仅列出样本量在 10 个以上的行业。

在城乡结合部治理中，政策的关键词由"非首都功能疏解"转换为"人口疏解"。北京从 2015 年起连续三年全面实施人口规模调控方案，落实区县调控责任，强化依法管理，实现常住人口增速明显下降。市发改委、市公安局及 16 区县均将承担人口规模调控任务。2015 年 11 月，北京市人民政府办公厅印发的《北京市城乡结合部建设三年行动计划（2015～2017年)》提出，到 2017 年底，累计调减城乡结合部地区人口约 50 万人，同时，将增加林地面积约 3.58 万亩。2016 年，以人口疏解为重要目标的城乡结合部重点地区整治在几百个村（社区）中展开。

（三）流动人口聚居区服务管理问题突出，考验政府城市治理能力

环境卫生、治安秩序、消防安全等问题突出。调查数据显示，100 个重

点村（社区）中，分别有 89 个、52 个和 49 个村（社区）认为环境卫生、治安秩序和消防安全是本村流动人口管理最突出的问题。交通秩序、违法经营和用煤用气安全也在为数不少的村（社区）中存在，分别有 28 个、16 个和 14 个村（社区）认为上述问题是本村面临的最突出问题（见图 14）。

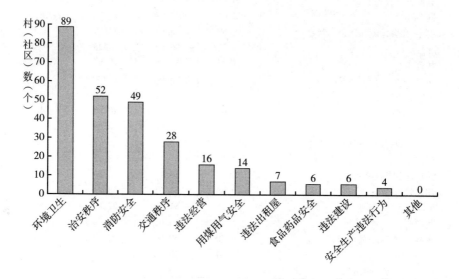

图 14 百村（社区）流动人口管理最突出的问题

垃圾处理和用水服务压力巨大。调查数据显示，分别有 68 个和 56 个村（社区）认为垃圾处理和用水是本村（社区）面临压力最大的公共服务。此外，三分之一以上的村（社区）面临停车位、交通、用电方面的较大压力（见图 15）。

近三分之一的村（社区）流动人口管理力量明显不足。调查数据显示，100 个重点村（社区）共有流动人口专兼职管理员 1624 人，总体而言，流动人口与流管员数量之比为 613∶1。但从每个村（社区）的具体情况看，近三分之一的村（社区）流动人口管理员的配备明显不足。在 100 个村（社区）中，28 个村（社区）流动人口与流管员的数量之比在 1000∶1 以上。百村（社区）流动人口专职、兼职管理员配备情况见图 16。

大多数村（社区）对重点村整治工作有较强信心，但尚有为数不少的

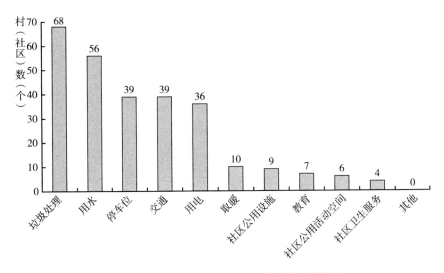

图 15 百村（社区）面临压力最大的公共服务

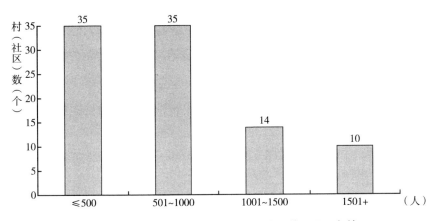

图 16 百村（社区）流动人口专职、兼职管理员配备情况

村（社区）对解决本村（社区）治理突出问题和疏解一部分流动人口信心不足。调查数据显示，在长期有效解决本村（社区）治理突出问题上，有25 个村（社区）信心值在 6 分及以下；在本村疏解一定量流动人口方面，有 29 个村（社区）信心值在 6 分及以下；可能出于对本村村民（居民）对疏解流动人口工作不够支持的担心，有 38 个村（社区）认为本村村民对疏解流动工作的支持度不够（见表4）。

表4　村（社区）对流动人口综合治理工作的信心值（表格前5列内数值为村社数）

单位：个，分

	6分及以下	7分	8分	9分	10分	平均分
您对长期有效解决本村（社区）治理突出问题的信心值	25	4	19	16	36	8.0
本村村民对疏解流动人口工作的支持度	38	7	13	13	29	7.2
您对本村疏解一定量流动人口的信心值	29	6	17	13	35	7.8

在人口疏解措施的有效性上，村（社区）干部看好的措施依次是：禁止新增违建住房、加强集体土地出租管理、清理低小散乱污染企业、严格人口登记证件管理、加强房屋的管理和严格管理生产经营秩序。调查数据显示，禁止新增违建住房、加强集体土地出租管理两项措施得分较高，分别获得9.1分和8.9分的平均分；清理低小散乱污染企业、严格人口登记证件管理、加强房屋的管理和严格管理生产经营秩序等措施平均得分在8分以上；提高水电气热等公共产品价格和提高交通通勤成本两项措施的平均得分较低，分别为7.2分和6.8分（见图17）。

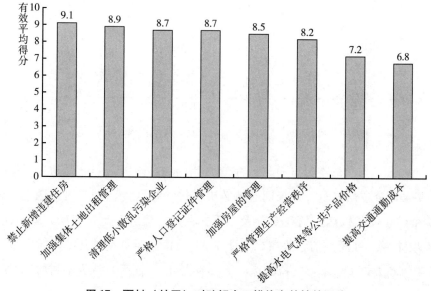

图17　百村（社区）对疏解人口措施有效性的评价

五　流动人口聚居区治理与善治思考

（一）治理理念已上升为国家宏观战略

"治理"不能等同于"整治"。"治理"概念有多重含义，最初的、狭义的治理，等同于"整治"，即整顿、治理，特别指改变脏、乱、差的环境，管束、惩罚、打击那些导致治安秩序混乱的对象。本报告分析讨论的北京市针对城乡结合部流动人口聚居社区采取的"拆除整治"和"专项整治"类似于这种意义上的治理。党的十八届三中全会公报是这样表述"治理"的："完善和发展中国特色社会主义制度，推进国家治理体系和治理能力的现代化。"这表明，治理已经上升为国家宏观战略。

"治理"与"统治"有重要区别。它有两个来源，一是西方在20世纪末提出的、不同于"统治"的、新的治理政治概念；二是作为马克思主义理论原生含义的社会管理概念。治理体制和治理行为主要体现为国家的工具理性，无论哪一种政治体制，都追求良好的治理。从政治学理论看，"治理"和"统治"主要有五个方面的区别。①权威主体不同，统治的主体是单一的，政府或其他国家公共权力；治理主体是多元的，除了政府以外，还包括企业组织、社会组织和居民自治组织。②权威性质不同，统治是强制的，治理多是协商的。③权威来源不同，统治的权威来源是国家法律，治理还包括非国家强制的契约。④权力运行的向度不同，统治是自上而下的，治理更多是平行的。⑤两者作用所及的范围不同，统治以政府所及领域为边界，治理以公共领域为边界，后者比前者宽广。国家理论是马克思主义理论的主干，国家理论强调国家的统治职能和社会管理职能，现代意义上，国家的两大职能各执一半。从这个意义上说，治理是社会主义国家政治统治与政治管理的有机结合。

党的十八届三中全会强调要推进国家治理体系和治理能力的现代化，这是因为目前的治理体系和治理能力还相对落后，跟不上社会现代化的步伐。

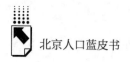

换一个角度思考：如果不能把局部治理问题放在国家治理体系和治理能力现代化的改革方向和战略部署中重新加以理解、寻求创新性的解决举措，那么局部危机有可能演变为整体性危机。

克服治理失效的关键在于善治。俞可平指出，尽管治理机制能够解决"市场失灵"和"政府失灵"所导致的某些问题，但同时也存在"治理失效"以及其他问题。克服治理失效的关键在于善治。善治就是使公共利益最大化的社会管理过程，其本质特征在于，它是政府与公民对公共生活的合作管理。善治的基本要素包括 10 个方面：①合法性，即社会秩序和权威被自觉认可和服从的性质与状态；②透明，即政治信息的公开性，使每一个公民都有权获得与自己利益相关的政府政策信息；③责任性，即人们应当对自己的行为负责；④法治，其直接目标是规范包括政府官员在内的公民的行为，管理社会事务，维持正常的社会生活秩序，终极目标在于保护公民的自由、平等和其他政治权利；⑤回应，即责任性的延伸，它要求公共管理人员和管理机构必须对公民的要求做出及时和负责的反应；⑥有效，即管理必须有效率；⑦参与，公民参与社会和政治生活；⑧稳定，国内的和平、生活的有序、居民的安全、公民的团结、公共政策的连贯；⑨廉洁，政府官员奉公守法，不以权谋私；⑩公正，不同性别、阶层、种族、文化、宗教和政治信仰的公民在政治权利和经济权利上的平等。[①] 可见，善治包含了"善政"，或者说善政是通向善治的关键。

（二）从"善治"出发重新思考流动人口聚居区治理

城乡结合部流动人口聚居区治理是城市治理的重要组成部分，同样需要从国家治理体系和治理能力现代化的战略角度重新加以审视，特别需要从"善治"出发，重新思考流动人口聚居区治理。

1. 善治的前提是善待流动人口

必须始终贯彻以人为本原则，确保包括流动人口在内所有常住人口尽可

---

① 俞可平：《走向善治》，中国文史出版社，2016，第 105 页。

能享受平等无差别公共服务和社会保障，建立京津冀区域内人口与经济、社会、资源、环境协调发展的长远规划和制度安排，使经济社会发展、公众生活水准和幸福指数同时提升。

2. 善治的关键是在城乡结合部地区施行善政

首先，正确认识城乡结合部功能与流动人口聚居区问题。由于城乡结合部是大都市特有的城市空间板块，其内部存在大量的流动人口聚居区，本身都是由 POET（人口—组织—环境—技术）构成的独特的生态系统，具有特定的社区功能，即为流动人口提供居住、生活服务的功能社区。因此，大都市有关城乡结合部治理、城中村改造以及流动人口聚居区管理的政策制定，需着眼于城乡结合部社区的功能修复，而不是功能破坏。

流动人口聚居并不必然构成"问题"，但如不能及时控制流动人口的"大规模聚居"，过量人口造成社区内部公共空间与公共资源的竞争性使用，必然引起一系列严重问题，甚至引发冲突。因此，流动人口聚居社区问题的实质是城市公共服务与管理在城乡结合部的缺位与不到位，凸显出城乡结合部面临诸多社会制度困境（如城乡规划体制、公共服务投入机制、人口二元管理体制、城乡交叉管理体制等），是首都城市公共服务与社会管理的"软肋"。

其次，避免强制性功能疏解，力求科学规划、统筹兼顾。城乡结合部地区在拆迁改造和人口疏解整治进程中，应避免忽视人口需求和城市经济社会发展规律的强制性功能疏解，努力做到科学规划、统筹兼顾。要从区域、经济、社会发展全局的角度，制定该区域的土地利用规划、产业发展规划、社会事业发展规划和生态建设规划，努力提高规划的前瞻性、科学性和可行性。

最后，推进以秩序治理为目标的社区善治。通过本地—流动人口等新老居民的共建共享，努力促进政府、社会、公民立体多元的协作治理，发挥社会多元主体合作共治和系统整合的效用，加快形成科学有效的社会治理体制，实现资源的系统整合和优化，提升基层社会治理能力，推进以秩序治理为目标的社区善治。

B.4
北京市高龄打工族社会保护研究

刘 洋 薛伟玲 李 兵*

摘 要: 中国社会老龄化呈现快速上升趋势,学界关于劳动力结构老化的关注点主要集中在高龄农民工这一群体,却忽视了部分农转非以及城市户籍的高龄打工者,本报告选取"高龄打工族"这一概念意在覆盖这三类群体,将其作为研究中国劳动力结构老化的切入点。本报告根据2015年国家卫生和计划生育委员会流动人口动态监测数据,结合北京市实地访谈样本,分析北京市高龄打工族所面临的困境与风险。同时,借鉴国际组织的劳工社会保护政策,尝试构建北京市高龄打工族社会保护政策措施。

关键词: 高龄打工族 社会保护 困境与风险

一 研究背景

改革开放以来,中国经济持续快速增长,农民工群体功不可没。印象中,这个群体应当是年富力强的,但如今出现了越来越多沧桑的面孔。国家统计局《2015年农民工监测报告》显示,我国40岁以下农民工所占比重逐年下降,由2008年的70%下降到2016年的53.9%,农民工平均年龄也由

---

* 刘洋,中共北京市委党校社会学教研部硕士研究生;薛伟玲,博士,中共北京市委党校社会学教研部讲师;李兵,博士,中共北京市委党校社会学教研部教授。

34 岁上升到 39 岁。到 2016 年，全国 50 岁以上的农民工占农民工总数的 19.2%，人数达 5408.8 万。农民工的高龄化引起了学界的关注，从 2015 年开始涌现出大量关于高龄农民工的研究，主要包括养老保障问题[1][2][3]，心理健康与社会支持[4]、面临的困境及对策[5][6]。对于高龄农民工的研究，仍是基于农民工研究的框架，而伴随着经济社会的不断纵深发展，非农民工打工者也面临着同样的困境。因此本报告采用"高龄打工族"这一概念来对这两类群体所面临的共同困境进行分析，意在引起对于劳动力结构老化这一现象的重视。

本报告中"高龄打工族"是指年龄在 45 岁以上、来京非正式就业的劳动者群体。关于"高龄"，国家统计局发布的"农民工调查报告"将年龄在 50 岁以上的农民工划分为高龄农民工，学界普遍接受这种划分方式。而关于 50 岁的年龄界限，源于《国务院关于工人退休、退职的暂行办法》对工人退休年龄的定义："从事井下、高空、高温、特别繁重体力劳动或者其他有害身体健康的工作，男年满五十五周岁，女年满四十五周岁，连续工龄满十年的""男年满五十周岁，女年满四十五周岁，连续工龄满十年，由医院证明，并经劳动鉴定委员会确认，完全丧失劳动能力的"应该退休。靳小怡等引入"购物类分析法"（market basket analysis），利用 2013～2015 年国家卫计委流动人口动态监测数据对高龄进行界定，得出农民工在 45 岁开始呈现高龄特征，即就业、收入等多方面受挤压。[7] 这种挤压在北京市实地调研中也得到了证实。"非正式"就业是指，未与雇主签订正式的劳动合同，

---

① 唐钧：《反思高龄农民工的养老困境》，《中国老年报》2015 年 3 月 24 日，第 1 版。
② 周人杰：《农民工靠什么老有所依》，《人民日报》2015 年 5 月 5 日，第 5 版。
③ 周虎城：《高龄农民工养老保障亟须完善》，《南方日报》2015 年 5 月 14 日，第 2 版。
④ 吴敏、段成荣、朱晓：《高龄农民工的心理健康及其社会支持机制》，《人口学刊》2016 年第 4 期。
⑤ 熊仁明：《高龄面临的困境及对策研究》，《经济研究导论》2016 年第 5 期。
⑥ 丁文文：《福利多元理论视角下高龄农民工养老困境及治理对策研究——基于郑州市实证分析》，《领导科学论坛》2017 年第 11 期。
⑦ 靳小怡、胡钊源、顾东东：《谁是"高龄"农民工——基于流动人口监测调查的数据分析》，《管理评论》2018 年第 7 期。

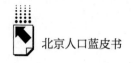
或签订不具有法律效力的用工协议。另外，之所以用"打工族"而不用"农民工"是考虑到来京就业的高龄劳动者不仅仅是农民工，也包含一定比例的具有城镇户籍的劳动者，因此使用"打工族"这一概念能更全面地覆盖这类群体，也更能反映劳动力结构老化的现状。

二 北京市高龄打工族现状

根据国家卫生计生委 2015 年全国流动人口卫生计生动态监测抽样调查，依照本报告关于高龄打工族的概念界定，筛选出符合条件的高龄打工族样本为 1312 人，占北京市流动人口抽样总数的 17.49%。

（一）男性占比较高

从性别结构来看，北京市高龄打工族中男性占比为 58.8%（771 人），高于女性占比 41.2%（541 人）（见图 1）。女性占比达四成以上，也从侧面说明社会经济的发展为女性提供了更多走出家庭进入社会的机会，而女性在体力上与男性相比处于弱势地位，使其在劳动力市场上的竞争力更显不足。面临越来越多的女性高龄打工族进入劳动力市场，学界和政府应当予以关注。对于男性高龄打工族来说，虽然相较于女性高龄打工族有一定优势，但这一优势本身并不足以令其更有竞争力，因为他们的竞争对手往往不是女性高龄打工族，而是比他们年轻、有知识、有技能的青年打工族，面对这种竞争，他们只依靠自身往往难以抗衡。

（二）45~49岁年龄段打工人数最多

从年龄结构来看，北京市高龄打工族在 45~49 岁年龄段人数最多，有 626 人，其次为 50~54 岁年龄段，有 302 人。人数的分布随着年龄的上升呈下降趋势，45~54 岁年龄段的高龄打工族占整体的 70.73%（见图 2）。这一方面说明这一年龄段高龄打工族尚有余力从事劳动，另一方面他们可能刚刚从另一种身份转换过来，仍有从事劳动的需求。

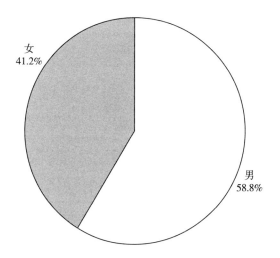

图1 北京市老年打工族性别结构

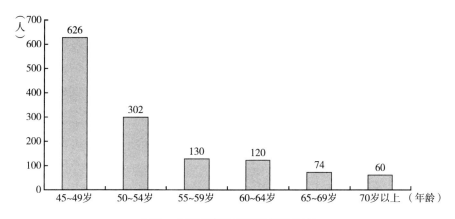

图2 北京市高龄打工族年龄分布

从分性别的年龄分布来看，60～64岁年龄段中女性人数多于男性，其余年龄段均少于男性（见图3）。其中，45～49岁年龄段人数最多，女性263人，男性363人；其次为50～54岁年龄段，女性112人，男性190人。45～54岁女性高龄打工族占女性高龄打工族总体的69.3%，而男性占总体的71.7%，略高于女性。从分性别趋势来看，男性和女性高龄打工族人数随着年龄的增长均呈下降趋势，而55岁是一个较为重要的年龄节点，人数均出现大幅度下降。

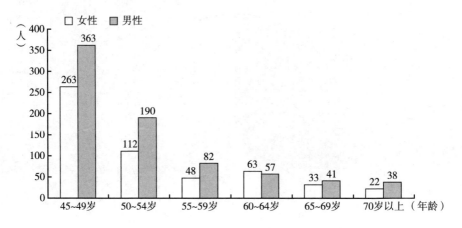

图3 北京市高龄打工族分性别年龄分布

（三）以农业户籍为主

从户籍类型来看，北京市高龄打工族中农业户籍所占比例为64.6%，而城镇户籍占比则为35.4%，超过了三分之一（见图4）。较高比例的城镇户籍打工者说明对于劳动力的研究需要拓展研究视角，仅用"农民工"的概念显然不足以解释劳动力结构老化的问题。

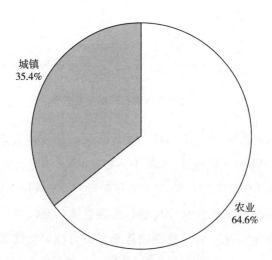

图4 北京市高龄打工族户籍类型

（四）九成有受教育经历

从学历结构来看，北京市高龄打工族基本已脱离文盲，高中/中专及以上学历占到31.3%，其余均是初中及以下学历，占到68.7%，其中未上过学的占到3.5%（见图5）。受教育程度的高低，一定程度上决定着学习能力和适应能力，这种能力在劳动力市场上则体现为竞争力。对于身处社会激烈变迁环境下的高龄打工族来说，他们早期所受的教育很难与当前的社会需求相匹配，这从他们所从事的职业中便能看出。

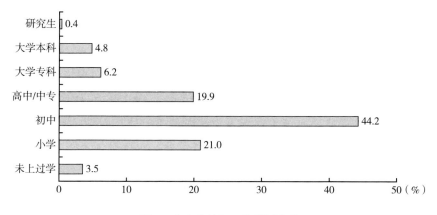

图5　北京高龄打工族学历占比

（五）来源地以北京周边省份为主

从来源地来看，北京市高龄打工族主要来自周边省份，其中河北220人，河南207人，山东142人，安徽136人，黑龙江106人，共811人，占北京市高龄打工族总人数的61.8%（见图6）。可见，北京对于周边省份劳动力具有很强的拉力，这主要是由于北京能够提供给高龄打工族相应的工作岗位。

（六）职业分布较广

从职业分布来看，北京市高龄打工族从事职业较广，其中占比较高的是

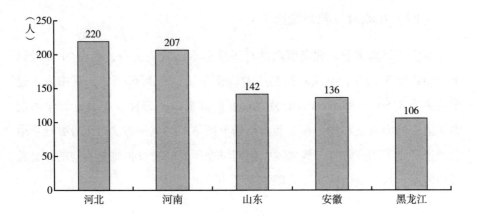

图6 北京市高龄打工族主要来源地

"经商"，占到20.0%；其次为"其他商业、服务业人员"，占比为17.7%；其余依次是"商贩"9.6%、"保洁"9.2%、"餐饮"7.4%、"装修"6.5%（见图7）。从行业占比情况来看，所从事行业均对劳动技能要求较低，而专业技术人员占比仅为5.6%。由此可见，北京市高龄打工族没有固定的职业倾向，而是广泛分布于各行各业。

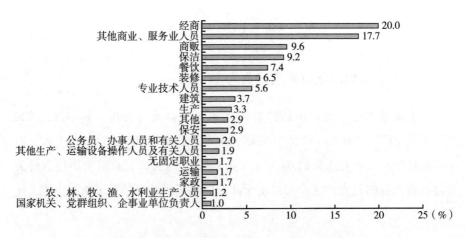

图7 北京市高龄打工族职业分布 （N＝941）

（七）仅有一成建立健康档案，新农合参保人数最多

国家卫生部于 2009 年启动全民健康档案计划，要求"到 2020 年，初步建立起覆盖城乡居民的，符合基层实际的，统一、科学、规范的健康档案建立、使用和管理制度"。[①] 北京市高龄打工族中明确表示没有建立健康档案的比例高达 73.9%，已经建立健康档案的占比为 12.4%，另有 13.7% 对此不清楚。由此可见，从政策的宣传到落实仍有较大的空间。

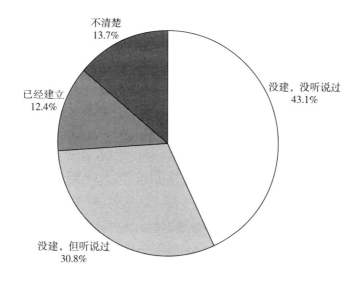

图 8　北京市高龄打工族健康档案情况

从北京市高龄打工族的医疗保险参保情况来看，新农合的参保人数最多，为 640 人，其次是城镇职工医疗保险 284 人，城镇居民医疗保险和城乡居民合作医疗保险的参保人数分别为 59 人和 49 人（见图 9）。新农合在政府的大力推动下参保人数较多，而城镇职工医疗保险也有较高的参保比例，主要原因是高龄打工族中有较高比例的城镇户籍人员。以上两种保险较多的

[①]　《卫生部关于规范城乡居民健康档案管理的指导意见》，http://www.nhfpc.gov.cn/zwgk/wtwj/201304/e08ccbfccc9740a6891b4c4c0c97e637.shtml。

参保人数是受到政府宣传和支持的结果，可见在公共医疗这件事上，政府的作用是其他社会组织难以取代的。

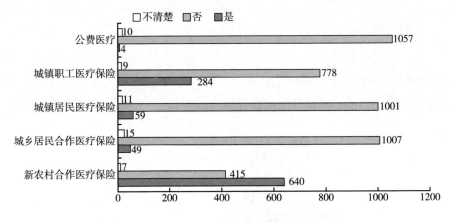

图9　北京市高龄打工族医疗保险情况

三　北京市高龄打工族面临的困境与风险

从客观数据来看，北京市存在较高比例的高龄打工族，而他们的生存状态难以从数据中得出。本报告结合质性研究方法，采用实地访谈法，通过对28位北京市高龄打工族的生活、工作经历进行深入的分析，揭示其生存状态。

（一）社会关系网络的转变导致社会支持弱化

从社会学的视角来看，社会关系网络是构成社会支持的一个重要维度。就北京市高龄打工族而言，社会关系网络在他们身上则体现为双重性，即亲属关系网络与乡邻关系网络。在实地调研中得知，高龄打工族的来京途径主要为亲人介绍和老乡引介。

> 大概2003年来的，有十多年了。我当时是跟我哥来的，我哥当时就在北京这边工作。——编号19

2011 年过来的，亲戚在这家饭店干活，他介绍我过来的，我就来到这家店里了。——编号 23

2013 年 4 月来到北京，我有一个侄儿媳在这工作了好些年，当时是她把我介绍来的。——编号 01

2015 年 10 月来到北京，中国文联有我一个老乡，他介绍我过来的。——编号 05

2015 年来的北京，包工头是我们村的，我们一块出来的。当时就是他问我外边有个活你要不要去，我就说可以啊，然后就跟着出来了。——编号 11

对于高龄打工族来说，两种社会关系网络看似能够给予他们更多的社会支持，但背后折射出的则是以地域构建的家族网络的转变，费孝通用血缘和地缘关系来指涉这种转变。任何一种社会形态下，社会关系网络总是可以分出主次，正如费孝通所言"地缘是在以商业为主导的社会形态中兴起的"，可见，在像中国这样长期以农业为主导的社会形态里，以血缘为基础的亲属关系网络是支持个人生存发展的一个重要基础。在高龄打工族身上，这种亲属关系网络在逐渐让位于以地缘为基础的乡邻关系网络，这就意味着亲属关系网络所能提供的支持在逐渐减小；从另一方面来说，关系网络要在日常的生活实践中不断构建，一旦脱离这个场域，这种关系就会越来越疏离。

就乡邻关系网络而言，它是亲属关系网络的延伸，这就意味着自这种关系产生以来它所提供的社会支持就是有限的。随着社会经济的发展，乡邻关系网络构成了高龄打工族获取外界信息的一个重要来源，同时也形成了外出打工的伙伴团体。这种关系网络在社会转型期看似能够给予高龄打工族较多的帮助，但这恰恰反映了亲属关系网络衰落所导致的社会支持减少，使得高龄打工族不得不借助其他的关系网络来支持自己的生存与发展。显而易见的是，乡邻关系网络所能提供的社会支持非常有限，老乡间不存在亲属间那种"与生俱来"的义务，这就意味着它难以提供亲属关系网络对于个人支持所发挥的作用。从这个意义上来说，高龄打工族身上兼具的两种社会关系网

络，恰恰反映的是社会关系网络的转变导致他们在社会支持方面的困境，即亲属关系网络不再发挥原有的作用，而占据主流的乡邻关系网络给予的支持则十分有限，除此之外高龄打工族鲜有其他社会关系网络能够提供支持，这将极大地限制他们的工作和生活。

（二）经济转型致使收入更显拮据

增加收入是高龄打工族的主要诉求，收入方面的困境在经济转型时期更加凸显。在以农业为主导的社会形态里，土地是一个家庭的主要经济来源，土地生产出来的产品足够满足日常生活的需求，人们不需要脱离土地从事其他方面的生产。当进入以商品为主导的社会形态之后，小农经济的劣势就会凸显出来，一方面，农产品的生长周期无法与规模生产抗衡；另一方面，货币作为主要的结算方式使得赖以土地为生的农民生活更加拮据。

> 家里地太少，只有3亩，种那点儿地都不够吃的，所以就想出来挣点钱补贴家用。而且将来儿子要娶媳妇也得攒钱买房啊，能多挣就多挣点吧。——编号01
>
> 农产品价钱上不去，小麦、玉米都便宜，就是这些肥料都贵。基本上就是吃粮够用了，但是没钱啊，出来打工挣点活钱。为什么我们出来背井离乡，就是还欠了许多外债呢。儿子娶媳妇买房怎么能不欠债呢，农民工又没有固定工资。买房、办事，办事就得十几万，再买完房，你说农民工一年就挣两三万，干到80岁也还不了。粮食不涨价，你种地得给人家钱：买肥料、农药，机械收割。——编号10

就外出打工的高龄农民而言，一类是土地较少，难以支撑家中的日常支出，如：

> 农村那地根本就没有种，我们南方的地又少，一个人就几分地，你要种地在家里连饭都吃不上，那只有出来打工。——编号16

另一类则是外界因素导致土地无法耕种而不得不外出打工，如：

> 老家啊，村里到处都是垃圾，水也污染了，附近办了两个地板砖场，把地下水都污染了，后来消防队给送水吃。水也喝不成了，我就出来了，上这是看孙子来的。群众也不自觉啊，架电线本来是好事，到谁家门口谁不让过，所以说停电了。现在地也种不成，种的桃树长出来的东西跟虫子似的。——编号13

而城镇户籍的打工者中又可以划分为城镇下岗工人和农转非居民。城镇下岗工人的生活状态优于大多数高龄打工族，这是由于他们有一部分固定收入，同时受生育政策影响，他们往往不会像农民一样由于子女过多而背负较多的债务，但这并不意味着他们衣食无忧，打工依然是他们身有余力的选择：

> 退休在家待了三年，身体不好，老玩麻将，环境不行，乌烟瘴气的。上班的话，生活规律一点，就是这么寻思的，让生活规律点。什么事都没有的话，生活不规律。老是这么在家待着也不行，然后来到这儿。——编号18

农转非打工者在思维和行为上依然保有农民的色彩，他们并不习惯城镇居民这种身份，而这种身份也并没有给他们的生活带来实质性的转变，他们虽在城市化的进程中获得了一定的收益，但并不足以支撑他们安度晚年，打工是他们希望未来能多一份保障。

以是否拥有土地区分高龄打工族，可以看出不同身份的高龄打工族所面临的处境较为一致。随着社会经济不断纵深发展，商品经济成为社会的主流，货币成为主要结算方式，而传统农业经济受资本的冲击，其短板日益暴露，即能够换取货币的周期长、数量少。二者共同作用下，高龄打工族呈现出的生存状态则是收益少、支出多，导致其自身经济能力弱，只能通过外出打工的方式来增强其经济能力，但显然效果非常有限。

（三）长时段、高强度工作损耗身体机能

对于劳动而言，时间是一个非常重要的变量。在实地调查中发现，北京高龄打工族的日工作时长有些高于《劳动法》中规定的 8 小时。

> 早上 6 点之前打卡上班，我一般得 5 点多起来，扫到 7 点吃早饭，8 点再开始到 11 点，下午 2 点到 4 点半，晚上不干了。没有假期，我给你说的日工资就是没有假期，周六、周日请假给你半天的钱。——编号 02
>
> 早上 5 点半就起来了，吃完早饭就过来了，干到中午 12 点回去吃饭，休息到中午 2 点再出来干，晚上一般不确定，活多的话就回去晚点，活少的话就回去早点，一般也都是天差不多快黑的时候。——编号 11
>
> 早上 4 点钟起来，一直到晚上 6 点钟才回家。早上 4 点就起来了，吃完饭，从那边坐车到这边有 13 站地。这里是早上 6 点上班，上午 11 点下班，回家吃饭到下午 2 点再上班，到 6 点下班；中间干活是 9 个小时，加上路上坐车这一天就得 10 多个小时。——编号 29

从访谈所得的资料中可以归纳出两个突出特征，一是工作时间长，二是法定节假日被侵占。导致这两点的一个重要因素就是制度因素。《劳动法》出台是为了保障工人的合法权益，但在现实中却成为"制约"高龄打工族获得就业机会的阻碍。签订劳动合同就意味着要缴纳相应的社会保险，这对于雇主来说是额外的负担，在北京这种能吸引大量打工者的城市，雇主并不担心招不到工人。而高龄打工族为了获得工作机会只能与雇主签订"不平等"协议，这类协议里并没有相应的保障，更多是处罚条例。

> 在商场搞保洁就是 1900 块钱，什么都没有了，合同是签过的，一年一签吧，合同就是属于那个惩罚条例，就是他可以单方面处罚你，没保险，就是协议合同。——编号 19

有些雇主还采用日工资的方式来侵占高龄打工族的节假日，这就使得多数高龄打工族为了获取更多的收入而主动选择不休息或者少休息，而雇主为了鼓励这种行为会对那些长时间不休假的打工族给予一定的奖励。对于之前从事农业的高龄打工族来说，他们本就没有法定节假日的概念，外出打工就是为了挣钱，休息对于他们来说"不划算"，因为休息一天不仅失去了一天的工资，还得有花费，对于这些高龄打工族而言，休假是有成本的。而这种长时间的工作方式，对于高龄打工族的身体损耗是极大的，慢性病是他们健康的主要威胁。

> 岁数大了，一年不如一年，也没有体检，要体检都是自己花钱去；现在腿疼，干一段儿就疼，实在疼得不行就回家；每天10个小时还必须干够。——编号11

> 身体不好，有哮喘，天一热就不行，得吃药；这种药还报不了，有时还得住院。——01

实地调研中发现，北京市高龄打工族或多或少都有一些病痛，但既然选择外出打工，说明身体仍能够支撑一些工作，但是长期处在这种高强度的工作下，他们的身体机能又如何能经受得起？

（四）缺乏一技之长，劳动力市场竞争弱

高龄打工族在与雇主的博弈过程中不占优势的另一个原因是缺乏一技之长，他们从事的工作多数是门槛较低的工作，只需简单的培训即可上岗。

> 技能要求低，简单的工作流程学习，会议通常由领班传达。——编号01
> 体力活没有技能要求，领导安排干什么就干什么，干活轻重取决于跟领导关系好不好。——编号02
> 维护小区秩序，做好安保工作；来的时候培训了一周，就是站姿啊这些；一周开一次会，强调一下基本要求。——编号27

与此同时，稍微有一技之长的人的工作情况会好很多，收入也相对较高。这些人主要得益于他们较早地离开土地从事其他职业，长久以来的经验积累使他们习得一技之长，如电工、匠人等。

> 换过好几家公司，都是建筑公司。1999年来党校，干电工和综合维修，比较稳定。现在工资是2800多元。有签合同，跟党校签的，现在是跟外派公司签，今年1月份开始跟劳务派遣公司签，还是归党校，合同归外边。工资是打卡上的，每月5号；以前签的时候是5年，现在是2年；保险有，交的是"三险"，养老、医疗、失业。——编号06
>
> 当面点厨师工资就4000多元吧。合同有，我们签一次就行了，2011年就签了一次，工资都是现金，从来不拖欠，到时间就发。——编号24

对于高龄农民打工族而言，他们往往离开土地较晚，没有积累相应的工作技能；而高龄城市打工族虽然在工厂积累了一定的工作技能，但这种技能能否应用到当下的工作环境中将决定他们的生活状态。低技能要求、低门槛准入，这使得他们在劳动力市场上可替代性强，不具有任何优势，唯有通过低价或无保障的方式获取工作机会。但这些看似简单的工作，对于他们来说并不一定轻松，主要是工作时间的长度对于他们的精力是一个非常大的考验。行业的门槛决定着收入的高低，这种差别来自对技能的要求，分工的不断细化对技能也提出了更高的要求，依靠体力的时代逐渐为依靠技术和知识的时代所取代，高龄打工族处于劳动力市场上的末端，竞争力非常弱。

城市的发展为农民和城镇下岗工人再就业提供了更多的机会，但分工的不断细化对技能提出了更高的要求，高龄打工族虽然基本脱离文盲，但他们对于技能的学习仍存在很大的障碍。技术的变革，加之现代化的生活方式给高龄打工族思想、行为、生活方式带来冲击，使得他们的自我认同出现了极大的危机。对于农民而言，他们开始接受新技术在农业领域的新发展，开始审视老祖宗留下来的经验，这是农民面对周遭环境的变化而对自身的反思，但这种反思能否帮助他们更好地适应社会发展的趋势，技能的学习非常关键。

而对于城镇打工者来说，他们的生活经验虽然与城市接轨，但并不意味着他们能够较快地融入城市生活，他们仍需要借助一定的技能来适应城市的发展。

（五）家庭保障弱化，养老风险突出

家庭在人类漫长的历史中是抵抗社会风险一个重要组织，主要得益于家庭的生育功能、事业经济功能和礼俗教化功能[①]，这些功能将家庭成员构建为一个命运共同体，并提供相应的保障。但是伴随着社会经济的发展，家庭仅保留了生育功能，事业经济功能让位于企业等经济组织，礼俗教化功能让位于学校等教育组织。以家庭为基础的一整套保障结构在一系列的转变中被消解，家庭成员也逐渐失去了构建亲密关系的日常实践，主要表现为"聚少离多"。

> 家里五口人分散在不同的地方，平时都忙，聚不到一起，我去年过年的时候请了一个月的假回家。大女儿虽说在北京，但也忙，平时也不怎么过来，二女儿和小儿子工作也忙，要来就得请假，所以也不怎么来，去年来过一次。——编号01

> 孩子也过来，来过两三回吧；过年的话有时候回有时候不回，也就是时间长了回一次，家里老人都没了。我们没时间到他们那边去，上班时间紧。——编号19

> 我儿子来过，我孙子来过，我媳妇也来过，我也回去过好几次。来这7年，跟我孩子见面的时候一次，结婚的时候一次，有孙女的时候一次，我父亲去世也回去过一次，回去过四五次吧。——编号25

> 来这4年我回老家3次，过年的时候我想回去，但是不给假，耽搁一天得扣一天的钱。——编号29

在这种情形下，家庭成员之间的亲密关系不断被淡化，血缘伦理意义上的责任和义务成为支撑家庭成员关系的唯一纽带。

---

① 费孝通：《乡土中国》，北京大学出版社，2012，第37~47页。

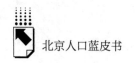

而家庭的事业经济功能不仅仅是维持家庭收支的一个功能，更重要的是以此为基础形成的家父长权威。在以家庭为主要经济单位的社会形态中，家长是掌握财产的唯一权威，有权对财产进行相应的支配，而获得财产的子女则对家长有养老送终的义务。而当家庭的事业经济功能被企业等专业经济组织所取代之后，在企业经济下，每个人依靠自己的能力获取劳动收益。随着经济在社会中的作用越来越大，曾经家庭中父亲与儿子之间的权威关系可能就此颠倒。年轻一代在受教育程度和技能学习方面显然要高于老一辈，在劳动力市场中也必然比老一辈更有优势，这必然会导致在家庭中子女的地位上升，父辈不再具有绝对的权威。当子女的经济来源不再依靠家庭时，与此相关的养老义务也会随之淡化。

与此相伴的另一权威则是礼俗教化。在教育未被纳入国家政策之中普及时，家庭是个人受教育的主要场所，这种教育涉及个人生活的全方面，包括习俗、生产技术等，而教育形式主要体现为个体言传身教的经验传递，即日常经验知识教育。这在农业主导的社会经济形态中是可能的，因为社会结构相对简单，但是进入商品主导的社会经济形态下，社会分工不断细化，社会结构也相应变得更为复杂，各领域的知识开始涌现，并且知识之间也在不断分化，产生新的边界。这就使日常的经验教育不能满足个人和社会发展的需要，而需要由专业的教育机构来系统化地教授相关的知识。在这一转变之中，父辈礼俗教化中的权威则让位于学校中的老师或者知识本身。

这些转变都集中体现在高龄打工族身上，他们与子女关系的疏离、权威的衰落，使得他们难以依靠子女解决养老问题，而社会养老还在逐步推进。当前制度层面的养老保障措施不断调整出台，养老机构也不断涌现，但真正面向高龄打工族的并不多。当家庭的保障功能被淡化之后，养老成为高龄打工族未来需要面对的困境。

四 北京市高龄打工族社会保护政策措施

社会保护自 20 世纪 90 年代兴起以来，受到欧盟、世界银行和国际劳工组织的大力推动，因为它不仅覆盖了社会保障内容，而且对于经济发展有着非常积极的作用，通过建立和保护人力资本、提供基本保障、提高劳动力的流动性、稳定总需求、减少社会不平等、扩大生产性资产和基础设施等渠道推动经济增长。[1] 从内容上来看，社会保护包括各种形式的国家干预政策，这些政策旨在保护个人免受各种不确定风险造成的种种后果。[2] 从外延来看，欧盟将社会保护分为 8 项：疾病/医疗服务保护、残疾保护、老年保护、遗属保护、家庭/儿童保护、失业保护、住房保护和其他未分类的社会排斥保护。[3] 世界银行将社会保护分为劳动力市场与就业、养老金和老年收入保障、社会基金、残疾以及社会安全网（SSNs）5 项。[4] 而国际劳工组织根据人的生命历程将社会保护分为 3 层：儿童和家庭的社会保护、老年人（Old-Age）的社会保护、劳动力的社会保护，其中劳动力社会保护又包括失业保护、工伤保护、残障保护、生育保护。[5] 高龄打工族面临的困境和风险主要体现为社会支持弱、货币支付能力不足、身体机能弱、劳动力市场中竞争力弱、家庭保障不足，参照社会保护的内涵和外延，这些弱势都可以通过社会保护措施加以应对。

（一）提升高龄打工族的社会支持

从社会学意义上来说，社会支持通常来源于社会关系网络，对于高龄打工族而言其社会关系网络包含两个方面，即亲属关系网络和乡邻关系网络。亲属关系网络是与生俱来的，但也需要日常经营，在高龄打工族外出寻求生

---

[1] Alderman, et al. , *Productive Role of Safety Nets*, Background paper for the Social Protection and Labor Strategy（Washington, DC：World Bank, 2012）, p. 54.

[2] 尚晓援：《中国社会保护体制改革研究》，中国劳动社会保障出版社，2012，第 8 页。

[3] 国际劳工局编著《世界社会保障报告（2010~2011）》，人力资源和社会保障部社会保障研究所译，中国劳动社会保障出版社，2011，第 15 页。

[4] World Bank, *Building Resilience and Opportunity：2012 - 2022 Social Protection and Labor Strategy of the World Bank - Preliminary Outline*, Powerpoint for consultations（Washington, DC：World Bank. 2011）, p. 128.

[5] ILO, *World Social Protection Report 2014/15：Building Economic Recovery, Inclusive Development and Social Justice*（Geneva：International Labour Office ILO, 2014）, p. 78.

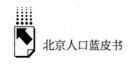

活收入之际他们就脱离了亲属关系网络，而繁重的工作安排也使得他们难以经营亲属关系网络。与此同时，乡邻交往在一定程度上会变得稍显频繁，但是由于一方面高龄打工族工作繁忙，缺乏充足的休息时间，另一方面社会交往需要一定的经济成本而高龄打工族收入有限，他们并不热衷于乡邻交往。

因此，高龄打工族社会保护政策措施的制定应从制约条件出发。

1. 保障高龄打工族的法定节假日

落实 8 小时工作制，保证高龄打工族能有一定的自主支配时间，使他们能有时间与亲友交往，维系其社会关系网络，获得相应的社会支持。

2. 提升高龄打工族的福利保障

保障其在休假的同时有一定的收入。在实地调研中发现，多数高龄打工族没休假的原因是休息期间的经济成本会上升。收入是其选择休假的条件，与此同时也能帮助高龄打工族维系亲友关系网络。

3. 北京市要构建高龄打工族友好型城市

北京城市发展水平高，城市工作及生活与高龄打工族日常经验相去甚远。市级层面应做好相关指导，如交通、生活设施等；再者，提供更多公益性、友好型的休闲场所供高龄打工族构建社会关系网络。

（二）提升高龄打工族人力资本，强化劳动技能培训

社会保护之所以取代社会保障成为国际社会推行的政策措施，关键的因素之一就是其在提升人力资本方面的重要作用。对于高龄打工族不能仅依赖传统的保护模式，即收入替代保障等消极福利计划，而要在稳定性与灵活性以及权利和责任之间寻求新的平衡。提升人力资本的主要措施包括以下几点。

1. 针对暂时失业的高龄打工族，支持重点是从失业救济转向工作支持，让受助者实现自立

具体政策分为三类：一是向目标群体提供失业津贴并辅以一定的培训计划；二是向受助者提供津贴并要求其用工作来回报所获救助，主要是帮助其进入劳动力市场；三是受助者可以无条件获得最长 3 个月的失业津贴，此后失业津贴的获得便以接受政府提供的工作和教育为条件。

2. 针对低收入的高龄打工族，干预重点则是通过教育、培训提升低收入者的劳动技能和竞争力，使之适应劳动力市场的变化

由于高龄打工族多从事低技能、低工资、低生产效率的工作，所以可加入相应的补助计划。来源地就业相关部门可定期组织相关培训活动，并为来参与培训的高龄打工族提供一定的补贴。另外，北京市就业部门应对高龄岗位进行审核，通过相关平台发布岗位信息；同时组织一定的高龄打工族参与入职培训工作，参与培训者可以获得北京市就业部门的推荐机会。

（三）增加高龄打工族就业机会，提高其支付能力

通过改善高龄打工族的健康、营养情况，提高其教育水平和劳动技能，帮助其获得生产效率更高的工作，为他们提供机会，促进机会平等，使高龄打工族能够有更多机会获得收入，提高其支付能力，降低未来的养老风险。主要服务措施包括以下两个方面。

1. 就业服务

保证高龄打工族就业信息的可获得性，北京市层面要注重高龄打工族就业信息的更新与发布。做好就业相关的劳动保障以及权益的解读，确保高龄打工族能够熟悉劳动保障相关权益，能够运用法律维护自身正当权益。

2. 创业服务

做好创业政策宣传，鼓励高龄打工族立足当地创业，提供创业相关的技术支持，简化老年打工族创业程序审批，鼓励高龄打工族通过自身的经验、技能学习解决自身的就业问题，实现高龄打工族就业方面的自助。

（四）改善高龄打工族身体机能，提高医疗保障水平

高龄打工族是身体健康高危人群，实地调研中发现他们中患有慢性病的比例极高，这一方面源自他们所从事的工作，即高强度、长时段、环境差；另一方面则由于他们缺乏充足的健康保障。国际组织在此方面的相关经验如下。

1. 增加医护人员

医疗队伍的人力资源缺口会阻碍医疗保障的推进，医疗队伍越充足，高龄打工族获得医疗保障的机会越多。

2. 加大医疗保障的投入

通过税收支持医疗保障，以及推进缴费型医疗保险，扩大医疗保障的覆盖面。对于高龄打工族来说，这能有效缓解他们获得医疗保障的资金投入。

3. 增设医疗服务点

以社区为单位，设立高龄打工族医疗服务流动站，开展健康知识宣传，定期开展免费医疗服务，让高龄打工族能够获得基础性的医疗服务，对自身的身体状况进行定期检测，降低健康风险。

（五）提升高龄打工族个人和家庭抗风险能力

国际组织的社会保护政策中通常用"脆弱性"来表示抗风险能力差，提升抗风险能力即提高高龄打工族个人和家庭的韧性。韧性的主要来源包括最大限度减少经济冲击对个人和家庭不利影响的社会保险计划，如失业和伤残保险、养老保险及可扩大的公共工程项目等。

有助于提升高龄打工族韧性的措施包括以下几点。

1. 失业保护

为暂时失业的高龄打工族及其家庭提供收入保障，防止陷入贫穷，有助于避免、减少经济和就业的非正规化。

2. 工伤保护

在工伤事故发生的情况下保护劳动者及其家庭免受收入锐减的困扰，同时在促进伤残劳动者生活、生产能力的恢复等方面有着极其重要的作用。

3. 养老保险

努力扩大缴费型养老保险制度覆盖面，发展非缴费型养老制度，让高龄打工族可以依靠养老金安度晚年生活。

（六）规范高龄打工族就业市场，加强劳动监管，营造良好就业氛围

高龄打工族面临的主要问题是工作时间长、环境差、收入低，其中一个重要的原因则是双方的就业协议没有受到监管。雇主可以以同样较低的待遇招到他想要的人，高龄打工族只有被动地接受或者失业，所签合同不仅缺乏任何保障而且成为雇主控制他们的依据。面对这种情况应采取如下措施。

1. 北京市层面要确立最低劳动保障线

要对高龄打工族的工资收入、劳动收入、法定节假日等做明确规定，双方一旦产生雇佣关系必须签订劳动保障合同，并遵循最低劳动保障线。

2. 加强监管审查

北京市劳动执法部门要不定期对高龄打工族的工作状况进行抽查，一旦发现雇佣中存在违规违法行为，要严肃处理，追究雇主相关责任，营造良好的就业环境。

3. 调整舆论宣传导向，加强"老年"积极宣传，为高龄打工族就业营造良好舆论氛围

目前社会舆论普遍将老龄或高龄看作一种社会问题，加之学术界对于老龄社会问题化的基本立论，给他们的就业和生活都带来极大的困扰。国际上实施的积极老龄化战略首先解决的问题就是消除老年歧视，即老年代表的只是生命历程的一个阶段，并不全然是社会的负担。积极老龄化战略鼓励身体和智力健康的老年人再次进入劳动力市场，这不仅是帮助老年人重拾信心，也是构建包容性城市的一项重要举措。这就意味着社会舆论需要淡化年龄这一变量，而从群体特质的角度去发掘个体在不同年龄阶段发挥的不同作用，以此为高龄打工族营造良好的舆论氛围和社会环境。

五　结语

高龄打工族的现实状况，是时代发展的产物，是改革开放以来确立市场

经济之后一个值得关注的问题。仅仅靠高龄打工族个人及其家庭难以应对他们所面临的各种困境，因此需要政府力量的介入，制定相应的社会保护措施。社会保护是当今时代发展所需，不仅能实现人人享有社会保障的基本权利，也是构成成熟稳健的经济政策的一个重要方面。社会保护在减少社会贫困、社会排斥和不平等方面贡献卓著，能够提升社会凝聚力和政治稳定。社会保护对家庭收入的支持，有助于维持国内消费水平，从而促进经济增长。此外，社会保护能够提升人力资本和生产力水平，从而成为社会经济转型发展的一项重要策略。

参考文献

[1] 丁文文：《福利多元理论视角下高龄农民工养老困境及治理对策研究——基于郑州市实证分析》，《领导科学论坛》2017 年第 11 期。

[2] 靳小怡、胡钊源、顾东东：《谁是"高龄"农民工——基于流动人口监测调查的数据分析》，《管理评论》2018 年第 7 期。

[3] 吴敏、段成荣、朱晓：《高龄农民工的心理健康及其社会支持机制》，《人口学刊》2016 年第 4 期。

[4] 熊仁明：《高龄面临的困境及对策研究》，《经济研究导论》2016 年第 5 期。

[5] 国际劳工局编著《世界社会保障报告（2010～2011）》，人力资源和社会保障部社会保障研究所译，中国劳动社会保障出版社，2011。

[6] 费孝通：《乡土中国》，北京大学出版社，2012。

[7] 尚晓援：《中国社会保护体制改革研究》，中国劳动社会保障出版社，2012。

[8] 唐钧：《反思高龄农民工的养老困境》，《中国老年报》2015 年 3 月 24 日，第 1 版。

[9] 周虎城：《农民工养老保障亟需完善》，《南方日报》2015 年 5 月 14 日，第 2 版。

[10] 周人杰：《农民工靠什么老有所依》，《人民日报》2015 年 5 月 5 日，第 5 版。

[11] Alderman, et al. , "*Productive Role of Safety Nets. Background paper for the Social Protection and Labor Strategy*", 2012.

[12] ILO, "*World Social Protection Report 2014/15: Building Economic Recovery, Inclusive Development and Social Justice*", 2014.

[13] World Bank, "*Building Resilience and Opportunity: 2012 - 2022 Social Protection and Labor Strategy of the World Bank-Preliminary Outline*", Powerpoint for Consultations, 2011.

B.5
北京市老年人口现状和变化趋势分析

张航空　李林雪　李冬梅*

摘　要：　以 2015 年 1% 人口抽样调查数据为主，辅以 1990 年、2000 年和 2010 年三次人口普查数据，对北京市人口老龄化、老年人口数量、性别构成、年龄构成、受教育程度、婚姻状况、家庭与户居状况、分布状况、在业状况、健康状况、主要生活来源状况等进行分析。分析发现，60 岁及以上老年人口比例突破 16%；北京市老年人的平均受教育年限为 9.7 年；近八成的老年人有配偶，近两成的老年人丧偶；仅老夫妇户和单身老人户比例超过三分之一；老年人口主要分布在城镇，比例超过八成；老年人主要从事农、林、牧、渔业，公共管理、社会保障和社会组织，建筑业，以及批发和零售业，比例接近六成；老年人健康的比例超过八成；老年人口的主要生活来源是离退休金、养老金和家庭其他成员供养，比例超过九成。

关键词：　北京市　老年人口　人口老龄化

---

* 张航空，博士，首都经济贸易大学劳动经济学院副教授，研究方向为社会老年学；李林雪，首都经济贸易大学劳动经济学院硕士研究生，研究方向为人口与发展；李冬梅，首都经济贸易大学劳动经济学院硕士研究生，研究方向为社会保障。

一 北京市老年人口现状与变化趋势

（一）60岁及以上常住老年人口超过340万人，占总人口的比例达到16.38%

2015年北京市1%人口抽样调查资料显示，北京市60岁及以上老年人口数量达到340.45万人，占总人口的比例达到16.38%；65岁及以上老年人口数量突破220万人，占总人口的比例达到10.65%（见表1）。与2010年第六次全国人口普查相比，60岁及以上老年人口增加了94.43万人，65岁及以上老年人口增加了50.59万人；从老年人口的比例来看，60岁及以上老年人口和65岁及以上老年人口的比例相比2010年均有明显提高，分别上升了3.84个百分点和1.94个百分点。

表1 2015年北京市60岁及以上和65岁及以上老年人口状况

单位：万人，%

项目	60岁及以上老年人口	65岁及以上老年人口
数量	340.45	221.48
比例	16.38	10.65

资料来源：根据2015年北京市1%人口抽样调查数据计算整理而来。

在31个省份中，北京市60岁及以上老年人口的比例排在第15位。从31个省份的情况来看，60岁及以上老年人口比例最高的是辽宁（20.64%），辽宁和重庆是仅有的60岁及以上老年人口比例超过20%的2个省份。北京60岁及以上老年人口比例为16.38%，与31个省份的平均水平（16.15%）非常接近（见图1）。作为国际大都市，北京流入了大量的年轻人口，这些年轻的流动人口在很大程度上缓解了北京的人口老龄化程度。

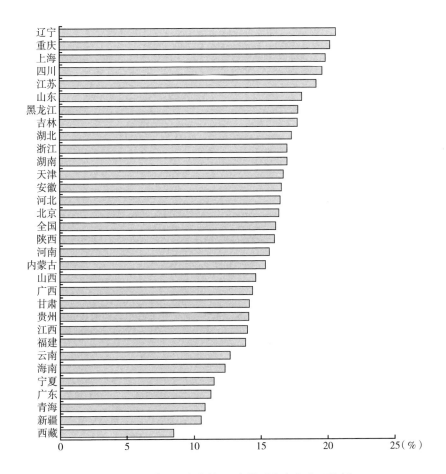

图1　2015年31个省份60岁及以上老年人口比例

资料来源：根据中国2015年1%人口抽样数据计算整理而来。

（二）老年人口比例不断攀升，老年人口规模递增快

从2015年北京市1%人口抽样调查数据来看，北京市65岁及以上常住老年人口比例呈现不断上升的趋势，从1953年的3.3%上升到1990年的6.3%，然后攀升到2000年的8.4%，在2010年达到8.7%，2015年继续攀升到10.3%（见表2）。虽然缺少详细的历年数据，但我们可以大致推测北京市早在20世纪90年代就已经进入老年型社会。

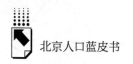

从 65 岁及以上老年人口的规模来看，1953 年北京市 65 岁及以上老年人口只有 9.1 万人，到了 1964 年，老年人口增加到 31.1 万人，1982 年突破 50 万人，1990 年接近 70 万人，2000 年突破 110 万人，2010 年突破 170 万人，2015 年突破 220 万人。从老年人口规模增加的过程来看，1953～1964 年的 11 年间增加了 22 万人，每年平均增加 2.0 万人；1964～1982 年的 18 年间增加了 20.6 万人，每年平均增加 1.1 万人；1982～1990 年的 8 年间增加了 16.5 万人，每年平均增加 2.1 万人；1990～2000 年的 10 年间增加了 46.1 万人，每年平均增加 4.6 万人；2000～2010 年的 10 年间增加了 56.3 万人，每年平均增加 5.7 万人；2010～2015 年的 5 年间增加了 52.2 万人，每年平均增加 10.4 万人。从每年的增量来看，从 1982 年到 2015 年，北京市 65 岁及以上老年人口的增量不断增加（见表 2）。

表 2　2015 年北京市 1% 人口抽样调查 65 岁及以上老年人口数量与比例

单位：%，万人

年份	1953	1964	1982	1990	2000	2010	2015
比例	3.3	4.1	5.6	6.3	8.4	8.7	10.3
数量	9.1	31.1	51.7	68.2	114.3	170.6	222.8

资料来源：1953 年、1964 年、1982 年、1990 年、2000 年和 2010 年数据根据《北京统计年鉴（2011）》公布的数据计算而来，2015 年数据根据 2015 年北京市 1% 人口抽样调查数据计算整理而来。

（三）女性老年人口数量超过男性老年人口

从 2015 年北京市 1% 人口抽样调查数据来看，不管是 60 岁及以上还是 65 岁及以上老年人口均是女性老年人口数量超过男性老年人口。具体来说，60 岁及以上女性老年人口为 180.20 万人，比男性老年人口（160.25 万人）多 19.95 万人；65 岁及以上女性老年人口数量为 118.87 万人，比男性老年人口（102.62 万人）多 16.25 万人（见表 3）。女性老年人口超过男性老年人口与两性的死亡率男高女低密不可分，男性的死亡率几乎在所有年龄段均高于女性，到了老年，这一趋势更加明显。

表3　2015年不同性别60岁及以上和65岁及以上老年人口数量

单位：万人

性别	60岁及以上老年人口	65岁及以上老年人口
男	160.25	102.62
女	180.20	118.87

资料来源：根据2015年北京市1%人口抽样调查数据计算整理而来。

（四）老年人口女性化趋势明显

从最近三次人口普查的结果来看，老年人口内部女性老年人口的比例呈不断上升的趋势。具体来说，1990年女性老年人口比男性老年人口多2.43万人，老年人口的性别比为95.66；2000年，女性老年人口与男性老年人口的数量差值拉大到6.05万人，性别比下降到93.13；2010年，上述两个数值分别为11.38万人和91.16；而2015年，女性老年人口与男性老年人口的数量差值为19.95万人，性别比下降到88.93（见表4）。老年人口中女性化趋势与老年人口的死亡率差异有着密切的关系，一般来说，男性老年人口的死亡率在各个年龄段都高于女性老年人口，导致老年人口的性别比随着年龄的升高呈不断下降的趋势，而且，这种趋势随着时间的推移日益明显。所以，随着时间的推移，老年人口的性别比呈下降的趋势，即女性化趋势日益明显。

表4　1990～2015年北京市60岁及以上老年人口分性别数量及性别比状况

项目	1990年	2000年	2010年	2015年
男性老年人口（万人）	53.50	82.05	117.32	160.25
女性老年人口（万人）	55.93	88.10	128.70	180.20
性别比	95.66	93.13	91.16	88.93

资料来源：根据北京市1990年、2000年、2010年人口普查数据和2015年北京市1%人口抽样调查数据计算整理而来。

（五）随着年龄的升高，老年人口的数量在减少，比例在下降

从2015年北京市1%人口抽样调查数据来看，年龄越大，老年人口的数量越少，比例越低。具体来说，60~69岁组老年人口的数量为197.05万人，70~79岁组为95.80万人，而80岁及以上组老年人口数量只有47.59万人。从各个年龄组老年人口占全部老年人口的比例来看，依然呈现随着年龄升高不断下降的趋势，60~69岁组老年人口比例超过一半，达到57.88%；70~79岁组接近三成，达到28.14%；而80岁及以上组超过一成，为13.98%（见表5）。老年人口数量及其比例随着年龄的升高而减少和下降的原因在于，随着年龄的升高，老年人口的死亡率在上升，而且，对于北京市来说，从老年人口队列的角度来看，每年进入老年的人口数量在最近以及未来一段时间内均是比较庞大的。受到分年龄老年人口的死亡率和人口队列的双重影响，随着年龄增大，老年人口的数量会逐渐减少，所属年龄组占老年人口的比例也会逐渐下降。

表5　2015年北京市不同年龄组老年人口数量和比例

单位：万人，%

年龄组	数量	比例
60~69岁	197.05	57.88
70~79岁	95.80	28.14
80岁+	47.59	13.98
合计	340.45	100.00

资料来源：根据2015年北京市1%人口抽样调查数据计算整理而来。

（六）老年人口年龄构成呈高龄化趋势

从最近三次人口普查和2015年北京市1%人口抽样调查老年人口的年龄构成来看，80岁及以上的老年人口占全部老年人口的比例虽然呈现先下降后上升的态势，但是总的来看，80岁及以上老年人口比例上升的趋势非常明显，从1990年的8.41%下降到2000年的7.81%，然后快速攀升到

2010 年的 12.28%，在 2015 年达到 13.98%（见表 6）。由于平均预期寿命的延长，在人口老龄化的过程中将会伴随着老年人口的高龄化。北京市在1990~2000 年期间出现高龄老人占全部老年人口比例下降的情况可能是受到年龄结构的影响。

表 6　1990~2015 年北京市老年人口年龄构成状况

单位：%

年龄组	1990 年	2000 年	2010 年	2015 年
60~69 岁	63.55	61.96	51.53	57.88
70~79 岁	28.03	30.22	36.19	28.14
80 岁+	8.41	7.81	12.28	13.98
合计	100.00	100.00	100.00	100.00

资料来源：根据北京市 1990 年、2000 年、2010 年人口普查数据和 2015 年北京市 1% 人口抽样调查数据计算整理而来。

二　北京市老年人口的受教育水平状况

（一）老年人口受教育程度主要集中在初中及以下，比例接近三分之二

从北京市 2015 年 1% 人口抽样调查数据来看，北京市老年人口的受教育程度主要集中在初中及以下，其中，未上过学的老年人口占比为 7.48%，受教育程度为小学的比例超过了五分之一（21.75%），受教育程度为初中的比例接近三分之一，达到 32.33%。值得注意的是，北京市老年人口中，受教育程度为高中的比例达到了 16.98%，受教育程度为大专及以上的比例超过两成（见表 7）。

（二）老年人口受教育程度全国最高，远高于全国平均水平

与全国老年人口的受教育水平相比，北京市老年人口的受教育程度更高。具体来看，北京市老年人口未上过学和受教育程度为小学的比例均远低于全国水平，而受教育程度为初中、高中和大专及以上的比例均高于全国水平，而且，大专及以上受教育程度的比例远高于全国水平（见表 7）。

表7　2015 年北京市和全国 60 岁及以上老年人口受教育状况

单位：%

区域	未上过学	小学	初中	高中	大专及以上	合计
北京	7.48	21.75	32.33	16.98	21.46	100.00
全国	22.36	46.12	21.31	7.01	3.20	100.00

资料来源：北京市的数据根据 2015 年北京市 1% 人口抽样调查数据计算整理而来，全国的数据根据中国 2015 年 1% 人口抽样调查数据计算整理而来。

北京市 60 岁及以上老年人口平均受教育年限为 9.7 年。从 31 个省份 60 岁及以上老年人口平均受教育年限来看，北京、上海和天津排名前三，也是仅有的 3 个老年人口平均受教育年限在 8 年以上的省份；辽宁等 12 个省份为 6～8 年，江西等 15 个省份为 4～6 年；仅西藏 1 个省份在 4 年以下，其老年人口平均受教育年限只有 2 年（见图 2）。

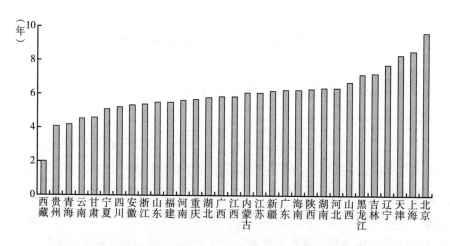

图2　2015 年 31 个省份 60 岁及以上老年人口平均受教育年限

资料来源：根据中国 2015 年 1% 人口抽样调查数据计算整理而来。

（三）老年人口的受教育水平不断提高

从最近三次人口普查和 2015 年的 1% 人口抽样调查的结果来看，北京市 60 岁及以上老年人口的受教育状况得到了极大的改善。从老年人口未上

过学的比例来看，1990 年这一比例超过五成，到了 2000 年大幅度下降到
27.99%，不足三成，到了 2010 年又进一步下降到 11.07%，刚刚超过一
成，2015 年继续下降到 7.48%。在此期间，受教育程度为小学的比例基本
稳定在二成和三成左右。受教育程度为初中、高中和大专及以上的老年人口
的比例在最近三次人口普查期间均呈不断上升的趋势，受教育程度为初中的
老年人口比例从 1990 年的不足一成攀升到 2015 年的三成多，高中的比例从
1990 年的 4.54% 上升到 2015 年的 16.98%，大专及以上的比例从 1990 年的
6.25% 上升到 2015 年的 21.46%（见表 8）。

表8　1990~2015 年北京市 60 岁及以上老年人口受教育状况

单位：%

年份	未上过学	小学	初中	高中	大专及以上	合计
1990	51.30	28.05	9.86	4.54	6.25	100.00
2000	27.99	32.93	15.73	9.69	13.65	100.00
2010	11.07	27.58	27.60	14.95	18.80	100.00
2015	7.48	21.75	32.33	16.98	21.46	100.00

资料来源：根据北京市 1990 年、2000 年、2010 年人口普查数据和 2015 年北京市 1% 人口抽样
调查数据计算整理而来。

从 1990 年以来老年人口的平均受教育年限来看，从 1990 年的 4.12 年
增加到 2000 年的 6.74 年，2010 年进一步增加到 8.94 年，到了 2015 年继续
增加，增加到 9.69 年。从最近 25 年老年人口平均受教育年限的增速来看，
速度在放缓。1990~2000 年增加了 2.62 年，2000~2010 年增加了 2.20 年，
2010~2015 年间增加了 0.75 年，由于 2010~2015 年只有 5 年，所以，如果
假设老年人口平均受教育年限是匀速增加的话，2010~2020 年可以增加
1.50 年，与之前的两个十年相比，速度在放缓。

（四）男性老年人口受教育程度显著高于女性老年人口

从 2015 年北京市 1% 人口抽样调查数据来看，男性老年人口受教育状况显
著好于女性老年人口，平均受教育年限男性老年人口为 10.6 年，女性老年人口
为 8.9 年。具体来看，女性老年人口中未上过学和受教育程度为小学的比例显著

高于男性老年人口，女性老年人口这两个比例分别为 11.62% 和 24.82%，占全部女性老年人口的比例超过三分之一，分别比男性老年人口高 8.79 个百分点和 6.53 个百分点。相应的，男性老年人口受教育程度为初中和大专及以上的比例均比女性老年人口高。稍显意外的是，女性老年人口受教育程度为高中的比例比男性老年人口稍高，这一情况与以往的人口普查数据有所不同，是抽样调查数据本身造成的还是正常现象需要进一步的分析来确定（见表9）。

表9　2015 年北京市 60 岁及以上不同性别老年人口受教育状况

单位：%

受教育状况	未上过学	小学	初中	高中	大专及以上	合计
男性	2.83	18.29	35.23	16.95	26.72	100.00
女性	11.62	24.82	29.75	17.02	16.79	100.00

资料来源：根据 2015 年北京市 1% 人口抽样调查数据计算整理而来。

（五）老年人口受教育状况市最好，镇次之，乡最差

从 2015 年北京市 1% 人口抽样调查数据来看，老年人口受教育状况城乡差异显著，市、镇、乡老年人口平均受教育年限分别为 10.5 年、7.7 年和 6.4 年。从未上过学、受教育程度为小学和初中的比例来看，市均是最低的，乡级老年人口未上过学和受教育程度为小学的均最高，镇级老年人口受教育程度为初中的比例最高。其中，从未上过学的比例看，市为 5.25%，镇为 12.13%，乡为 17.09%，在乡村基本上 6 个老人中就有 1 个未上过学。从受教育程度为小学的比例看，市为 16.94%，市里的老年人口中接近 6 个老人中有 1 个上过小学，镇里的老年人口中基本上 3 个老人中有 1 个上过小学，乡村基本上是 2.5 个老人中有 1 个上过小学。从上过初中的老年人口比例来看，市、镇、乡均在三成到四成之间。从受教育程度为高中和大专及以上的比例来看，市的比例最高，乡最低。市里的老年人口中受教育程度为高中和大专及以上的比例分别为 20.09% 和 26.42%，合计占比接近五成，而镇的这两个比例合计不足两成，乡的更低，在 5% 左右（见表10）。

表10　2015年北京市60岁及以上城乡老年人口受教育状况

单位：%

行政区划	未上过学	小学	初中	高中	大专及以上	合计
市	5.25	16.94	31.29	20.09	26.42	100.00
镇	12.13	33.29	38.11	9.67	6.73	100.00
乡	17.09	42.01	35.49	3.82	1.59	100.00

资料来源：根据2015年北京市1%人口抽样调查数据计算整理而来。

（六）老年人口文盲率随着年龄的升高而上升，女性老年人口文盲率显著高于男性老年人口

从北京市老年人口的文盲率来看，随着年龄的升高，文盲率也在不断地升高。分年龄组来看，60～64岁组的老年人口文盲率最低，只有3.03%，然后随着年龄的升高不断升高，到了85岁及以上组达到最高，为26.46%。

分性别来看，女性老年人口的文盲率在各个年龄段均高于男性老年人口，而且随着年龄的升高差值呈不断上升的趋势。女性和男性老年人口文盲率分别从60～64岁组的1.63%和4.35%上升到85岁及以上组的9.30%和41.17%；相应的，男性老年人口与女性老年人口文盲率的差值从60～64岁组的2.72个百分点上升到85岁及以上组的31.87个百分点（见图3）。

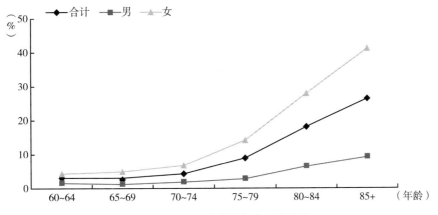

图3　2015年北京市老年人口文盲率

资料来源：根据2015年北京市1%人口抽样调查数据计算整理而来。

三 北京市老年人口的婚姻状况

（一）接近八成的老年人口有配偶，将近两成的老年人口丧偶

从 2015 年北京市 1% 人口抽样调查的数据来看，大部分老年人口有配偶，比例达到 79.65%，还有 17.80% 的老年人口丧偶。另外，未婚和离婚的老年人口比例均较低，分别只有 0.80% 和 1.76%。从分析结果来看，大部分老年人口都有配偶，原因在于随着时间的推移，老年人的健康状况不断改善，丧偶的比例在下降；另外，部分老年人即使离婚也会再次结婚，所以，离婚的比例比较低而有配偶的比例相对比较高（见表11）。

与全国的平均水平相比，北京的老年人口婚姻状况有以下几点不同：第一，北京未婚的老年人口比例更低，比全国低 0.69 个百分点；第二，北京有配偶的老年人口比例更高，比全国高 5.44 个百分点；第三，北京离婚的老年人口比例更高，比全国高 0.78 个百分点；第四，北京丧偶的老年人口比例更低。出现上述不同，原因各异，丧偶的比例低和有配偶的比例高，极有可能是一部分老年人丧偶以后再婚；未婚的比例低与北京在经济方面的优势密不可分，离婚的比例高更有可能与老年人本身的相关特征有关。

表11　2015 年全国和北京 60 岁及以上老年人口婚姻状况

单位：%

区域	未婚	有配偶	离婚	丧偶	合计
北京	0.80	79.65	1.76	17.80	100.00
全国	1.49	74.21	0.98	23.32	100.00

资料来源：根据 2015 年北京市 1% 人口抽样调查数据计算整理而来。

（二）老年人口有配偶的比例在上升，丧偶的比例在下降

从最近三次人口普查结果来看，北京市 60 岁及以上老年人口的婚姻状

况也在发生着显著的变化。具体来说，随着时间的推移，未婚的老年人口比例总体呈下降趋势，从 1990 年的 1.02% 下降到 2000 年的 0.80%，再继续下降到 2010 年的 0.66%，2015 年有小幅度上升，为 0.80%；有配偶的老年人口比例呈不断攀升的趋势，从 1990 年的 67.12% 上升到 2000 年的74.91%，再上升到 2010 年的 76.42%，继而在 2015 年上升到 79.65%；丧偶的老年人口呈不断下降的态势，1990 年丧偶的老年人口高达 30.96%，到了 2000 年下降到 23.42%，2010 年继续下降到 21.66%，2015 年继续下降，降至 17.80%；老年人口中离婚的比例呈先下降后上升的趋势，比例基本稳定在 1% 上下（见表 12）。

表 12 1990~2015 年北京市 60 岁及以上老年人口婚姻状况

单位：%

年份	未婚	有配偶	离婚	丧偶	合计
1990	1.02	67.12	0.91	30.96	100.00
2000	0.80	74.91	0.88	23.42	100.00
2010	0.66	76.42	1.26	21.66	100.00
2015	0.80	79.65	1.76	17.80	100.00

资料来源：根据北京市 1990 年、2000 年、2010 年人口普查数据和 2015 年北京市 1% 人口抽样调查数据计算整理而来。

（三）男性老年人口有配偶比例高，女性老年人口丧偶比例高

从 2015 年北京市不同性别老年人口的婚姻状况来看，呈现出典型的性别差异。男性老年人口有配偶的比例高达 87.64%，比女性老年人口的72.53% 高了 15.11 个百分点。女性老年人口丧偶的比例高达 25.07%，而男性老年人口丧偶的比例仅为 9.61%，比女性老年人口低 15.46 个百分点。从未婚和离婚的比例来看，男性老年人口未婚的比例显著高于女性，而在离婚的比例上女性老年人口更高（见表 13）。

表 13　2015 年北京市 60 岁及以上不同性别老年人口的婚姻状况

单位：%

未婚		有配偶		离婚		丧偶	
男性	女性	男性	女性	男性	女性	男性	女性
1.14	0.49	87.64	72.53	1.60	1.91	9.61	25.07

资料来源：根据 2015 年北京市 1% 人口抽样调查数据计算整理而来。

四　北京市老年人口的家庭与户居状况

（一）一人户中老年人口占五分之一，区域差异显著

2015 年北京市一人户中的老年人口占比为 20.72%，与全国平均水平相比低很多，几乎是全国平均水平的一半，在全国各省份中排名比较靠后，排第 29 位（见图 4）。

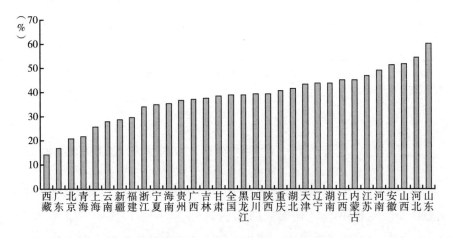

图 4　2015 年中国及各省份一人户中 60 岁及以上老年人口比例

资料来源：根据中国 2015 年 1% 人口抽样调查数据计算整理而来。

从北京市各区的情况来看，区域差异显著。北京市各区中，一人户中老年人口比例最高的是延庆，比例为 51.33%，紧随其后的密云和平谷比例均

在40% ~50%之间。其余各区比例均在40%以下，其中，门头沟、房山在30% ~40%之间，东城、石景山、西城、丰台在20% ~30%之间，顺义、海淀、通州、朝阳、大兴和昌平在10% ~20%之间（见图5）。

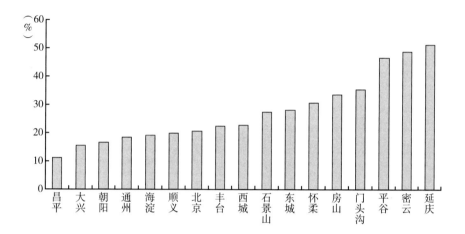

图5　2015年北京市及各区一人户中60岁及以上老年人口比例

资料来源：根据2015年北京市1%人口抽样调查数据计算整理而来。

（二）一人户中老年人口比例乡最高，市最低

从北京市一人户中老年人口比例的城乡差异来看，乡的比例最高，达到了29.99%；镇次之，比例为21.41%；市最低，比例为19.41%。与全国的平均水平相比，北京市市、镇、乡三级一人户中老年人口的比例均比较低，分别比全国低7.05个、19.16个和21.45个百分点（见表14）。

表14　2015年全国和北京市、镇、乡一人户中老年人口比例

单位：%

区域	市	镇	乡
北京	19.41	21.41	29.99
全国	26.46	40.57	51.44

资料来源：北京市的数据根据2015年北京市1%人口抽样调查数据计算整理而来，全国的数据根据中国2015年1%人口抽样调查数据计算整理而来。

（三）仅老夫妇户和单身老人户比例超过三分之一，老年人居住方式区域差异显著

从北京市老年人口的居住方式来看，大部分老年人与子女或者其他亲人同住，仅老夫妇户和独居老人户比例虽然不高，但是合计占比依然超过了三分之一。具体来看，单身老人户的比例为13.60%，只有一对老夫妇的户达到了22.56%，二者的比例合计达到了36.16%。另外，除了单身老人户、只有一对老夫妇的户以及与未成年亲属同住的老人，还有一部分老人是与子女同住，这就意味着北京有六成左右的老年人是与子女同住的。

与全国的平均水平相比，北京市的老年人单身户比例与其基本持平，只有一对老夫妇户的比例北京高于全国平均水平。一个老年人与子女同住的比例，北京低于全国的平均水平。一对老夫妇与子女同住的比例，北京高于全国的平均水平。如果仅关注只有一对老夫妇户和单身老人户的话，北京这两类人群的合计占比在全国处于比较高的水平，为36.16%，在31个省份中排在第12名，比最高的山东低16.20个百分点，比最低的西藏高27.70个百分点（见表15）。

表15　2015年中国各省份60岁及以上老年人口居住状况

单位：%

区　域	单身老人户	一个老年人与未成年的亲属户	其他	只有一对老夫妇的户	一对老夫妇与未成年的亲属户	其他	有三个及以上老年人的户	合计
全　国	13.96	0.94	37.97	20.66	1.67	23.68	1.12	100.00
北　京	13.60	0.31	33.48	22.56	0.95	27.77	1.34	100.00
天　津	14.72	0.21	29.90	28.24	0.88	24.80	1.24	100.00
河　北	14.53	0.29	34.01	26.38	0.87	22.80	1.13	100.00
山　西	17.35	0.32	34.62	26.83	0.74	19.45	0.69	100.00
内蒙古	18.16	0.35	33.57	32.62	0.65	14.11	0.54	100.00
辽　宁	13.89	0.18	33.23	27.35	0.65	23.73	0.98	100.00
吉　林	12.09	0.28	37.63	25.03	0.72	23.29	0.96	100.00
黑龙江	13.42	0.24	35.80	27.63	0.59	21.55	0.77	100.00
上　海	15.64	0.28	29.95	25.52	1.08	25.27	2.26	100.00

区　域	单身老人户	一个老年人与未成年的亲属户	其他	只有一对老夫妇的户	一对老夫妇与未成年的亲属户	其他	有三个及以上老年人的户	合计
江　苏	13.01	0.55	34.57	21.45	1.32	27.23	1.88	100.00
浙　江	19.43	0.47	33.89	23.95	0.99	20.20	1.07	100.00
安　徽	13.63	0.98	36.00	21.48	2.37	24.10	1.44	100.00
福　建	14.11	0.98	42.95	15.99	1.55	23.28	1.15	100.00
江　西	9.96	1.78	44.38	15.09	2.75	25.14	0.91	100.00
山　东	20.05	0.29	28.65	32.30	0.80	16.95	0.95	100.00
河　南	13.38	1.69	35.45	19.69	2.96	25.56	1.27	100.00
湖　北	13.53	1.56	37.95	19.00	2.94	24.03	0.99	100.00
湖　南	11.84	1.44	42.19	16.36	2.47	24.69	1.00	100.00
广　东	11.09	1.01	46.49	10.04	1.55	28.68	1.13	100.00
广　西	12.37	1.83	45.88	10.98	2.15	25.73	1.06	100.00
海　南	11.05	0.38	44.17	13.36	0.82	28.99	1.22	100.00
重　庆	16.63	1.78	36.28	19.17	2.77	22.19	1.18	100.00
四　川	13.77	1.74	40.41	16.56	2.47	23.72	1.34	100.00
贵　州	12.44	1.99	42.30	16.82	2.84	22.88	0.72	100.00
云　南	9.30	0.76	50.36	11.18	0.92	26.58	0.90	100.00
西　藏	6.15	0.58	65.84	2.31	0.31	22.66	2.15	100.00
陕　西	12.43	0.99	41.35	17.53	1.92	24.95	0.82	100.00
甘　肃	8.98	0.74	47.22	13.17	1.19	28.02	0.69	100.00
青　海	8.84	0.71	52.51	9.86	1.16	26.35	0.57	100.00
宁　夏	12.41	0.55	38.68	26.96	1.31	19.59	0.50	100.00
新　疆	13.09	0.61	46.35	18.85	0.84	19.97	0.30	100.00

资料来源：根据中国 2015 年 1% 人口抽样调查数据计算整理而来。

从各个区的情况来看，区域差异显著。单身老人户比例以海淀的 10.82% 最低，密云的 20.88% 最高。只有一对老夫妇的户以东城的 14.03% 最低，延庆的 35.03% 最高。合计计算仅老夫妇户和独居老人户，各区中东城的比例最低，但是也达到了 28.24%，最高的延庆高达 54.62%。从北京市各区仅老夫妇户和独居老人户的比例来看，低于 30% 的只有 2 个区，30%～40% 的有 8 个区，40%～50% 的有 4 个区，50% 以上的有 2 个（见表 16）。

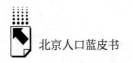
表16　2015年北京市各区60岁及以上老年人口居住状况

单位：%

区　域	单身老人户	一个老年人与未成年的亲属户	其他	只有一对老夫妇的户	一对老夫妇与未成年的亲属户	其他	有三个及以上老年人的户	合计
东　城	14.21	0.37	36.91	14.03	0.98	30.85	2.66	100.00
西　城	12.88	0.48	35.06	18.83	1.30	29.44	1.97	100.00
朝　阳	12.86	0.25	31.16	23.93	0.91	29.93	0.97	100.00
丰　台	16.82	0.23	32.05	24.69	0.74	24.25	1.25	100.00
石景山	14.41	0.26	34.53	23.87	0.85	24.98	1.02	100.00
海　淀	10.82	0.51	36.04	16.26	1.27	33.45	1.63	100.00
门头沟	16.91	0.49	33.00	28.57	0.66	19.70	0.82	100.00
房　山	13.30	0.23	34.91	24.67	1.08	24.90	0.85	100.00
通　州	10.95	0.09	32.37	27.04	0.83	27.37	1.30	100.00
顺　义	13.80	0.40	34.39	25.48	0.99	23.50	1.39	100.00
昌　平	12.01	0.17	35.24	21.01	0.67	29.97	0.88	100.00
大　兴	13.77	0.20	32.93	24.44	0.66	26.63	1.42	100.00
怀　柔	18.02	0.32	28.41	30.52	1.30	20.62	0.65	100.00
平　谷	15.59	0.12	32.01	25.90	0.72	24.34	1.44	100.00
密　云	20.88	0.32	29.66	33.73	0.54	13.92	1.18	100.00
延　庆	19.59	0.16	27.71	35.03	0.80	16.72	0.16	100.00
合　计	13.60	0.31	33.48	22.56	0.95	27.77	1.34	100.00

资料来源：根据北京市2015年1%人口抽样调查数据计算整理而来。

（四）单身老人户和只有一对老夫妇的户的比例随着时间的推移均在上升

从最近两次人口普查和2015年北京市1%人口抽样调查数据的结果来看，老年人口居住方式发生了比较明显的变化，单身老人户的比例呈先上升后下降的趋势，而只有一对老夫妇的户的比例呈上升的趋势。比较2000年、2010年的人口普查结果和2015年1%人口抽样调查数据可以发现，单身老人户的比例从2000年的11.04%攀升到2010年的14.88%，2015年又下降到13.60%。与此同时，只有一对老夫妇的户的比例从15.83%上升到20.64%，再上升到22.56%（见表17）。

表 17 2000~2015 年北京市 60 岁及以上老年人口居住状况

单位：%

| 年份 | 有一个 60 岁及以上老年人的户 | | | 有两个 60 岁及以上老年人的户 | | | 一对老夫妇与子女户 | 合计 |
	单身老人户	一个老年人与未成年的亲属户	其他	只有一对老夫妇的户	一对老夫妇与未成年的亲属户	其他		
2000	11.04	1.46	44.38	15.83	2.21	24.32	0.76	100.00
2010	14.88	0.31	38.17	20.64	0.70	24.45	0.85	100.00
2015	13.60	0.31	33.48	22.56	0.95	27.77	1.34	100.00

资料来源：根据北京市 2000 年、2010 年人口普查数据和 2015 年北京市 1% 人口抽样调查数据计算整理而来。

五 北京市老年人口分布状况

（一）老年人口主要分布在城镇，比例超过八成

从北京市老年人口的城乡分布来看，老年人口主要居住在城镇。具体来看，80.00% 的老年人口居住在市，镇的老年人口比例最低，只有 5.79%，乡村的老年人口比例居中，为 14.21%（见表 18）。老年人口分布的城乡格局与总人口的城乡分布格局有着较高的一致性，2015 年北京市 1% 人口抽样调查数据显示，北京市的城市化水平达到 86.40%，60 岁及以上老年人口中有 85.79% 居住在城镇。

表 18 2015 年北京市 60 岁及以上老年人口城乡分布状况

单位：%

	市	镇	乡	合计
比例	80.00	5.79	14.21	100.00

资料来源：根据 2015 年北京市 1% 人口抽样调查数据计算整理而来。

（二）老年人口主要居住在朝阳、海淀和丰台，比例接近一半

从北京市老年人口的区域分布来看，老年人口主要居住在朝阳、海淀

和丰台，比例达到了 46.12%。具体来看，朝阳、海淀和丰台排名前三，且这三个区的老年人口比例均在 10% 以上，其中朝阳的比例高达 18.01%；其余 13 个区老年人口的比例均低于 10%，房山等 8 个区的比例更是低于 5%，其中门头沟区的老年人口占全市老年人口的比例最低，只有 1.61%（见图 6）。

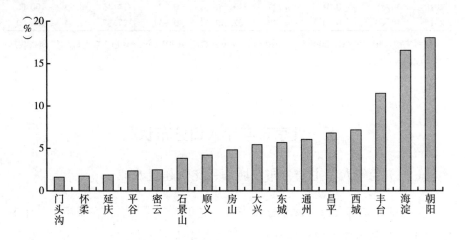

图6　2015 年北京市各区老年人口占全市老年人口的比例

资料来源：根据 2015 年北京市 1% 人口抽样调查数据计算整理而来。

六　北京市老年人口的在业状况

（一）老年人主要从事农、林、牧、渔业，公共管理、社会保障和社会组织，建筑业，批发和零售业，比例接近六成

从 2015 年北京市 1% 人口抽样调查数据来看，在全部的 20 个行业中，有 19 个行业中出现了老年人的身影。老年人从事农、林、牧、渔业比例最高，为 31.73%；排名第二的是公共管理、社会保障和社会组织，比例为 11.08%；建筑业以及批发和零售业分列第三、第四名，比例比较接近，分别为 8.56% 和 8.53%，其他行业的比例均在 7% 以下。

（二）老年人从事的行业存在显著的性别差异

从北京市老年人从事的行业来看，不同性别的老年人之间存在显著的差异。其中，女性老年人主要从事农、林、牧、渔业，比例高达42.22%，男性老年人从事这一行业的比例只有28.32%。另外，女性老年人在批发和零售业，住宿和餐饮业，居民服务、修理和其他服务业，卫生和社会工作的从业比例均高于男性老年人口。男性老年人口在其他行业就业的比例高于女性老年人口。

（三）大部分老年人从事农、林、牧、渔、水利业，比例接近三分之一

从北京市老年人的职业分布来看，主要集中在农、林、牧、渔、水利业和商业、服务业，二者的比例分别为33.53%和30.11%，合计占比超过六成。而职业声望相对较高的国家机关、党群组织、企业、事业单位负责人和专业技术人员的比例分别只有3.76%和11.08%，比例之和约为七分之一。另外，办事人员和有关人员以及生产、运输设备操作人员及有关人员的比例均在一成左右。与前面的分析一致，受到退休年龄的限制，很多老年人不得不在达到退休年龄时退出劳动力市场。即使有一部分老年人依然处于劳动力市场，大多也是从事农、林、牧、渔、水利业（见表19）。

表19　2015年北京市60岁及以上老年人口职业分布状况

单位：%

项目	国家机关、党群组织、企业、事业单位负责人	专业技术人员	办事人员和有关人员	商业、服务业人员	农、林、牧、渔、水利业生产人员	生产、运输设备操作人员及有关人员	不便分类的其他从业人员	合计
比例	3.76	11.08	11.67	30.11	33.53	9.70	0.07	100.00

资料来源：根据2015年北京市1%人口抽样调查数据计算整理而来。

（四）老年人口的职业分布存在显著的性别差异

从老年人口职业的性别差异来看，两性之间存在显著的差异。从国家机

关、党群组织、企业、事业单位负责人的比例来看，男性老年人口显著高于女性老年人口，男性老年人口为4.12%，女性老年人口为2.66%。同样，从办事人员和有关人员以及生产、运输设备操作人员及有关人员的比例来看，男性老年人口均高于女性老年人口。相应的，男性老年人口的专业技术人员，商业、服务业人员，农、林、牧、渔、水利业生产人员比例均低于女性老年人口（见表20）。不同性别老年人口的职业差异与两性本身的差异以及社会观念有着密切的关系。

表20　2015年北京市60岁及以上不同性别老年人口职业分布状况

单位：%

性别	国家机关、党群组织、企业、事业单位负责人	专业技术人员	办事人员和有关人员	商业、服务业人员	农、林、牧、渔、水利业生产人员	生产、运输设备操作人员及有关人员	不便分类的其他从业人员	合计
男性	4.12	10.95	13.75	28.74	30.25	12.10	0.09	100.00
女性	2.66	11.64	5.33	34.36	43.62	2.38	0	100.00

资料来源：根据2015年北京市1%人口抽样调查数据计算整理而来。

七　北京市老年人口的健康状况

（一）老年人口健康状况不容乐观，存在显著的性别差异

中国2015年1%人口抽样调查的数据显示，北京市老年人口中健康的老人占53.42%，超过五成；基本健康的超过三分之一，比例为34.73%；不健康，但生活能自理的老年人将近一成，为8.26%；而生活不能自理的老年人比例达到了3.59%，这一比例在全国各省份中排名第三位，只比西藏和新疆低（见图7）。与全国的平均水平比，北京市老年人口中处于健康状态的比例高于全国水平，处于不健康状态的比例低于全国水平。

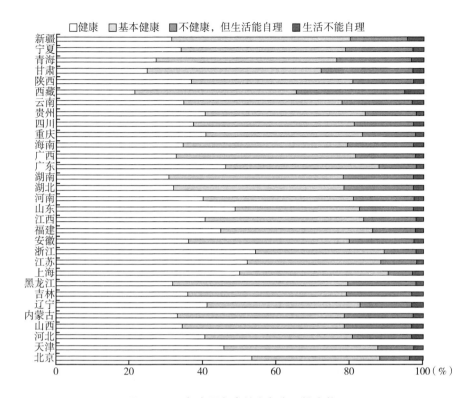

图7 2015年中国各省份老年人口健康状况

资料来源：根据中国2015年1%人口抽样调查数据计算整理而来。

从不同性别老年人口的健康状况来看，男性老年人口的健康状况要好于女性老年人口。具体来看，男性老年人口健康的比例为56.33%，比女性老年人口的50.84%高5.49个百分点。相应的，男性老年人口基本健康、不健康但生活能自理、生活不能自理的比例均低于女性老年人口，分别低3.59个、1.33个和0.57个百分点（见表21）。老年人口健康的性别差异也印证了一直以来的说法，即女性活得长但是并不健康，女性老年人口的健康状况需要得到更多的关注。

（二）城乡老年人口健康状况差异显著，乡最差，市最好

从老年人口健康状况的城乡差异来看，市的老年人口的健康状况最

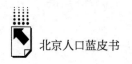

表 21   2015 年北京市 60 岁及以上老年人口健康状况

单位：%

性别	健康	基本健康	不健康,但生活能自理	生活不能自理
男性	56.33	32.83	7.56	3.29
女性	50.84	36.42	8.89	3.86
合计	53.42	34.73	8.26	3.59

资料来源：根据 2015 年北京市 1% 人口抽样调查数据计算整理而来。

好,乡最差。具体来看,市、镇、乡老年人口健康的比例以市最高,为56.16%；镇次之,为54.31%,乡最低,只有39.24%。基本健康的比例以乡最高,市次之,镇最低。从不健康但生活能自理的老年人比例来看,乡最高,基本上 7 个老人中有 1 个不健康但生活能自理,镇次之,为9.79%,市最低,为6.79%。从生活不能自理的比例来看,最高的是乡（5.46%）,其次是市（3.26%）,最低的是镇（2.96%）（见表22）。

表 22   2015 年北京市 60 岁及以上城乡老年人口健康状况

单位：%

行政区划	健康	基本健康	不健康,但生活能自理	生活不能自理
市	56.16	33.79	6.79	3.26
镇	54.31	32.96	9.79	2.96
乡	39.24	40.13	15.17	5.46

资料来源：根据 2015 年北京市 1% 人口抽样调查数据计算整理而来。

（三）随着年龄的升高老年人的健康状况在恶化

从不同年龄组的老年人口健康状况来看,随着年龄的升高,老年人的健康状况在恶化。具体来说,随着年龄的升高,老年人口中健康的比例在逐渐下降,从 60 ~ 69 岁组的 65.17% 下降到 80 岁及以上组的 27.47%。基本健康的比例随着年龄的升高呈逐渐升高的态势,从 60 ~ 69 岁组的 29.80% 上升到 70 ~ 79 岁组的 41.85%,再上升到 80 岁及以上组的 42.08%。随着年龄的升高，不健康但生活能自理以及生活不能自理的比例均不断升高，分别从60～69岁组的4.03%和0.99%上升到80岁及以上组的18.79%和11.67%（见表23）。

表23 2015年北京市60岁及以上不同年龄组老年人口健康状况

单位：%

年龄组	健康	基本健康	不健康,但生活能自理	生活不能自理
60～69岁	65.17	29.80	4.03	0.99
70～79岁	44.45	41.85	10.38	3.31
80岁+	27.47	42.08	18.79	11.67

资料来源：根据2015年北京市1%人口抽样调查数据计算整理而来。

八　北京市老年人口的主要生活来源

（一）老年人口的主要生活来源是离退休金、养老金和家庭其他成员供养，比例超过九成

北京市老年人口的主要生活来源是离退休金、养老金和家庭其他成员供养，比例超过九成。2015年北京1%人口抽样调查数据显示，77.35%老年人的主要生活来源是离退休金、养老金，12.78%的老年人依靠家庭其他成员供养，二者比例合计高达90.13%。老年人主要生活来源中排在第三位的是劳动收入，比例为4.57%。除了上述三项以外，其他的比例均不超过3%（见图8）。

从各省份老年人口主要生活来源的构成来看，以京津沪为代表的省份与其他省份有着非常显著的差异。在主要生活来源是离退休金、养老金方面，京津沪三省份独树一帜，比例分别为77.35%、65.42%和91.00%，其余省份均在六成以下，且大部分在四成以下，其中最低的西藏只有9.51%。在主要生活来源是家庭其他成员供养方面，最低的上海只有2.25%，北京和天津在全国各省份中分别排名倒数第二和倒数第三，其他省份均在20%以上，最高的是福建，达到54.50%。在主要生活来源是劳动收入方面，京津

沪依然是比例最低的 3 个省份，比例均不超过 10%，其他省份均在 10% 以上，其中以山东的 35.51% 最高。在主要生活来源是最低生活保障金方面，大部分省份均不超过 10%，只有内蒙古、西藏和宁夏超过 10%。在主要生活来源是财产性收入方面，大部分省份在 1% 以下，只有吉林和黑龙江在 1% ~2%（见图 8）。

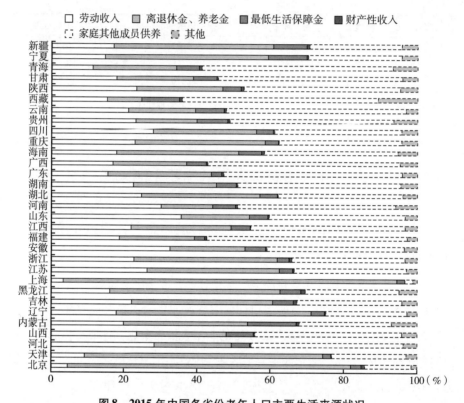

图 8　2015 年中国各省份老年人口主要生活来源状况

资料来源：根据中国 2015 年 1% 人口抽样调查数据计算整理而来。

（二）男性老年人口更多地依靠离退休金、养老金，女性老年人口更多地依靠家庭其他成员供养

从不同性别老年人口的主要生活来源来看，性别之间存在显著的差异。男性老年人口更多地依靠劳动收入、离退休金/养老金，比例分别为

7. 34% 和 80. 19%，分别比女性老年人口高 5. 24 个和 5. 37 个百分点。女性老年人口更多地依靠家庭其他成员供养和最低生活保障金，分别比男性老年人口高 9. 18 个和 0. 88 个百分点。在财产性收入方面，两性之间没有显著差异（见表 24）。从男性老年人口和女性老年人口主要生活来源的差异可以看到性别不平等具有延续性，两性之间的不平等在生命历程的各个阶段均存在，尤其是在工作和家庭内部，女性在劳动力市场上处于劣势地位并受到歧视，在家庭内部要承担更多的家务，更为重要的是，女性在各个阶段的劣势持续累积到老年阶段并体现在生活的各个方面。

表 24　2015 年北京市 60 岁及以上老年人口主要生活来源状况

单位：%

性别	劳动收入	离退休金、养老金	最低生活保障金	财产性收入	家庭其他成员供养	其他
男	7. 34	80. 19	2. 39	0. 87	7. 92	1. 28
女	2. 10	74. 82	3. 27	0. 96	17. 10	1. 76
合计	4. 57	77. 35	2. 86	0. 92	12. 78	1. 54

资料来源：根据 2015 年北京市 1% 人口抽样调查数据计算整理而来。

（三）随着年龄的升高，老年人口依靠劳动收入的比例在下降，依靠家庭其他成员供养的比例在上升

从不同年龄组老年人口的主要生活来源看，随着年龄的升高，依靠劳动收入的比例在下降，从 60~69 岁组的 6. 39% 下降到 80 岁及以上组的 0. 18%，这一态势与老年人口随着年龄的升高身体健康状况逐渐恶化而不得不退出劳动力市场有关。也正是因此，老年人不得不在经济上更多地依靠家庭其他成员供养，这一比例从 60~69 岁组的 11. 74% 上升到 80 岁及以上组的 15. 52%。不得不说的是，老年人主要依靠家庭其他成员供养与这些老年人没有离退休金、养老金有很大的关系。从不同年龄组老年人口依靠离退休金、养老金的比例来看，70~79 岁组的比例最高，超过八成，其次是 80 岁

及以上组的 79.43%，接近八成，最低的是 60～69 岁组的 76.60%，比例超过四分之三。不同年龄组老年人口依靠财产性收入和最低生活保障金的比例均比较低（见表 25）。

表 25　2015 年北京市 60 岁及以上不同年龄组老年人口主要生活来源状况

单位：%

年龄组	劳动收入	离退休金、养老金	最低生活保障金	财产性收入	家庭其他成员供养	其他
60～69 岁	6.39	76.60	2.57	1.22	11.74	1.48
70～79 岁	1.05	81.78	2.88	0.56	12.47	1.25
80 岁 +	0.18	79.43	3.13	0.36	15.52	1.41

资料来源：根据 2015 年北京市 1% 人口抽样调查数据计算整理而来。

（四）老年人口主要生活来源城乡差异显著，市的老年人口依靠离退休金、养老金比例超过八成，乡的老年人口依靠家庭其他成员供养的比例接近四成

北京市城乡之间老年人口的主要生活来源存在显著的差异。从劳动收入来看，乡村的老年人口以此为主要生活来源的比例最高，为 14.12%，市最低，只有 2.41%。相应的，市的老年人口以离退休金、养老金为主要生活来源的比例最高，达到了 88.54%，乡最低，只有 29.29%。城乡老年人口如此大的差异与现行的退休制度以及养老保险制度有着密切的关系，城镇老年人口达到退休年龄以后会被强制退休，而大部分农村老年人口由于不能享受离退休金、养老金而不得不继续劳动。但是，当这些农村老年人口没有劳动能力的时候，就不得不依靠家人或者政府的帮助了。所以，乡的老年人口依靠家庭其他成员供养和最低生活保障金的比例均是最高的，分别为 36.49% 和 12.63%。相应的，市的老年人口在经济上更加独立，主要依靠家庭其他成员供养的仅有 6.94%，依靠最低生活保障金的老年人比例也只有 0.82%（见表 26）。

表 26　2015 年北京市 60 岁及以上城乡老年人口主要生活来源状况

单位：%

行政区划	劳动收入	离退休金、养老金	最低生活保障金	财产性收入	家庭其他成员供养	其他
市	2.41	88.54	0.82	0.54	6.94	0.75
镇	8.30	53.27	4.39	1.95	29.06	3.03
乡	14.12	29.29	12.63	2.46	36.49	5.00

资料来源：根据 2015 年北京市 1%人口抽样调查数据计算整理而来。

B.6
北京市养老服务

——挑战与应对

张航空 *

摘　要：　本报告分析了居家养老服务政策演变和养老机构政策演变，
指出了北京市养老服务面临的九大挑战：养老服务决策的科
学性影响了政策的延续性、部分养老服务项目定位不够清楚、
政府与市场的边界模糊、短期内全面推行可复制性未知的项
目、部分政策在基层落地不能生根、居家养老服务与养老机
构服务分工不明确、养老服务供给与需求匹配的精准性不足、
老龄大数据平台尚未搭建起来、人才队伍不足以支撑现有的
养老服务体系建设。因此，北京市养老服务未来要打造老年
人口大数据平台，建立科学的决策机制，政策实施要试点先
行、科学评估，确立政府与市场的精准界限，确保不同服务
主体之间分工明确，养老服务项目精准定位，实现养老服务
供给与需求的精准匹配，加强养老服务人才队伍建设，借用
外力服务老年人。

关键词：　养老服务　九养　养十条

一　北京市居家养老服务政策演变

从最近 10 年北京市关于居家养老服务政策的演变来看，可以分为两个

---

* 张航空，博士，首都经济贸易大学劳动经济学院副教授，研究方向为社会老年学。

阶段：其一是"九养"阶段，其二是"养十条"阶段。从两个阶段的时间节点来看，"九养"阶段是 2009～2016 年，"养十条"阶段是 2016 年至今。需要注意的是，2009 年以前北京市关于居家养老服务的政策比较少，也没有成体系。所以，接下来重点分析"九养"阶段和"养十条"阶段的政策演变。

（一）"九养"阶段的政策状况

2008 年，北京市民政局等五家单位在联合发布的《关于加快养老服务机构发展的意见》中首次提出"9064"养老模式。根据这一养老模式，到 2020 年，全市 60 岁及以上老年人口中，90% 的老年人在社会化服务的协助下通过居家养老，6% 的老年人通过政府购买社区服务照顾养老。为了实现这一目标，2009～2015 年间北京市出台了三个比较重要的政策，分别是 2009 年的《北京市市民居家养老（助残）服务（"九养"）办法》、2013 年的《北京市人民政府关于加快推进养老服务业发展的意见》以及 2015 年的《北京市居家养老服务条例》，除了上述三个主要的政策，北京市还出台了一些配套的政策（见表 1）。

表 1　2009～2015 年北京市出台的涉及居家养老服务的相关政策

年份	政策文件名称
2009	《北京市市民居家养老(助残)服务("九养")办法》
2011	《北京市居家养老(助残)服务单位管理规定(暂行)》
2011	《2011 年养老(助残)餐桌和托老(残)所规范化建设单位奖励资金使用有关事项的通知》
2011	《关于进一步加强我市养老(助残)精神关怀服务工作的指导意见》
2011	《关于督查考评养老(助残)餐桌托老(残)所规范化建设项目的通知》
2011	《关于开展养老(助残)餐桌、托老(残)所规范化建设试点工作的通知》
2011	《关于实施 95 周岁及以上老年人补助医疗制度的通知》
2011	《关于"十二五"期间无障碍环境建设指导意见的通知》
2013	《北京市"小帮手"电子服务器配备使用管理暂行办法》
2013	《关于给予社会办托老所全托型床位运营补贴有关事项的通知》
2013	《北京市人民政府关于加快推进养老服务业发展的意见》
2014	《社会办全托型托老所床位补贴办法(暂行)》
2014	《北京市养老助残卡管理办法(试行)》

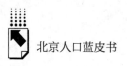

年份	政策文件名称
2014	《关于建立北京市为老服务单位综合责任保险的通知》
2015	《北京市居家养老服务条例》
2015	《关于2015年开展养老助餐服务体系试点建设工作的通知》
2015	《关于开展居家养老护理员培训试点工作的通知》
2015	《关于依托养老照料中心开展社区居家养老服务的指导意见》
2015	《关于支持养老照料中心和养老机构完善社区居家养老服务功能的通知》
2015	《关于进一步加强北京市老年人优待工作的意见》
2015	《关于经济困难的高龄和失能老年人居家养老服务工作中有关服务事项的通知》
2015	《经济困难的高龄和失能老年人居家养老服务试点区老年人能力评估办法》
2015	《北京市规划委员会关于住宅适老性规划设计有关意见的通知》
2015	《北京市养老服务设施专项规划》

资料来源：根据北京市民政局网站相关信息整理而来。

综观2009年以来北京市居家养老服务相关政策，可以发现，2009～2015年的政策可以分为三个阶段。

1. 起步阶段

2009年北京市政府为了实现2020年"9064"的养老模式出台了《北京市市民居家养老（助残）服务（"九养"）办法》。这个政策中提出了包括建立万名"孝星"评选表彰制度、建立居家养老（助残）券服务制度和百岁老人补助医疗制度、建立城乡社区（村）养老（助残）餐桌、建立城乡社区（村）托老（残）所、招聘居家服务养老（助残）员、配备养老（助残）无障碍服务车、开展养老（助残）精神关怀服务、实施家庭无障碍设施改造和为老年人（残疾人）配备"小帮手"电子服务器等九个方面的事项，为北京市未来养老发展指明了方向。

2. 规范阶段

在"九养"政策公布以后，北京市为了加强对居家养老服务单位的管理，先出台了《北京市居家养老（助残）服务单位管理规定（暂行）》，这一规定首先对居家养老（助残）服务单位的范围进行了界定，同时规定了服务单位如何进行监管和奖惩。接着出台的《关于开展养老（助残）餐桌、托老（残）所规范化建设试点工作的通知》提出在全市培育发展500个规范化养老（助残）餐桌和500个规范化托老（残）所，全面提高养老（助残）服务规范化建设水平。该通知明确指出养老（助残）餐桌规范化建设标准和托老（残）所规范化建设标准。

3. 扶持阶段

由于养老服务业存在供给不足、结构不合理、质量不高、社会力量参与不充分以及扶持政策不健全等问题，北京市在2013年出台了《北京市人民政府关于加快推进养老服务业发展的意见》，在统筹规划养老服务业发展、建立基本养老服务制度、完善养老公共服务设施、推进政府办养老机构改革、扶持居家和社区养老服务发展、引导社会资本投资养老机构、推进医养结合、培育养老服务社会组织、培养专业养老服务人员、加大养老服务业投融资力度、建设养老服务产业园区、支持养老服务重点领域发展、推进养老服务科技创新等13个方面做出了规定。

在《北京市人民政府关于加快推进养老服务业发展的意见》出台以后，北京市相继出台了《社会办全托型托老所床位补贴办法（暂行）》《关于建立北京市为老服务单位综合责任保险的通知》《关于2015年开展养老助餐服务体系试点建设工作的通知》《关于开展居家养老护理员培训试点工作的通知》《关于依托养老照料中心开展社区居家养老服务的指导意见》《关于支持养老照料中心和养老机构完善社区居家养老服务功能的通知》等文件。这些政策从床位补贴、风险规避、养老助残项目补助、养老护理员培训、发挥养老照料中心的辐射功能、支持养老照料中心和养老机构完善社区居家养老服务功能等方面做出了更为细致的规定。

（二）"养十条"阶段的政策状况

2016年北京市老龄工作委员会出台了《北京市支持居家养老服务发展十条政策》（简称"养十条"），"养十条"的内容涉及建设社区养老服务驿站、健全基本养老服务制度、实施经济困难老年人家庭适老化改造、建立"幸福彩虹"配送服务网络、构建居家养老助餐服务体系、支持医疗卫生与

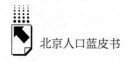

养老服务融合发展、增强社区居家医药卫生服务能力、开展居家老年人紧急救援服务、拓展基层公办养老机构居家养老服务功能、实施"北京养老"品牌战略等十个方面。

自从《北京市支持居家养老服务发展十条政策》出台以后，相关部门出台了诸多与"养十条"相关的配套政策，仅 2016 年一年就多达 10 余项（见表 2）。需要注意的是，虽然"养十条"是在 2016 年发布的，大部分的配套政策是在 2016 年以后发布的，但是，由于"养十条"与"九养"在部分内容上有延续性，还有少数文件是在 2016 年"养十条"发布之前就已经出台的。

表 2 2016 年以来北京市出台的涉及居家养老服务的相关政策文件

年份	政策文件名称
2016	《北京市支持居家养老服务发展十条政策》
2016	《北京通—养老助残卡管理办法（暂行）》
2016	《北京市居家养老服务补贴停发、追回管理办法》
2016	《关于开展社区养老服务驿站建设的意见》
2016	《关于无偿提供社区养老服务设施用于驿站运营的通知》
2016	《社区养老服务驿站设施设计和服务标准（试行）》
2016	《北京市老年人家庭适老化改造需求评估与改造实施管理办法》
2016	《关于 2016 年开展养老助餐服务体系试点建设工作的通知》
2016	《关于贯彻落实〈北京市居家养老服务条例〉的实施意见》
2016	《关于加强区级养老服务指导中心建设的意见》
2016	《关于开展 2016 年老年人家庭适老化改造工作的通知》
2016	《关于启动为失智老年人配备防走失手环项目》
2016	《关于做好 2016 年养老机构辐射社区居家养老服务工作的通知》
2016	《关于加强基层公办养老机构建设资助工作的通知》
2016	《北京市"十三五"时期老龄事业发展规划》
2016	《关于推进医疗卫生与养老服务相结合的实施意见》
2016	《关于加强北京市康复医疗服务体系建设的指导意见》
2016	《北京市社区卫生服务机构支持居家养老服务的指导意见》
2016	《北京市分级诊疗制度建设 2016～2017 年度重点任务》
2016	《关于发挥医保调节作用推进本市分级诊疗制度建设有关问题的通知》
2016	《北京市困难残疾人生活补贴和重度残疾人护理补贴制度实施办法》
2016	《关于加强老年人分类保障的指导意见》
2016	《关于加强独居老年人帮扶工作的通知》
2016	《北京市困境家庭服务对象入住社会福利机构补助实施办法》

年份	政策文件名称
2016	《关于做好"十三五"期间无障碍环境建设工作的通知》
2017	《关于加强养老服务设施规范化管理工作的通知》
2017	《北京市社区养老服务驿站建设规划(2016~2020年)》
2017	《关于进一步规范公办养老机构入住管理工作的通知》

资料来源:根据北京市民政局网站相关信息整理而来。

(三)"九养"到"养十条"的延续与变迁

比较 2009 年出台的"九养"与 2016 年出台的"养十条",有以下几个变化。

第一,"九养"中的五养在"养十条"中没有出现。"九养"中建立万名"孝星"评选表彰制度、招聘居家服务养老(助残)员、配备养老(助残)无障碍服务车、开展养老(助残)精神关怀服务、为老年人(残疾人)配备"小帮手"电子服务器等 5 个方面在"养十条"中消失。

第二,"养十条"中新增了六个方面。"养十条"中建立"幸福彩虹"配送服务网络、支持医疗卫生与养老服务融合发展、增强社区居家医药卫生服务能力、开展居家老年人紧急救援服务、拓展基层公办养老机构居家养老服务功能、实施"北京养老"品牌战略等 6 个方面是新增加的,与"九养"中的政策没有"传承"关系。

第三,"九养"中有 2 个方面进行了改变。"九养"中提出建立城乡社区(村)托老(残)所以及建立居家养老(助残)券服务制度和百岁老人补助医疗制度,根据 2016 年发布的《关于开展社区养老服务驿站建设的意见》,现有已开展服务的托老所或日间照料中心,应当改造提升为驿站。从"养十条"的内容来看,对符合条件的经济困难的高龄、失能、失独等特殊困难老年人给予居家养老服务补贴。需要注意的是,"九养"和"养十条"中的居家养老服务补贴有着较大的差异。"九养"中的居家养老服务补贴是居家养老(助残)券服务制度的产物,金额为 100 元,购买的内容不仅仅是服务，还可以购买其他东西。而"养十条"中的居家养老服务补贴金额更高，以试点区西城区为例，西城区发布的《关于印发北京市西城区中重度失能老年人居家照护服务补贴暂行办法的通知》规定"符合享受居家照护服务补贴的中、重度失能的老年人，每月可享受最高额度为400元的居家照护服务补贴"。而且，文件还对补贴购买服务的内容进行了约定，补贴只能购买生活照料服务、精神关怀服务、健康指导、生活护理、送餐费补贴、签约家庭医生。

第四，"九养"中有2个方面进行了升级。"九养"中的实施家庭无障碍设施改造在"养十条"中成为实施经济困难老年人家庭适老化改造；"九养"中的建立城乡社区（村）养老（助残）餐桌升级为"养十条"中的构建居家养老助餐服务体系。比较"九养"和"养十条"关于适老化改造的规定，可以看到以下几个变化：其一，针对的对象有变化，"九养"针对的是"有需求的老年残疾人家庭"，"养十条"针对的是"有需求的经济困难、失能、失独等特殊困难老年人家庭"；其二，政策内容有变化，"九养"改造的是"在洗澡、如厕、做饭、户内活动等方面"，"养十条"是"通道、居室、卫生间等生活场所进行通行、助浴、如厕等适老化改造"；其三，资金来源不同，"九养"改造明确规定由市残疾人就业保障金承担，"养十条"虽然没有明确规定，但是从相关的政策内容来看，应该是由民政部门出资；其四，"养十条"增加了新内容，"养十条"增加了"配备生活辅助器具给予支持"。比较"九养"和"养十条"关于老年餐桌的内容可以发现，"九养"只是初步建立老年餐桌，而"养十条"则是要构建居家养老助餐服务体系，"养十条"在助餐方面是"九养"的升级（见表3）。

表3 从"九养"到"养十条"政策延续与变迁

"九养"	"养十条"	变化
建立城乡社区(村)托老(残)所	建设社区养老服务驿站	改变
建立居家养老(助残)券服务制度和百岁老人补助医疗制度	健全基本养老服务制度	改变
实施家庭无障碍设施改造	实施经济困难老年人家庭适老化改造	升级

续表

"九养"	"养十条"	变化
	建立"幸福彩虹"配送服务网络	新增
建立城乡社区(村)养老(助残)餐桌	构建居家养老助餐服务体系	升级
	支持医疗卫生与养老服务融合发展	新增
	增强社区居家医药卫生服务能力	新增
	开展居家老年人紧急救援服务	新增
	拓展基层公办养老机构居家养老服务功能	新增
	实施"北京养老"品牌战略	新增
建立万名"孝星"评选表彰制度		消失
招聘居家服务养老(助残)员		消失
配备养老(助残)无障碍服务车		消失
开展养老(助残)精神关怀服务		消失
为老年人(残疾人)配备"小帮手"电子服务器		消失

资料来源：根据北京市民政局网站相关信息整理而来。

二 北京市养老机构政策演变

北京市养老机构政策出台严格来说从 2008 年以来呈不断密集的态势，2008 年以前只有 2 项文件出台。对北京市养老机构的政策进行梳理可以发现，养老机构的政策不像居家养老服务的政策那么清晰，围绕着"九养"和"养十条"出台；但是，养老机构的政策也有一定的脉络，基本上围绕着几个主要事件而展开。

（一）养老机构资助政策

养老机构建设资助。已经出台的文件中涉及养老机构建设资助的有《关于加快养老服务机构发展的意见》（2008）、《关于进一步规范和调整街道乡镇敬老院建设资助工作的通知》（2011）、《关于加快本市养老机构建设实施办法的通知》（2013）和《北京市基层公办养老机构建设资助工作实施办法》（2017）。从养老机构资助的情况来看，有以下几点变化：第一，资

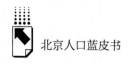

助金额不断增加，从 2008 年的 8000～16000 元/张到 2013 年最高 25000 元/张；第二，从对所有养老机构一视同仁到偏重资助养护功能的养老机构，这一点在 2013 年发布的文件中体现得尤为明显；第三，提升基层养老机构质量趋势明显，2011 年的文件专门支持街道、乡镇敬老院建设，2017 年的政策专门支持基层公办养老机构建设（见表 4）。

表 4　2008 年以来养老机构建设资助情况

文件发布年份	资助对象	建设方式	资助额度
2008	社会力量投资兴办的养老服务机构	新建、改建、扩建	8000～16000 元/张
2011	街道、乡镇敬老院	新建、扩建	10000 元/张,200 万元封顶
	街道、乡镇敬老院	改建	改建费用的 40% 给予资助,200 万元封顶
2013	社会办非营利性养老机构	新建、改建、扩建	(1)新建、扩建的普通功能养老机构床位和养护功能养老机构床位分别资助 20000 元/张和 25000 元/张;(2)改建费用的 30% 给予资助,每张床位不超过 20000 元
	区(县)政府投资建设的养老机构	新建	6 万～20 万元/张
2017	基层公办养老机构	新建、改建、扩建	单床建设成本不高于 20 万元(不包含土地费用)标准,按比例给予差异化资金支持

养老机构运营资助。涉及养老机构运营资助的文件包括《关于加快养老服务机构发展的意见》（2008）、《关于社会力量兴办社会福利机构运营资助办法》（2009）、《关于调整社会力量兴办社会福利机构运营资助标准的通知》（2011）、《关于加快本市养老机构建设实施办法的通知》（2013）、《社会力量兴办非营利性社会福利机构运营资助办法》（2014）。从养老机构运营政策的变化来看，有以下几点变化：第一，资助金额不断增加，从 2008 年的 100～200 元/人/月增加到 2014 年的最高 500 元/人/月；第二，通过差异化的补贴，鼓励养老机构收住生活不能自理的老年人，避免一些养老机构

不愿意收住生活不能自理的老年人；第三，通过差异化的补贴，倾向于扶持社会办非营利性养老机构（见表5）。

表5 2008 年以来养老机构运营资助情况

文件发布年份	资助对象	资助额度
2008	社会力量兴办的养老服务机构及按照"公办民营"模式运营的养老服务机构	100 ~ 200 元/人/月
2009	社会办福利机构	生活自理老年人 150 元/人/月，生活不能完全自理老年人 200 元/人/月
	"公办民营"类老年人社会福利机构	老年人 150 元/人/月，会员制老年人 100 元/人/月
2011	社会办福利机构（不含会员制养老机构）	生活自理老年人 200 元/人/月，生活不能完全自理老年人 300 元/人/月
	"公办民营"类老年人社会福利机构	200 元/人/月
	会员制的社会办福利机构	200 元/人/月
2013	社会办非营利性养老机构	生活自理老年人 300 元/人/月，生活不能完全自理老年人 500 元/人/月
2014	社会办非营利性社会福利机构（不含会员制养老机构）	生活自理老年人 300 元/人/月，生活不能完全自理老年人 500 元/人/月
	会员制的社会办养老机构	300 元/人/月

养老机构综合责任保险从 2012 年开始实施，2012 年出台的《关于推行养老服务机构综合责任保险的意见》中明确了保险范围、保险费用、投保方式，明确了投保费用由市级财政与养老机构分别承担 80% 和 20%。同样是 2012 年出台的《关于推行养老服务机构综合责任保险有关事项的通知》明确了承保和顾问单位、保险对象、保险费用、保险期限、保险责任及范围等内容。2014 年北京市再次发布《关于进一步做好养老机构综合责任保险有关事项的通知》，与 2012 年相比，2014 年对保险费用和保险责任及范围做出了调整。

养老机构的其他支持政策。这些支持政策根据养老机构性质的不同而有所差异，包括：①用水、用电、用气、供暖价格优惠；②人防工程易地建设费；③营业税、印花税、房产税、城镇土地使用税、企业所得税等税收优惠

政策；④行政事业性收费；⑤专门针对街道乡镇敬老院设备购置费、新设或改造医务室建设资助（见表6）。

表6　2008年以来北京市养老机构其他支持政策

文件发布年份	资助对象	资助情况
2011	街道、乡镇敬老院	设备购置费的40%予以资助,20万元封顶;新设或改造医务室费用的40%予以资助,10万元封顶
2013	社会资本投资建设的养老机构	用水、用电、用气、供暖价格按照本市相应居民收费价格标准执行
	非营利性养老机构	营业税、印花税、房产税、城镇土地使用税、企业所得税等税收优惠政策,免征有关行政事业性收费
	营利性养老机构	免征营业税,减半征收有关行政事业性收费
2016	非营利性养老机构	全额免收人防工程易地建设费
	营利性养老机构	减半收取人防工程易地建设费

（二）养老机构星级评定

针对养老机构星级评定的政策最早开始于2004年，北京市首先出台了地方标准《养老服务机构服务质量星级划分与评定》，在接着出台的《关于开展养老服务质量星级评定工作的通知》中明确了组织机构、培训、评审程序。但是，在接下来的几年中这一政策并未得到有效的执行，直到2010年出台了《关于进一步推进养老服务机构服务质量星级评定工作的通知》，并在2011年出台了《关于开展养老服务机构星级评定以奖代补工作的通知》，在这个文件中，对于获得星级评定的养老机构，根据获得的星级给予2万~32万元的奖励。2013年北京市民政局发布了《关于开展农村五保供养服务机构等级评定工作的通知》，在这个文件中，明确指出农村五保供养机构等级评定与现行的五星级养老服务机构评定分属不同序列，没有对应关系。

（三）养老照料中心建设

关于养老照料中心建设首先是在《北京市2014年为群众拟办重要实

事》中提出的，这一文件提出建设 80 个街（乡、镇）养老照料中心。
2015 年出台的《北京市养老照料中心建设三年行动计划》提出了 2014～
2016 年的建设计划，根据计划，到 2016 年底，全市规划建设 208 个街
道、乡镇养老照料中心，各区中朝阳区建设最多，为 39 个，门头沟最少，
只有 5 个（见图 1）。

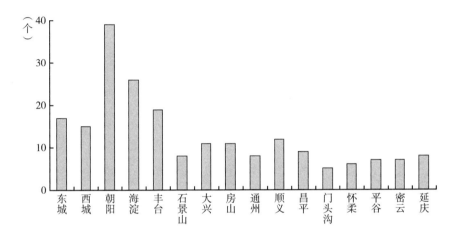

图 1　2014～2016 年北京市各区养老照料中心建设状况

资料来源：根据《北京市养老照料中心建设三年行动计划》整理而来。

养老照料中心具备的功能。《北京市 2014 年街（乡、镇）养老照料中
心建设工作方案》明确养老照料中心应该具备以下六个功能：机构养老、
居家助老、社区托老、专业支撑、技能实训、信息管理。2015 年发布的
《关于支持养老照料中心和养老机构完善社区居家养老服务功能的通知》进
一步要求养老照料中心扩展功能，分别是短期照料服务、助餐服务、助洁服
务、助浴服务、助医服务、精神关怀服务、教育培训服务、志愿服务、信息
管理服务和拓展服务。对于上述十项功能，养老照料中心可以根据情况选择
其中的一项或者多项进行扩展。

养老照料中心的扶持政策。扶持政策包括建设补贴、运营补贴和辐射功
能补贴三个方面。①建设补贴方面，新建、改扩建项目一张床位 2 万元，
300 万元封顶；依托现有养老机构改造的，改造费的 50% 给予资助，150 万

元封顶；配置设备项目，设备购置费总额的50%予以资助，150万元封顶；配置一般大额设备的单项补助上限为10万元，单独规划配置电梯的单项补助上限为20万元。②运营补贴，补贴对象是社会资本投资建设或采取"公办民营"方式开展经营活动的养老照料中心，根据老年人的生活自理情况每人每月补助300元和500元。③辐射功能补贴，根据《关于支持养老照料中心和养老机构完善社区居家养老服务功能的通知》，市级财政按照每个项目一次性补助20万元标准、200万元封顶给予补贴。

养老照料中心其他支持政策。为了全力推进养老机构和养老照料中心建设，北京市专门出台了《关于进一步推进本市养老机构和养老照料中心建设工作的通知》，该通知中明确了养老照料中心的"医养结合"工作、房产和消防问题、部门协调机制、养老机构和养老照料中心建设的科学统筹问题。

（四）养老机构入住管理

关于养老机构入住的管理从2011年开始，出台的文件主要从两个角度展开：一个是从入住养老机构对象的角度，一个是从入住的养老机构的角度。关于入住养老机构的管理回答了三个问题：一是什么样的老年人入住养老机构，二是部分无法办理入住手续的老年人如何解决入住养老机构的困难，三是部分特殊老年人入住养老机构以后能获得什么样的资助。

从入住养老机构对象角度出台的文件解决了入住养老机构对象办理手续的困难，同时，入住养老机构以后还可以获得一定的资助。从这些文件的内容来看，2011年发布的《北京市低保家庭生活不能完全自理老年人入住定点社会福利机构补助办法（试行）》规定，低保家庭生活不能完全自理老年人入住定点社会福利机构每月可以获得1100元的资助；2016年发布的《北京市困境家庭服务对象入住社会福利机构补助实施办法》规定，计划生育特殊困难家庭服务对象和低收入家庭服务对象，每月可以获得1000元的资助，低保家庭服务对象每月可以获得1200元的资助。收住失能老年人和残疾人达到一定规模的福利机构购置康复器材按比例给予一次性补贴。2015年发布的《特殊家庭老年人通过代理服务入住养老机构实施办法》解决了特殊家庭老年人（依据现有规定无法按照相应程序履行签订养老服务合同的老年人）入住养老机构的困难，特殊家庭老年人通过代理服务机构实现入住养老机构及相关接续服务需求。

从入住的养老机构角度出台的文件回答了什么样的老年人入住公办养老机构的问题。2015年发布的《北京市公办养老机构入住及评估管理办法》和《关于深化公办养老机构管理体制改革的意见》均明确规定只有三类群体在进行评估后才能入住公办养老机构，这三类群体是：①政府供养保障对象（包括城市特困人员、农村五保对象）；②困境家庭保障对象（包括低保或低收入家庭中孤寡、失能或高龄的老年人）；③优待服务保障对象（包括享受市级及以上劳动模范待遇人员、因公致残人员或见义勇为伤残人士等为社会做出突出贡献人员中失能或高龄的老年人）。另外，计划生育特殊困难家庭中失能或70周岁及以上的老年人，可参照困境家庭保障对象或优待服务保障对象自主选择政府基本养老服务。2017年发布的《关于进一步规范公办养老机构入住管理工作的通知》明确在公办养老机构床位闲置的情况下，应该向社会开放，首先接收失能或高龄的本市户籍老年人或子女为本市户籍的外埠老年人入住。

（五）公办养老机构改革

公办养老机构改革从2015年开始，出台的3个文件涉及公办养老机构改革的9个方面，这些文件分别是《北京市养老机构公建民营实施办法》（2015）、《关于深化公办养老机构管理体制改革的意见》（2015）和《关于进一步规范公办养老机构入住管理工作的通知》（2017）。改革的内容包括公办养老机构类型、接收对象、职能定位、评估登记、分类入住、防范资金风险、收费监管、科学规划养老床位建设和运营机制（见表7）。

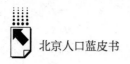

表7　北京市公办养老机构改革内容与细节

改革内容	改革细节
公办养老机构类型	公办公营、公办民营、公建民营
接收对象	政府供养保障对象、困境家庭保障对象、优待服务保障对象
职能定位	(1)市、区、街道公办养老机构分别接收优待服务保障对象、失能且高龄的服务保障对象、政府供养保障对象和困境家庭保障对象;(2)公办公营养老机构优先接收基本养老服务保障对象,其次是其他老年人;(3)公办养老机构完成基本任务以后开展居家养老服务
评估登记	对身份资格、身体状况和经济状况评估
分类入住	就近安排、调剂入住、转送安置
防范资金风险	原则上公办公营养老机构以押金形式收取的费用不超过1万元,公办(建)民营养老机构以押金形式收取的费用不超过3万元,接收基本养老服务保障对象的押金费用减半收取
收费监管	(1)公办公营养老机构实行政府定价或指导价,由民政部门会同价格主管部门审核确定收费标准及浮动标准;(2)公办民营、公建民营养老机构接收基本养老服务保障对象,由养老机构所有权方与运营方协议定价,其与市场价格差额部分由政府购买服务或给予适度的经费补贴;接收其他非基本养老服务保障对象的老年人,收费标准实行市场价格
科学规划养老床位建设	(1)公办养老机构逐步将护养型床位比例提高到80%以上;(2)公办民营、公建民营养老机构要至少保留20%的床位,用于接收基本养老服务保障对象
运营机制	(1)公办公营养老机构采取单项服务外包、专项服务合作购买服务;(2)公办民营、公建民营养老机构要通过招投标、品牌机构连锁运营引入具有一定影响力和品牌效应的服务机构、社会组织开展运营

三　北京市养老服务面临的九大挑战

（一）决策的科学性影响了政策的延续性

政策出台以后，能否在一个较长的时间内执行，取决于决策的科学性程度。如果在政策制定之前对政策执行过程中可能出现的问题考虑得比较充分，并在制定政策的时候考虑到这些，那么政策就是比较科学的，政策出台以后，也能在较长的时间内执行。比较"九养"与"养十条"可以发现，有些政策决策并不科学。

通过比较"九养"与"养十条"可以发现，"九养"中有 5 个方面消失、2 个方面改变、2 个方面升级。从消失的 5 个方面来看，建立万名"孝星"评选表彰制度、为老年人（残疾人）配备"小帮手"电子服务器、开展养老（助残）精神关怀服务、招聘居家服务养老（助残）员、配备养老（助残）无障碍服务车，这 5 个方面在"养十条"中没有被提及，在"十三五"规划中也没有被提及。那么，这 5 个方面后续还做吗？在政策层面并没有给出答案，在实践层面，部分项目依然在做，如万名"孝星"评选表彰制度。但是，有些方面实际上已经完成而且也不需要后续再继续做，如招聘居家服务养老（助残）员、配备养老（助残）无障碍服务车。但是，需要注意的是，政策规定的居家服务养老（助残）员职责随着时间的推移已经消失，如养老（助残）券的发放、回收、结算。这就要求在新的时期及时对政策进行调整，保证政策的延续性。

另外一个值得注意的是，从托老所到社区养老服务驿站的改变。2010年"九养"政策实施的当年，共建立 5305 个托老所。但是，到了 2011 年，托老所的数量减少到 4397 个，减少了近 1000 个。2012 年托老所的数量进一步减少，减少到 3997 个。2013 年托老所的数量开始有所增加，增加到 4363 个。2014 年托老所的数量进一步减少，减少到 3661 个。托老所数量从最初的 5305 个减少到 2014 年的 3661 个，减少了近 1700 个。托老所运营的几年中，规范化托老（残）所建设投入 2600 万元，托老（残）所奖励资金 1000 万元，托老所收住老年人以后还会有相应的补贴。在投入了那么多资金以后，2016 年"养十条"出台，在《关于开展社区养老服务驿站建设的意见》中明确提出"现有已开展服务的托老所或日间照料中心，应当改造提升为驿站"。2017 年发布的《关于加强养老服务设施规范化管理工作的通知》对于托老所的未来做出了安排，根据面积的不同，整改的结果有所不同，面积在 1000m² 以上的，指导其改造升级为街道（乡镇）养老照料中心；面积在 100 ~ 1000m² 的，指导其转型为社区养老服务驿站；面积在 100m² 以下的，指导其以合作方式成为养老照料中心或社区养老服务驿站的

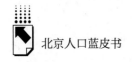

外设功能区。考虑到社区养老服务驿站和养老照料中心数量有限，以合作方式成为养老照料中心或社区养老服务驿站的外设功能区的可能性较大。但是，2014 年托老所高达 3661 个，即使部分升级为养老照料中心或者转型为社区养老服务驿站，如此多的托老所成为外设功能区，未来能够持续经营下去吗？尤其是在养老照料中心、社区养老服务驿站与其功能有重合的情况下？如果不能升级或者整改，那么托老所只能"到期予以关停，并妥善分流安置老年人"。

（二）部分养老服务项目定位不够清楚

养老服务项目中既有普惠型也有兜底型，以兜底型的项目居多。以"九养"为例，建立居家养老（助残）券服务制度和百岁老人补助医疗制度、配备养老（助残）无障碍服务车、为老年人（残疾人）配备"小帮手"电子服务器都属于普惠型。在"养十条"中，只有居家养老（助残）券服务制度经升级后继续保留其中，其余的项目不复存在。

"九养"中的居家养老（助残）券服务制度虽说仍继续保留，但是，"养十条"中对符合条件的经济困难的高龄、失能、失独等特殊困难老年人给予居家养老服务补贴，与"九养"中的居家养老（助残）券服务制度已经有本质上的不同。"九养"中的居家养老（助残）券服务制度是针对所有 80 岁及以上的老年人，一视同仁地给予 100 元/月的补贴，但是没有考虑到老年人的实际需求，加之其他因素，这一项目每年投入的金额在 4 亿元左右，而且随着人口老龄化的不断推进，投入会逐渐增加。由于在制定政策之初定位不准，这一政策实施几年以后暴露出一些问题。对于普惠性质且具有福利性质的项目来说，不宜取消，所以，选择经济困难的高龄、失能、失独等特殊困难老年人给予居家养老服务补贴，这一选择在一定程度上弥补了之前居家养老（助残）券服务制度定位不准的缺陷。

（三）政府与市场的边界模糊

在给老年人提供服务的过程中，既要发挥政府的主导作用，又要重视市场在其中的重要作用。从北京市近年来的一些政策来看，有些养老服务的供给原本可以由市场来提供，但是，政府此时发挥了主要作用甚至大包大揽。

2009 年发布的《北京市市民居家养老（助残）服务（"九养"）办法》规定"用 3 年左右时间将养老（助残）餐桌基本覆盖至全市具备条件的城乡社区（村）。"从历年的北京市老年人口信息和老龄事业发展状况报告来看，2010 年全市建立养老餐桌 4584 个，2011 年老年餐桌减少了 747 个，2012 年进一步减少 108 个，2013 年比 2012 年增加了 511 个，2014 年比 2013 年减少 811 个。老年餐桌的数量波动如此之大，背后的原因很值得深思，部分老年餐桌极有可能无法生存，这就意味着在可行性不足的情况下，靠政策人为地建设老年餐桌是不现实的。另外，北京市财政在老年餐桌上的投入力度也很大。根据《关于 2011 年养老（助残）餐桌和托老（残）所规范化建设单位奖励资金使用有关事项的通知》，老年餐桌投入 2600 万元；根据《关于 2011 年养老（助残）餐桌和托老（残）所奖励资金使用有关事项的通知》，老年餐桌投入 1500 万元；根据《北京市老龄事业和养老服务发展报告（2016 ~ 2017 年)》，2015 年和 2016 年在 8 个区的养老助餐服务体系试点建设上市级财政投入 7039 万元。上述三个文件中的数字加在一起，市级财政合计投入达到 1.11 亿元。从《北京市老龄事业和养老服务发展报告（2016 ~ 2017 年)》内容来看，全市巩固发展老年餐桌 763 个，日均服务就餐老年人 64493 人次，年均服务就餐老年人 2320 万人次。

在就餐和送餐方面，目前市场上送餐体系比较发达，也比较成熟。在这样的背景下，北京市依然投入大量的资金重新构建了一套体系，并在不同的区推进养老助餐服务体系的试点，这样的做法是否合适？效果如何依然需要时间来检验，尤其是老年餐桌从建立到养老助餐服务体系试点建设已经过去了 8 年左右的时间，养老助餐服务体系试点建设也已经开始了 2 年多的时间，后续还需要政府投入资金吗？

（四）短期内全面推行可复制性未知的项目

不管是"九养"还是"养十条"中的一些项目，在推行的过程中，由

于政府起主导作用，所以，政府要在资金上投入很多。因此，任何一个项目在投入之前都需要科学的论证，即使有些项目已经做了试点，也要非常慎重，确保项目可以在其他地区复制；否则，一旦大面积展开，将会浪费大量的人力、物力和财力。从目前养老服务的相关项目来看，在以下两个项目上体现得尤为明显。

"养十条"提出要建设社区养老服务驿站，社区养老服务驿站要具备日间照料、呼叫服务、助餐服务、健康指导、文化娱乐、心理慰藉六大功能。根据《北京市社区养老服务驿站建设规划（2016～2020年）》，2016年建设150个，2017～2020年分别建设319个、266个、174个和91个，合计达到1000个。从开始建立到2017年底，部分社区养老服务驿站已经经营1年多的时间，经营状况如何？经营的过程中遇到哪些问题？能否真正实现六大功能？需要对社区养老服务驿站进行评估以后才能决定后续是否应该再建设更多的社区养老服务驿站。如果没有评估，而是一味地建设，则意味着财政资金的巨大浪费。根据《关于贯彻实施〈关于开展社区养老服务驿站建设的意见〉的通知》，由市财政局采取以奖代补的方式向各区下达市级补助资金，按平均每个驿站30万元的标准拨付年度资金总额。这就意味着，到2020年，社区养老服务驿站建设市级财政要投入3亿元，如果加上企业的投入，这将是一笔很大的投资。更为重要的是，如果企业在投资以后没有获得相应的利润，对于企业未来投资养老产业的积极性会有不小的冲击。

养老照料中心建设始于2014年，养老照料中心设置依托的养老机构所在场所主要开展集中养老和部分社区养老服务，中心外设功能区有选择地开展日托、老年餐桌、餐饮输出服务、助浴、助洁、助医、助急、康复护理、精神慰藉、信息管理、康复辅具训练等服务。也就是说养老照料中心既有养老机构的功能又能提供部分居家养老服务。根据《北京市养老照料中心建设三年行动计划（2014～2016年）》，2014年实际建成104家，2015～2016年建成104家。从分布来看，首都功能核心区（东城与西城）合计32个街道，每个街道建设1个养老照料中心；城市功能拓展区（朝阳、海淀、丰台、石景山）合计 102 个街乡镇，共需建设 92 个；城市发展新区和生态涵养发展区中的重点发展地区（门头沟、房山、通州、顺义、昌平、大兴、怀柔、平谷、密云、延庆）195 个街乡镇中建设 80 个；城市发展新区和生态涵养发展区中的其他山区，共 34 个乡镇，需建设 4 个。虽然养老照料中心的选址在一定程度上考虑了不同区域的差异，但是，如果没有首先对 2014 年已经建设完成的 104 家养老照料中心做客观的评估，而是继续按照计划去建设，那么养老照料中心一旦经营出现问题，继续大面积地建设将会造成巨大的损失。

（五）部分政策在基层落地不能生根

设计政策的时候，如果设计不当，政策执行的过程中就会出现偏差，政策在基层就无法有效执行。同样，如果政策在设计之初就定调过高，在实际操作的过程中也会出现无法彻底执行的状况。上述两种情况在"养十条"中表现得尤为明显。

"养十条"第四条提出"在全市范围内推广建设幸福彩虹社区特供店，为周边居家老年人提供价格优惠的特供产品和配送服务，方便老年人持北京通—养老助残卡消费"。但是，对于挂牌为幸福彩虹社区特供店的商店，北京市并未建立激励机制，也就是说，老年人即使在幸福彩虹社区特供店刷卡消费，享受到了优惠的特供产品和配送服务，幸福彩虹社区特供店也并不会得到政府的补贴或者激励。所以，部分幸福彩虹社区特供店的商品价格并不比周边其他商家的价格低，吸引力有限，无法实现"为周边居家老年人提供价格优惠的特供产品和配送服务"，政策效果大打折扣。

另外一个值得关注的是防走失手环的发放，根据"养十条"，要通过政府购买服务方式，为有需求的失智老年人免费配备防走失手环。但是，什么是失智老人？根据《关于启动为失智老年人配备防走失手环项目》，失智老人是"60 周岁及以上的本市户籍或常住外埠老年人（在本市行政区域内居住满 6 个月及以上并持有北京市公安局统一印制的、在居住地公安派出所办

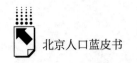

理的暂住证或居住证），在二级及以上医院神经内科或精神科、老年科等专科进行脑功能检测或经认知障碍量表测试后，在病例信息中记载患有记忆障碍、认知障碍或已确诊为老年痴呆的老年人"。这一规定对于很多老年人来说要求太高，难以达到。《北京市老龄事业和养老服务发展报告（2016～2017年）》显示，北京市为1.2万名符合条件的失智老年人配备防走失手环，这1.2万名老年人中到底有多少老年人真正符合上述条件？

（六）居家养老服务与养老机构服务分工不明确

养老机构和养老照料中心与居家养老服务内容重合。近年来，北京市连续出台多项政策，要求养老机构辐射社区居家养老服务。2014年发布的《北京市2014年街（乡、镇）养老照料中心建设工作方案》中明确提出"以养老机构作为主要载体，充分发挥养老机构对社区托养和居家养老的辐射和拓展作用，完善社区养老服务平台建设，实现机构、社区和居家三类养老服务相互依托、资源共享、协调发展"。养老照料中心应该具备以下六个功能：机构养老、居家助老、社区托老、专业支撑、技能实训、信息管理。2015年发布《关于支持养老照料中心和养老机构完善社区居家养老服务功能的通知》鼓励养老机构和养老照料中心开设十项服务：短期照料服务、助餐服务、助洁服务、助浴服务、助医服务、精神关怀服务、教育培训服务、志愿服务、信息管理服务和拓展服务。

从上面的文件内容来看，对于居家养老中的一些服务，养老机构和养老照料中心未来也可以提供。以助餐服务为例，养老机构可以提供，养老照料中心也可以提供，全市还有诸多的老年餐桌也可以提供，加上最近两年民政和老龄部门力推的养老服务助餐服务体系，以及社区养老服务驿站具备的助餐服务，以政策形式确立的可以提供助餐服务的渠道多达5个。那么都是提供助餐服务的，它们之间是否有分工？至少从政策层面并未看到明确的分工。如果诸多的主体均提供助餐服务，那么主体之间只有保持良性竞争才会有利于整个助餐体系的发展。如果任由各类主体发展，没有分工，也不对助餐服务的供给与需求进行分析，那么将不利于助餐体系的发展。

（七）养老服务供给与需求匹配的精准性不足

养老服务供给与老年人需求匹配精准性不足主要体现在以下三个方面。政策设计没有考虑市场培育与老年人的真实需要，这一点在居家养老服务券（后改为以卡发放）的发放中体现得尤为明显。《北京市市民居家养老（助残）服务（"九养"）办法》规定"具有本市户籍的80周岁及以上老年人、60～79周岁重度残疾人每月可以领取100元的居家养老（助残）券"。政府推行这一制度的初衷是为了让老年人购买生活照料、家政、康复护理等方面的基本生活服务，但是，由于相应的市场没有培育起来，所以，2011年3月23日，北京市民政局等4家单位联合发文《北京市市民居家养老（助残）券管理使用补充规定（暂行）》扩大了居家养老（助残）券的使用范围。2014年《北京市养老助残卡管理办法（试行）》发布，券变卡以后，卡可以在包括商场和超市在内的很多地方消费，老年人往往选择这些地方进行消费，并没有去购买服务，说明相当一部分老年人并不需要相关的服务。

政策执行的过程中并未充分考虑老年人的需求，这一点在老年人配备生活辅助器具的过程中表现得尤为明显。《关于开展2016年老年人家庭适老化改造工作的通知》明确规定"通过有针对性地配备康复辅助器具、设备、仪器，对老年人缺失的生理功能进行补偿、代偿，改善和提高老年人适应居家生活环境能力"。但是，从实地的调研来看，发放到老年人家中的生活辅助器具被"束之高阁"，并未被使用，说明政府提供的生活辅助器具与老年人的需求没有精准契合。

市场供给与老年人的需求不匹配。从各类调查的结果来看，老年人对养老服务的需求都是比较旺盛的，但是，同样的调查中老年人对各类养老服务的使用比例并不高。这其中的原因固然有老年人经济承受能力不足导致养老服务使用率不高，但是，供给与需求匹配的精准性不足尤其值得关注。从养老机构的入住率来看，很多养老机构的入住率并不高，这说明养老机构的分布、提供的服务质量、养老机构的收费与老年人的分布、老年人对养老机构服务质量的要求以及老年人在经济上的承受能力不匹配。

（八）老龄大数据平台尚未搭建起来

老龄政策能否真正发挥作用，需要以准确的老龄数据为基础，而且是各个部门老龄数据的集合。从目前的情况来看，每个部门只掌握与自己部门相关的老年人数据，对于其他部门的老年人数据并不掌握。老年人从进入老年直到死亡，会跟不同的部门打交道，在这个过程中会在不同的部门留下"痕迹"。遗憾的是，由于这些数据没有共享，单一的部门很容易形成信息"孤岛"；而且，相关的部门为了掌握相同的数据，还需要做一些重复劳动，浪费大量的人力、物力和财力。

（九）人才队伍不足以支撑现有的养老服务体系建设

养老服务行业的从业者存在的各种问题已经受到了广泛的关注，北京市民政局在2017年出台了《关于加强养老服务人才队伍建设的意见》，在这个文件中，提出要打造梯次分明、结构合理的养老服务人才队伍，包括养老护理人才队伍、专业技术人才队伍和养老管理人才队伍。但是，在薪酬水平低、流动性大、上升空间有限、社会声望低的背景下，养老服务人才队伍建设是个令社会各界非常头疼的问题。

除了从业者队伍存在各种问题以外，老龄事业的管理者队伍也存在人手不足的问题，尤其是老年人口数量不断增加，出台的与老年人口相关的政策越来越多，需要与老年人相关的各级政府部门做的事情越来越多。《北京市2014年老年人口信息和老龄事业发展状况报告》中的数据显示，全市老龄工作人员有编制的113人，实际在岗人员137人。虽然2014年距离2017年已经有3年的时间，但是，从历年的数字来看，全市老龄工作人员有编制的人数并未发生太大的变化，实际在岗人员的数量有所变化；从各区的情况来看，有编制的人员为3~12人，实际在岗人员为3~20人。如果说在区级层面，一些区的老龄工作人员可以完成众多的老龄工作的话，到了居委会层面，完成老龄工作对于身兼数职的基层工作人员来说就比较困难了。所以，政策出台以后，需要一级一级贯彻下去，但是，越到基层贯彻的难度越大，直接影响政策的实施效果。

四 积极应对北京市养老服务挑战的对策建议

基于北京市养老服务发展的历史与现状，以及未来人口老龄化与老年人口的态势，应该重点在以下九个方面做出努力。

第一，打造老年人口大数据平台。以北京通—养老助残卡为载体，推进老年人口大数据建设。根据北京市现有的规定，为符合条件的常住老年人办理北京通—养老助残卡，老年人持卡享受免费乘坐地面公交、入公园等社会优待政策。同时，养老助残卡还承担着居家养老服务补贴等社会福利津贴的发放功能，这些数据资源都将被有效整合到养老大数据平台中，为养老事业发展提供重要数据参考。建议进一步扩大北京通—养老助残卡的政务应用范围，将相关部门的信息共享和融合到养老服务大数据平台中，政策上鼓励市场和社会以北京通—养老助残卡为载体为老年人提供多层次、多样化养老服务，提升北京通—养老助残卡的数据融合与资源整合能力。

第二，建立科学的决策机制。老龄政策的制定需要科学的决策机制，政策一旦被制定下来，就会被陆续实施，所以，在政策出台之前，论证就显得尤为重要。不管是"九养"还是"养十条"，有些项目实施过程不够顺畅、实施效果不佳、无法持续实施都源于有些项目在政策设计之时就出现了问题。所以，老龄政策制定的时候需要在出台之前经过仔细和深入的论证，坚持民主决策，坚持专家咨询和论证，认真听取专业人员的意见和建议，征求从事老龄工作的各级工作人员的意见。

第三，政策实施要试点先行、科学评估。对于涉及面较大、推行时间较长的政策，建议首先在小范围进行试点，针对试点的效果要进行客观公正的评估。如果评估的效果较好，才可以在较大范围甚至全面推行。而且，还要考虑到同样的政策在不同的区域推行时可能遇到的可复制性不强的问题。对于试点效果不好的政策，需要及时终止，避免更大的资源和资金的浪费。

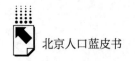

第四，确立政府与市场的精准界限。在养老服务发展的过程中，政府与市场的作用缺一不可。政府替代不了市场，市场也替代不了政府，需要二者在养老服务发展的过程中发挥各自的作用。市场的优点是效率高，所以，提供养老服务的过程中要发挥市场的主体作用。政府的作用在于兜底，对弱势群体提供保障和服务，对市场的行为进行支持和监管，政府不应该替代市场，市场能做的事情应该交由市场来做。

第五，不同服务主体之间分工明确。从养老服务的模式来看，老年人主要是居家养老和机构养老。养老机构的重点是提升养老机构的质量，在有余力的情况下提供居家养老服务；对于提供居家养老服务的主体来说，重点依然是提供居家养老服务；而养老照料中心则是二者兼而有之。这样的格局存在定位不准的问题。未来需要明确服务主体的分工，避免供给过度，出现恶性竞争。

第六，养老服务项目要精准定位。养老服务项目可以是普惠型也可以是兜底型，除了要考虑政府的财力，也要考虑养老服务项目的目的。应该是兜底型的，如果做成普惠型，不仅不能起到应有的效果，还会浪费大量的财力；应该是普惠型的，如果做成兜底型，惠及的人群太少，也无法取得应有的效果。

第七，实现养老服务供给与需求的精准匹配。作为养老服务供给的两大主体，政府和市场需要知道服务的需求者到底需要什么样的服务，在此基础上，提供相应的服务。这就需要政府和市场在提供服务之前，对老年人的服务需求进行摸底调查和市场调研，得到准确的需求信息。

第八，加强养老服务人才队伍建设，借用外力服务老年人。在养老护理人才队伍、专业技术人才队伍和养老管理人才队伍建设方面，需要通过培训、提高收入、打通上升通道、政策倾斜等手段吸引有真才实学、技能过硬、经验丰富的人才加入。对于老龄事业的管理者队伍，在不太可能有根本性变革的背景下，只能尽量借用外力如社会组织的力量来解决人手不足的问题。

第九，政策实施以后需要做出客观的评估与总结。从"九养"到"养十条", 北京市的居家养老服务政策发生了比较大的变化, 很多政策不再出现在新的政策中, 有些政策进行了调整。那么, 需要对"九养"中不再继续出现的政策进行客观的评估与总结, 政策实施效果到底怎么样? 实施的过程中有哪些问题? 这些政策在实施过程中出现的问题对于未来其他政策的实施有哪些可以借鉴的经验和尽量避免的教训?

B.7
京津冀人口发展态势

杨胜慧*

摘　要： 京津冀协同发展是新时代重大国家战略。进入21世纪以来，京津冀地区常住人口出现大幅增长，京津冀内部差异明显，形成了"京强、津中、冀弱"的局面，但近年来，河北人口增速最快，北京最慢。京津冀协同发展战略的核心是有序疏解北京非首都功能，通过调整优化经济、社会与空间结构，推动京津冀地区的新发展。但是区域内部的人口流动仍旧是一种单向的流动，北京市是区域的核心区，经济发展、公共服务、基础设施等都占绝对优势，人口密集，大量人口的流入为首都经济社会发展注入活力，同时也带来交通拥堵、住房困难、资源紧张、环境污染等"大城市病"。适度的人口规模是北京可持续发展的重要保障，但人口规模控制并非易事，也不是新鲜的话题，未来有很长的路要走。

关键词： 京津冀协同发展　人口发展　人口调控

京津冀协同发展是新时代重大国家战略，其核心是有序疏解北京非首都功能，通过调整优化经济、社会与空间结构，推动京津冀地区的新发展。习近平总书记2014年2月在京津冀协同发展工作座谈会上指出"京津冀地缘相接、人缘相亲，地域一体、文化一脉，历史渊源深厚、交往半径相宜"，这正说明京津冀地区有充分的条件实现协同发展。2015年4月30日，中共

---

* 杨胜慧，人口学博士，中国人口与发展研究中心副研究员。

中央政治局会议审议通过的《京津冀协同发展规划纲要》指出，推动京津冀地区协同发展是一个重大的国家战略，其中，人口调控是关键，到2020年，北京市常住人口控制在2300万人以内，北京"大城市病"等突出问题得到缓解。而"严控增量、疏解存量、疏堵结合调控北京市人口规模"则是人口调控的核心，甚至是推动《京津冀协同发展规划纲要》实施的动力。2016年9月8日，北京市人民政府发布《关于进一步推进户籍制度改革的实施意见》，将《京津冀协同发展规划纲要》和《北京市国民经济和社会发展第十三个五年规划纲要》中的人口"天花板"纳入其中，即到2020年，全市常住人口控制在2300万人以内，城六区常住人口在2014年基础上下降15%左右。2017年雄安新区的设立，加速推进京津冀协同发展战略，为疏解非首都功能和控制北京人口规模奠定了良好的制度基础。北京作为京津冀地区的核心区域，如何在京津冀协同发展的大战略下进行人口调控就显得尤为重要。

一　京津冀人口规模及变动

（一）人口规模变动

京津冀地区常住人口呈现加速增长的趋势，1990~2000年十年间常住人口增长88.5万人，进入21世纪以来，京津冀地区常住人口出现大幅增长，2000~2010年十年间增长141.6万人，2010~2015年五年间增长136.5万人（见表1）。

表1　京津冀常住人口规模及变动

单位：万人，%

时　间	常住人口增量				三地增量占比		
	北京	天津	河北	京津冀	北京	天津	河北
1990~2000年	27.8	9.2	51.5	88.5	31.4	10.4	58.2
2000~2010年	59.8	29.8	52.0	141.6	42.2	21.0	36.7
2010~2015年	47.4	54.4	34.7	136.5	34.8	39.9	25.4

资料来源：北京、天津、河北历年统计年鉴。

京津冀内部差异明显，长期以来形成了"京强、津中、冀弱"的局面，但人口增速已经发生变化，近年来，河北增速最快，北京最慢。北京市人口总量持续增加，且较长时间内仍会维持增长趋势，但人口增速整体放缓。具体来看，2000～2010年北京市人口年均增量为59.8万人，随后，从2011年开始增速下降，2010～2015年年均增长42万人，人口增速整体放缓。天津常住人口增长趋势与北京基本相同，2007～2010年间增长迅速，年均增长5%左右，2012年天津市常住人口较上年增加58.57万人，超过北京市（50.7万人），且随后天津的常住人口增长速度一直快于北京。河北人口增长能力长期以来一直较弱，进入21世纪以来，年增长率基本稳定在0.6%左右，但从2015年起常住人口年增量已经超过北京和天津，年增速超过北京（见图1）。①

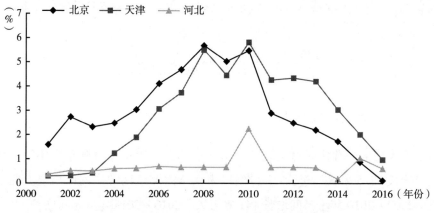

图1　2000～2016年京津冀地区常住人口增速

资料来源：北京、天津、河北历年统计年鉴。

（二）人口增长模式

京津冀地区人口自然变动处于增长减缓的阶段，人口出生率、死亡率和自然增长率很低，进入"低出生、低死亡、低增长"的"三低"阶

---

① 数据来源：历年北京统计年鉴、天津统计年鉴、河北经济统计年鉴。

段。2013 年，北京、天津、河北的人口自然增长率分别为 4.41‰、2.26‰、6.17‰（见图 2）。

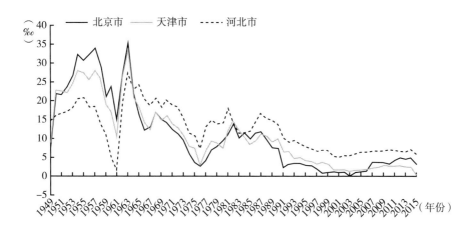

图 2　京津冀地区人口自然增长率

资料来源：北京、天津、河北历年统计年鉴。

京津冀地区人口增长主要源自大量流动人口流入导致的人口机械增长。2000 年区域外流入京津冀地区的流动人口共计 328.8 万人（不含京津冀之间的跨省流动人口），2010 年增长到 888.2 万人，2015 年增长到 1007.1 万人。流动人口并非均衡地分布在京津冀三地，主要集中在北京和天津，其中天津占比呈增长趋势。2000 年区域外流入人口中 189 万人流向北京市，占总体的 57.5%，52.8 万人流向天津市，占 16.1%；2010 年流向天津的流动人口占比提高到 24.9%，2015 年提高到 28.1%，河北省占比则从 2000 年的 26.4% 下降到 2015 年的 14.8%。

2000 年以来，京津冀三省市之间人口流动较为活跃。2000 年京津冀区域内三省市之间的流动人口有 84.1 万人，2010 年增长到 255.9 万人，比 2000 年增长了 171.8 万人，2015 年为 306.5 万人，比 2010 年增长了 50.6 万人。具体来看，人口主要是从河北流向北京和天津，流动规模自 2005 年以来迅速增长，2015 年，河北流向北京 182.4 万人，占河北跨省流出人口（421.8 万人）的 43.2%；流向天津 90.2 万人，占跨省流出的 21.4%；其他方向的流动均在 15 万人以内，不影响经济社会大格局（见表 2）。从相互

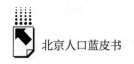
流动的情况看，河北省流入京津的绝对数大幅度增加，但是在京津跨省流动人口中所占比例都相对下降。而京津冀来自京津的跨省流动人口比例都有一定幅度的上升，说明京津地区的相互联系及其对河北的渗透在加强。京津两市的跨省流出人口主要以本区域为目的地，特别是以京津为目的地。

表2　2000～2015年京津冀之间相互跨省流动人口规模

单位：万人

		北京	天津	河北
2000年	北京	—	1.8	55.5
	天津	0.4	—	20.3
	河北	2.9	3.2	—
2010年	北京	—	8.3	155.9
	天津	2.3	—	75.4
	河北	7.5	6.5	—
2015年	北京	—	11.7	182.4
	天津	2.6	—	90.2
	河北	12.8	6.8	—

资料来源：2000年、2010年人口普查数据，2015年1%人口抽样调查数据。

瞬时人口也是流动人口的重要部分。北京旅游、政治、文化教育资源吸引的瞬时人口规模大，包括旅游、参会、看病、短期进京进行工作交流、备考参考陪考、探亲访友、办理出国签证手续人员，以及72小时过境免签外籍人士、流浪乞讨人员、居住在非正规居住场所的其他人员等。这些人群虽然不在北京常住，但是连续不断，逐日更新的瞬时人口其实也形成了一个"变动的稳定人口"，他们对京津冀（尤其是北京市）的水资源、公共道路交通等都有同样的需求，对京津冀发展及规划的影响是不容忽视的。

二　京津冀人口结构

（一）人口年龄结构

流动人口尤其是劳动力人口的流入带来丰富的劳动力资源，京津冀地区当前处于输入型人口红利优势阶段。劳动力年龄人口比重较高,但是近期内呈现下降趋势。京津冀三省市15~64岁劳动力年龄人口比重相对较高,均在70%以上。从2010年到2015年五年间,三省市劳动年龄人口占比均呈现下降趋势:2010年北京市15~64岁劳动年龄人口占总体的82.7%,2015年下降到79.6%;天津市从2010年的81.7%下降到2015年的80.6%;河北省从2010年的75.0%下降到2015年的72.2%(见表3)。

表3　2010~2015年京津冀地区人口年龄结构变动

单位:%

省份	0~14岁人口比重		15~64岁人口比重		65岁及以上人口比重	
	2010年	2015年	2010年	2015年	2010年	2015年
北京	8.6	10.1	82.7	79.6	8.7	10.3
天津	9.8	9.8	81.7	80.6	8.5	9.6
河北	16.8	17.6	75.0	72.2	8.3	10.2

资料来源:2010年第六次人口普查、2015年1%人口抽样调查数据资料。

老龄化程度普遍较高,且"全面二孩"政策的实施及儿童与老人的随迁进一步提高了抚养比。京津冀地区已经进入老龄化发展阶段,2010年北京、天津、河北65岁及以上人口的比重分别为8.7%、8.5%和8.3%,已经进入老年型社会,2015年进一步提高,三地分别为10.3%、9.6%和10.2%。北京、天津、河北的老年抚养比也分别从2010年的10.5%、10.4%和11.0%,提高到2015年的12.9%、11.9%和14.1%。受"全面二孩"政策实施以及当前家庭化迁移趋势的影响,0~14岁少年儿童比重明显提升,2010~2015年,北京、天津、河北少儿抚养比分别从10.4%、12.0%和22.4%,提高到12.7%、12.2%和24.4%(见表4)。

劳动年龄人口集中在京津两市,京津人口红利明显。从年龄结构来看,北京市与天津市劳动年龄人口比重高,人口红利优势明显;相应的,两地少儿抚养比和老年抚养比相对较低。河北省由于一方面仍旧存在劳动年龄人口向京津两市输出的现象,另一方面生育水平高于京津两市,抚养比较高且呈上升趋势。

表4 2010~2015年京津冀地区人口抚养比变动

单位：%

省份	少儿抚养比		老年抚养比	
	2010 年	2015 年	2010 年	2015 年
北京	10.4	12.7	10.5	12.9
天津	12.0	12.2	10.4	11.9
河北	22.4	24.4	11.0	14.1

资料来源：2010 年第六次人口普查、2015 年 1% 人口抽样调查数据资料。

（二）人口素质结构

京津冀地区不仅是流动人口集聚地，也是人才集聚地，集聚型人才红利优势突出。与 2000 年相比，2010 年北京、天津、河北 6 岁及以上人口受教育程度均有不同程度的提高。从文盲率来看，十年间京津冀三省市分别下降2.6 个、3.86 个和 4.03 个百分点。2010 年三省市平均受教育年限分别为11.71 年、10.38 年、9.12 年。

京津冀地区内部文化程度差异明显，北京市人口文化素质相对高于其他两省市。从 6 岁及以上人口的受教育程度来看，北京市以大学专科及以上为主，天津市与河北省均以初中文化程度为主（见图 3）。

（三）人口就业结构

京津冀产业结构差异明显，属于分散型产业结构模式。北京市与天津市以第三产业为主，其次为第二产业，河北省则是以第一产业为主，第三产业居第二。这种产业结构与京津冀三省市发展定位并不完全吻合。从行业分布来看，北京市居前三位的行业是批发和零售业，制造业，信息传输、软件和信息技术服务业；天津市为制造业、建筑业、农林牧渔业；河北省为农林牧渔业、制造业、批发和零售业。由此看出，区域内部没有形成很好的分工与合作（见表 5）。

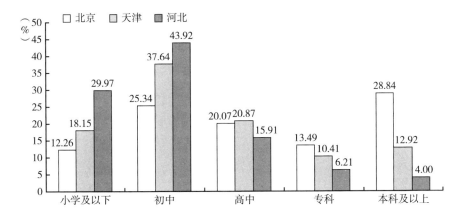

图 3　京津冀地区 6 岁及以上人口受教育程度结构

资料来源：2015 年 1% 人口抽样调查数据资料。

表 5　京津冀地区行业结构

省份	占比第一的产业类型	占比第二的产业类型	行业（前十）
北京	第三产业	第二产业	批发和零售业、制造业、信息传输、软件和信息技术服务业、建筑业，交通运输、仓储和邮政业，租赁和商务服务业，住宿和餐饮业，公共管理、社会保障和社会组织，教育，金融业
天津	第三产业	第二产业	制造业，建筑业，农林牧渔业，批发和零售业，交通运输、仓储和邮政业，公共管理、社会保障和社会组织，教育，住宿和餐饮业，房地产业，居民服务、修理和其他服务业
河北	第一产业	第三产业	农林牧渔业，制造业，批发和零售业，建筑业，交通运输、仓储和邮政业，公共管理、社会保障和社会组织，教育，住宿和餐饮业，居民服务、修理和其他服务业，卫生和社会工作

资料来源：2015 年 1% 人口抽样调查数据资源。

与产业结构一致，京津冀人口就业结构也具有较大差异。北京市流动人口以从事信息传输、批发和零售业以及制造业等行业为主；天津市和河北省流动人口就业行业排在第一位的均为制造业。2014 年，天津市和河北省的第二产业占比分别为 49.4% 和 51.1%，而北京市只有 21.4%。

从 2015 年就业人口的职业分布来看，北京市占比最高的职业为社会生产

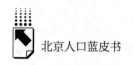
服务和生活服务人员，占 42.9%；天津市为生产制造及有关人员，占 38.5%；
河北省则以农、林、牧、渔业生产及辅助人员为主，占 38.5%（见图 4）。

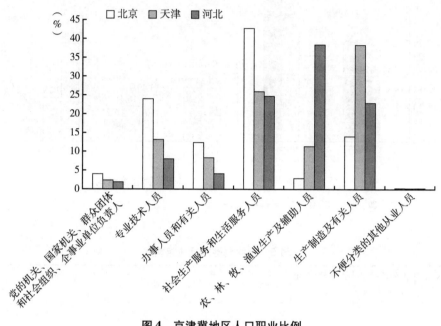

图 4　京津冀地区人口职业比例

资料来源：2015 年 1% 人口抽样调查数据资源。

三　京津冀人口城镇化水平

京津冀地区进入城镇化稳步发展阶段。2000～2010 年城镇化率年均增长
1.72 个百分点；2011～2014 年年均增长 1.12 个百分点。京津冀城镇化率低于
长三角与珠三角地区，2000 年比长三角、珠三角地区分别低 10.58 个和 29.91
个百分点；2010 年比长三角、珠三角分别低 14.14 个和 26.49 个百分点。

京津冀内部城镇化水平差异明显，呈现"核心大、中间断、外围小"
的人口城镇规模体系格局。河北城镇化水平远低于全国平均水平，还处于城
镇化的快速发展阶段，随着河北城镇化水平的提高，流动人口将持续增加，
北京、天津将长期面临河北人口流动的压力。河北城镇化水平大幅度提高，

由 2000 年的 26.3% 提高到 2010 年的 43.9%，年平均增长 1.76 个百分点，快于全国平均速度，2010～2015 年再次提高 7 个百分点（见表6）。

表6　京津冀地区城镇化水平变动

单位：万人，%

省份	2000 年人口		2010 年人口		2015 年人口		城镇化率		
	城镇	农村	城镇	农村	城镇	农村	2000 年	2010 年	2015 年
北京	1052.2	304.7	1685.9	275.4	1869	297	77.5	86.0	86.3
天津	709.0	275.9	1027.8	266.1	1272	272	72.0	79.4	82.4
河北	1756.0	4912.4	3157.5	4027.9	3793	3662	26.3	43.9	50.9
合计	3517.2	5493.0	5871.2	4569.3	6935	4231	39.0	56.2	62.1

资料来源：2000 年第五次人口普查、2010 年第六次人口普查、2015 年 1% 人口抽样调查数据资料。

京津核心地带人口增长最快，环京津的中间地带人口增长缓慢，外围人口增长幅度小。环京津的地级市城镇人口增长速度反而排在河北的后面，说明京津的扩散力和带动力都比较弱。这也是河北长期发展不起来的主要原因。特别要说明的是，廊坊市是受到首都影响最大的城市，其城镇人口增长力度不如冀南地区，说明北京对廊坊的影响主要是边缘功能的外溢，而非富有活力的产业扩散。邢台、邯郸人口的快速增长说明河北南部地区在快速崛起（见图5）。

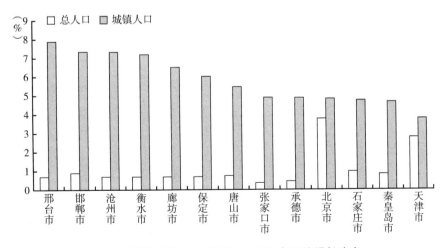

图5　京津冀各地市人口 2000～2010 年平均增长速度

资料来源：2000 年第五次人口普查、2010 年第六次人口普查数据资料。

四　京津冀人口发展的内部机制

在京津冀地区巨大的区域差异下，区域内部的人口流动仍旧是一种单向的流动，没有带来成规模的反向流动。北京市是区域的核心区，经济发展、公共服务、基础设施等都占绝对优势，人口密集；天津市是区域的上过渡区，在京津冀区域内起着承上启下的作用，相比河北省而言有较大的优势，相对北京市仍旧存在一定的差距，人口向北京市集聚的趋势仍旧存在；河北省是区域的下过渡区，在京津冀区域范围内处于"劣势"地位，与北京市、天津市的巨大差异使得人口流出严重。

（一）首都身份带来的资源集聚

随着我国国际地位的上升，世界各国的大使馆及其服务系统会逐渐庞大，世界各国与中国的交流会大幅度增加，作为国际交往中心，北京的国际交往规模和频率都将大幅度增加。

作为全国的文化中心，北京也是全国大学最为集中的城市。21世纪是中华文化崛起、振兴的世纪，中华文化崛起将为北京文化产业的发展提供巨大的空间。此外，北京作为全国大学最为集中的城市，人力资本丰裕，企业的研发、创新功能向北京聚集的趋势也十分明显。可见，北京市一直是全国的人才高地，其吸引的不是一般的劳动力，而是更有创造力、创新性的人才。

北京市的基础设施建设居于全国前列，其交通设施、文化建设、医疗设施（见表7）、教育机构等均优于其他城市，这不仅对求学者、文化产业从业者、就医人员等产生了强大的引力作用，同时也阻碍相关人口从北京流出。

除上述宏观层面的因素外，自身因素也是影响人口流动的重要原因。从北京市市民的自身因素来分析，在我国特有的户籍制度下，"北京人"身份的优越感，加之社会网络关系的影响，使得多数"北京人"不希望到一个新的地方重建社会关系。

表7　全国及北京医疗机构服务量

机构类型	类别	全国	北京	
			规模	占全国比重(%)
医疗卫生机构	数量(所)	981432	10265	1.05
	诊疗数量(万人次)	760000	22967	3.02
	入院人次(万人次)	20441	322	1.58
医院	数量(所)	25860	672	2.60
	诊疗数量(万人次)	297000	15751	5.30
	入院人次(万人次)	15375	309	2.01
三级医院	数量(所)	1954	88	4.50
	诊疗数量(万人次)	140000	11058	7.90
	入院人次(万人次)	6291	243	3.87

资料来源：《2014年我国卫生和计划生育事业发展统计公报》《2014年北京卫生和计划生育事业发展统计公报》。

（二）区域内部一体化壁垒仍旧存在

京津冀一体化并未能打破京津冀区域之间的行政隔离，北京作为首都的特殊吸引力依旧发挥着市场经济的凝聚力，这种凝聚力在短期内将持续存在，且其作用从长期来看将大于经济及京津冀一体化建设对北京市经济发展的扩散力。经济发展的不平衡性带来了就业机会及收入的巨大差异，北京市各行业从业人员的平均工资远超天津市尤其是河北省的平均水平，且其差距呈扩大趋势。

2014年，北京市城镇单位从业人员年平均工资为102268元，同年河北省城镇单位从业人员年平均工资为45114元，北京市是河北省的2.27倍，高出河北省57154元。2015年，北京市城镇单位从业人员年平均工资为111390元，比2014年增加了9122元；同年，河北省为50921元（比全国平均水平的62029元低11108元），比2014年增加了5807元，与北京市的差距提高到了60469元（见图6）。① 由此可见，北京市的经济优势明显。

① 《中国统计年鉴（2015）》表4-11、《中国统计年鉴（2016）》表4-11，国家统计局网站，http://www.stats.gov.cn/tjsj/ndsj/。

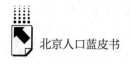

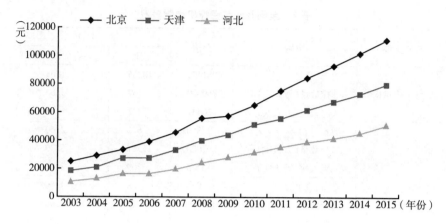

图6　2003～2015年京津冀城镇单位从业人员平均工资

资料来源：北京、天津、河北历年统计年鉴。

高收入对劳动力年龄的流动人口具有很大的吸引力，京津冀区域内较大的收入差异是区域内人口流动的动力，也是区域外流动人口向北京、天津集聚的动力。随着家庭化迁移趋势的深入发展，劳动力年龄人口的流动带动了非劳动力年龄人口的随迁，进而使得北京市的流动人口呈现出持续增长的趋势。而且与全国其他地区相比，迄今为止，北京仍然是制造业和首都功能性产业双动力发展的地区，而制造业属于劳动力密集型产业，更能吸引劳动力人口的流入。

（三）短期内难以控制北京市非首都功能

城市经济一般包括基础经济和非基础经济。大部分城市的基础经济主要由制造业部门构成，北京作为首都，有两大基础部门：源自首都功能的基础部门和制造业。在控制规模的条件下，要求以首都功能为基础经济部门，而制造业不是首都功能。

但是，迄今为止，北京仍然是双动力，即制造业和首都功能性产业。2013年北京市就业人口1141万人，其中第二产业210.9万人，服务业874.7万人，分别占18.5%和76.7%。但是，制造业是就业乘数较高的行业，即便以乘数 2 计算，由制造业产生的就业也达到 421.8 万人，占到了总就业的 37%。在大部分城市，由制造业带来的就业是城市正常发展的组成部分，乃至城市发展的动力。但北京市要通过疏解非首都功能来达到控制规模的目的，制造业的就业乘数就变得重要了。制造业越发达，技术水平越高，乘数效应也就越大。

北京长期没有放弃经济功能，由制造业引发的就业也是首都规模扩张的重要原因。如果北京长期不能建立以首都功能为主的城市结构，一般性制造业功能长期得以巩固乃至发展，那么北京控制规模就是困难的。另外，如果完全把北京的经济功能疏散，则可能引起北京的功能性衰退和城市衰落，因此要谨慎决策。

目前的京津冀协同发展规划以"一核、双城、三轴、四区、多节点"为骨架进行空间布局，计划首先推进交通一体化、生态环境保护、产业升级转移等，进而推动要素市场一体化、公共服务一体化和相应的体制机制改革，最终实现京津冀区域一体化格局。这一过程实现北京人口规模调控目标的逻辑在于，一方面通过产业转移、功能疏解带动部分人口流出北京，另一方面努力实现要素流动畅通、公共服务均等，引导更多人口向河北流动。

五 小结

总体而言，京津冀地区发展严重失衡，"京津强、冀弱"的格局长期存在。北京市以京津冀地区 7.6% 的土地承载了 19.4% 的人口，创造了 33.4% 的地区产值；天津市以 5.5% 的土地承载了 13.9% 的人口，创造了 24.0% 的地区产值；河北省以 86.9% 的土地承载了 66.7% 的人口，创造了 42.7% 的地区产值。

京津冀地区人口流动活跃、流动性强，外来人口成为京津冀中心城市发展的主要力量。跨省流动人口中，京津冀区域内部人口流动性强，京津地区的相互联系及其对河北的渗透在加强。对于北京而言，大量人口的流入为首都经济社会发展注入活力，同时也带来交通拥堵、住房困难、资源紧张、环

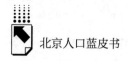

境污染等"大城市病"。适度的人口规模是北京可持续发展的重要保障，但人口规模控制并非易事，也不是新鲜的话题，未来有很长的路要走。

参考文献

［1］封志明、杨玲、杨艳昭、游珍：《京津冀都市圈人口集疏过程与空间格局分析》，《地球信息科学学报》2013 年第 1 期。

［2］姜玉、陈英姿、庄亚儿：《北京市实有人口构成研究》，《人口与发展》2016 年第 2 期。

［3］李培、邓慧慧：《京津冀地区人口迁移特征及其影响因素分析》，《人口与经济》2007 年第 6 期。

［4］赵勇：《城市化对北京市教育需求的影响》，《浙江教育科学》2016 年第 1 期。

［5］唐杰、杨胜慧：《北京新城流动人口结构及流动机制分析》，《城市发展研究》2012 年第 12 期。

B.8

京津冀协同发展背景下城市
副中心职住平衡研究

——基于通州人口、就业和居住的数据分析

涂清华*

摘　要：　本报告运用大数据分析，整合各部门资源，从通州城市副中心总体建设情况、京津冀协同发展的大背景着眼，得出区域内常住人口结构变化、城镇化速度加快、产业调整升级、房屋空间分布、交通通勤时间等方面的数据资料。以人口结构、就业结构、空间结构为依托，以职住平衡为纽带，针对产业发展、人口调控、居住环境、交通情况，梳理通州城市副中心建设当中的人口、就业、居住现状，分析得出通州职住距离和时间处于不合理范围，探讨就业—居住空间分异明显、职住失衡等一系列问题，进行职住空间失配现象和作用机制的研究，最终从就业空间、居住空间、通勤交通和配套设施四个方面提出优化的可行性对策，对未来通州区的发展有十分现实的指导意义。

关键词：　京津冀　协同发展　城市副中心　职住平衡

　　近年来，在北京整体功能布局和城市副中心建设的双重作用下，在城镇

---

* 涂清华，副教授，中共北京市通州区委党校理论教研室主任。

化和机动化的双重推动下，在城市居民住房市场化和城市土地增值的共同作用下，城市职能与土地使用在城市规模扩张的基础上快速调整，计划经济下形成的职住平衡迅速被市场打破，并在机动化的快速发展中产生了职住失衡的问题。

所谓的"职住平衡"是指：城市在规模合理的一定范围内所提供的就业岗位数量与该范围内居民中的就业人口数量大致相等，并且大部分有工作的居民可以就近工作，能够通过非机动车的交通方式解决大部分通勤问题，机动车的出行次数少、出行距离和时间均较短。截至2016年底，北京市常住人口已达2172.9万人，通州区常住人口达到142.8万人。由于通州人口总量不断攀升，导致城市资源环境承载负荷日益加重，公共服务和社会管理压力、转型发展中的人口问题日益突出，直接影响到基本公共服务的供给平衡、城市资源环境的协调、城市秩序与安全的维系。北京被认为是中国在高峰时段最拥挤的城市之一。而通州又是居住单位远远超过就业岗位，即职住严重失衡的区域。本报告通过大量的数据分析，梳理通州副中心的人口、就业、居住等现状，分析出通州职住失衡的问题，并在分析原因的基础上得出解决北京城市副中心职住问题的对策。

一 通州副中心人口、就业和居住总体情况

（一）人口发展现状

1. 人口呈稳定增长的趋势，局部集聚增长趋势明显

2016年底，通州区常住人口142.8万人，其中户籍人口74.7万人，常住外来人口57.0万人。从流动外来人口来看，聚集在通州城区的趋势明显，北苑街道的人口密度甚至超过了北京城区的人口密度（见表1）。

按照户籍人口分析，也呈现出由周边乡镇逐渐向中心城区聚集的现象。按户籍人口密度排名前五位的为：中仓、北苑、新华、玉桥、梨园五个街道和城乡结合部区域，也就是传统意义上的通州城区（见图1）。因此，不论

表1　2016年1～5月各乡镇流动人口及密度情况

乡　镇	流动人口总量 （人）	行政区划面积 （平方公里）	人口密度 （人/平方公里）
北　苑	56445	6.3243	8926
中　仓	23094	4.7329	4880
永　顺	123352	27.78	4441
梨　园	69720	19.269	3619
玉　桥	31483	10.388	3031
新　华	4064	2.2797	1783
马驹桥	119074	88.107	1352
台　湖	72349	81.295	890
张家湾	67199	105.32	639
潞　城	44216	71.055	623
宋　庄	50817	114.86	443
漷　县	29437	113.53	260
于家务	12838	65.406	197
永乐店	9077	104.44	87
西　集	6898	91.037	76

注：数据由通州区流管办提供。

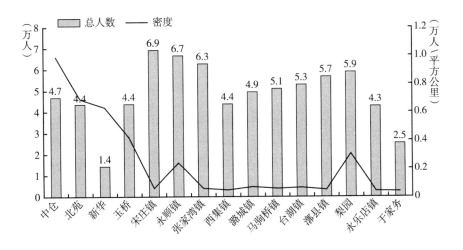

图1　通州区2016年5月底户籍人口分乡镇情况

资料来源：数据由通州区公安分局提供。

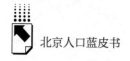

是流动人口还是户籍人口，向中心城区聚集的趋势均非常明显。中心城区人口处于不断聚集之中，且聚集趋势增强，说明通州区人口发展尚处于集聚效应大于扩散效应的人口稳定增长阶段。

2. 人口分布形成圈层的趋势在进一步加剧

通州区人口密度分布呈现典型的环层分布，比较明显地呈现出三个环层：第一个环层是北苑、中仓、玉桥、新华、永顺、梨园四个街道和两个地区办事处区域，这是传统意义上的城市中心区，该圈层人口高度密集；第二个环层是指紧挨着第一个环层的外围地区，主要集中在马驹桥、台湖、张家湾、潞城、宋庄，该区域是今后人口聚集的重要增长地带，也是通州副中心未来疏解中心区域人口的主要承载地；第三个环层集中在漷县、于家务、永乐店、西集四个乡镇，这也是通州人口分布的最外层，将是副中心人口疏解的重要护城河和未来面向津冀发展的前哨站。

3. 人口向中心城区集中，与产业结构以及公共服务水平密切相关

2016年区域内流动人口总计达到72.0万人，其中有30.8万人居住在第一环层，占到整个流动人口的43%；而生活在第二环层的流动人口达到35.4万人，占到全部流动人口的49%；居住在第三环层的流动人口仅有5.8万人，仅占流动人口的8%。在中心区中，永顺和梨园两个地区办事处的流动人口最多。这也与中心城区即第一环层内的产业发展和公共服务水平密切相关，该区域聚集了通州大量的第三产业和优质的公共服务资源，直接导致了该区域人口的大量聚集；而第二环层大量流动人口的聚集，则是由于其较为明显的产业诱导，该环层几乎集中了通州区主要的园区和大部分的第二产业，就业聚集非常明显，反映了流动人口的空间布局与其就业结构密切相关的事实和规律。

（二）产业发展状况

1. 第三产业增加值已经超过第二产业并在逐步增长

2015年，通州区实现地区生产总值595.4亿元，比上年增长8.5%。其中，第一产业增加值为19.1亿元，增长6%；第二产业增加值为278.2亿

元，增长 0.6%；第三产业增加值为 298.1 亿元，增长 19.1%。三次产业结构由 2014 年 4:50.4:45.6 变为 2015 年 3.2:46.7:50.1。从全区 2011~2015 年的产业结构数据可以看出，目前全区第三产业增加值占 GDP 比重呈增大趋势（见图2），但与全市整体水平相比，仍有一定差距。

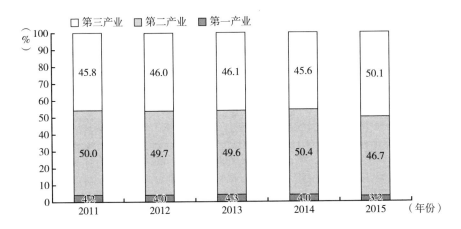

图 2　2011~2015 年通州区产业结构

2. 产业用地空间分布是大分散、小集中的态势

从通州区产业用地现状看，产业用地基本呈现大分散、小集中的分布态势，其中工业用地集聚的地区为发展较好的工业园区，即光机电一体化产业基地，中关村科技园区，经济开发区东区、西区和南区等。第三产业用地主要集中在交通条件便利、城市配套基础设施较为齐全、公共服务优质化趋势明显的区域，其聚集较多的是以商贸业、文化休闲、金融服务业为主的现代服务业。

（三）就业情况

1. 就业比重稳定增长，就业仍处于集聚发展阶段

2010~2015 年，通州区就业人数与总人数基本呈一致增长趋势，参保人数年均增长率为 12.4%，而同期的常住人口由 2010 年的 118.4 万人，增长到 2015 年的 137.8 万人，五年间增长了 19.4 万人，年均增长率 3.1%，

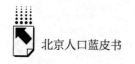

养老保险参保人数增长远远快于总人口的增长。这说明通州区就业仍处于集聚发展阶段。2010~2015 年通州区养老保险参保人员情况见表 2。

表 2　2010~2015 年通州区养老保险参保人员户籍情况

单位：万人

年份	本市城镇	本市农村	外埠城镇	外埠农村	外籍从业	总计
2010	8.99	3.28	3.48	6.35	—	22.1
2011	9.39	3.79	4.6	8.16	0	25.95
2012	10.03	4.14	5.83	10.34	0.01	30.35
2013	10.34	4.42	7.2	12.74	0.01	34.72
2014	10.87	4.54	8.49	14.71	0.01	38.64
2015	11.3	4.61	9.77	13.97	0.02	39.67

资料来源：数据由通州区人力资源和社会保障局提供。

2. 产业就业结构仍需优化升级

根据配第－克拉克定理，随着经济的发展与人均收入的提高，劳动力将由第一产业向第二、第三产业转移。2010~2015 年，通州区第一产业的就业人口比重不断下降，而第二产业就业人口所占比重总体上呈现波动下降趋势，第三产业的就业人口比重不断增加。第三产业吸纳了大量的就业人口，其就业比重已逐步超过第二产业，成为主导就业产业。但总体看，通州区的第三产业比重较低，发展滞后。从国内外大城市发展经验看，中心城区汇集了大量服务业、科研等生产性服务业和知识性服务业，所以，通州副中心的第三产业就业人口比仍有较大的优化空间。

3. 制造业与批发和零售业等传统服务业仍是主导，而科研、金融等高端服务业所占比重相对较低

从养老保险参保人员行业分布来看，2015 年从事制造业的参保人员最多，高达 10.99 万人，占参保总人数的 27.7%，其次是居民服务和其他服务业，参保 8.3 万人，占参保总人数的 20.9%，批发和零售业参保人数 4.73 万人，占参保总人数的 11.9%。可见，通州区就业仍以制造业与批发和零售业等传统服务业为主，而科研、金融等高端服务业所占比重相对较低（见表 3）。

表3　通州区2015年养老保险参保人员行业分布情况

单位：人

行业性质	本市城镇职工	本市农村劳动力	外埠城镇职工	外埠农村劳动力	外籍从业人员	总计
未知行业性质	2836	0	0	0	0	2836
农、林、牧、渔业	487	788	1109	2646	0	5030
采矿业	0	0	3	0	0	3
制造业	18646	17720	22835	50641	98	109940
电力、燃气及水的生产和供应业	529	129	261	380	0	1299
建筑业	3767	1987	7352	6706	0	19812
交通运输、仓储和邮政业	2152	3627	1665	3545	1	10990
信息传输、计算机服务和软件业	530	112	1540	1078	2	3262
批发和零售业	9427	3716	14865	19326	11	47345
住宿和餐饮业	431	378	861	2279	0	3949
金融业	1162	43	246	109	1	1561
房地产业	2033	428	2541	1879	1	6882
租赁和商务服务业	4914	2624	9650	9334	10	26532
科学研究、技术服务和地质勘查业	5104	2271	13089	11571	13	32048
水利、环境和公共设施管理业	100	275	200	197	0	772
居民服务和其他服务业	32129	10232	14301	26050	18	82730
教育	1766	576	2168	1276	1	5787
卫生、社会保障和社会福利业	999	116	426	293	0	1834
文化、体育和娱乐业	1389	216	3905	2267	6	7783
公共管理和社会组织	24643	827	634	106	0	26210
总　计	113044	46065	97651	139683	162	396605

资料来源：数据由通州区人力资源和社会保障局提供，为2015年底数据。

社保数据显示，2016年5月外埠农村参保人数较2015年减少0.57万人，这是由《京津冀协同发展规划纲要》的实施和北京城市副中心功能的确定引起的。通州区正在加快淘汰落后产能工作的步伐，陆续清退批发和零售业等低端产业的2700家企业，坚持调控外来人口，立足引入高端产业人才。

（四）交通情况

1. 通州区的路网密度仍然较低

2015年末，全区公路里程为2344.6公里，路网密度为2.59公里/每平

方公里，远远达不到 9 公里/每平方公里的路网密度，交通拥堵似乎不可避免。其中，乡道 1253.3 公里，专用公路 53.5 公里，村道 527 公里。

2. 通州区的交通空间结构以环线 + 放射型为基本骨骼

通州区道路交通网络可归纳为由外围公路和各级城市道路形成的"公路成环加放射状，快速路成井字型，主次干路成棋盘状，支路形成致密网"的结构形态。由六环和建设中的大外环形成两条环形快速路，徐尹路、通燕高速、京通快速路—新华大街、京津公路、广渠路—运河大街、京沈高速、京津高速等主干路组成向外放射道路。五环和六环以内路网呈棋盘状，南北向主要干路有东关大道、古城东路、新华北路、玉桥东路、玉桥中路、玉桥西路、车站路、通惠南路等。

3. 通州区的公共交通发展相对滞后，私家车交通增长趋势明显

通州区的公共交通以常规公交为主，轨道交通主要用于与北京中心城区的跨区域往来。京津冀协同发展的推动效应，以及京外车辆入京约束性措施的软化倾向，导致通州区域内小汽车增长迅速。汽车的增加也给通州区的交通带来许多压力，并给副中心的职住系统造成影响。

（五）居住情况

1. 通州区户均住房以中小户型为主

数据显示，2016 年通州区每户拥有住房间数为 1~3 间的占 44.42%，其中拥有两间住房的户数占总数的近 1/4（见图 3），这也说明，通州区居民住房仍以小户型为主，具有住房改善型需求的人群很大，这也反映出改善型购房需求将会成为通州区未来房屋购买需求的主流。

2. 中心城区户均住房间数少于外围地区

数据显示，中仓、新华、玉桥、北苑、梨园和永顺等新城中心区居民户中 85.7% 户均住房在 4 间（含）以下，拥有 5 间及以上住房的家庭户占 14.3%；而台湖、马驹桥、张家湾、宋庄和潞城 5 个城乡结合部乡镇拥有 5 间及以上住房的家庭户占 23.7%，拥有多间房的比例高于新城中心区近 10 个百分点；而漷县、西集、永乐店、于家务乡等远郊乡镇拥有 5 间及以上住

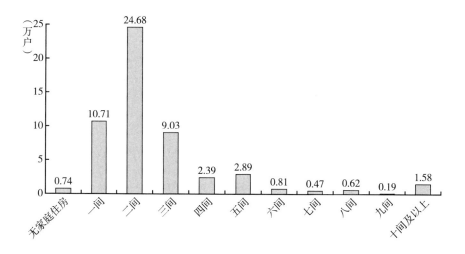

图3　2016 年通州区每户拥有房屋间数情况

资料来源：数据为通州区 2016 年人口普查初步数。

房的家庭户占到了 31.6%，已高出新城中心区 17.3 个百分点。

因此，户均住房间数，由"新城中心区—外围—远郊"呈现正向递进式分布，这也印证了新城中心区住房拥挤度高于外围的事实。

二　通州区职住平衡现状分析

（一）通州居住和就业空间分析

1. 通州区的居住空间表现为相同特征居住人群聚集现象明显

职住单元所处的社会经济发展水平不同、产业结构和城市功能定位的异质性，可能会吸引不同收入水平、家庭结构等特征的人居住与就业。通过对调查数据分析发现，通州区的居住空间大致分为三种类型：一是混居型，这种居住空间在不同学历及收入的人群间并没有出现明显的分异，各职住单元居住空间的人群分布特征基本一致，混合居住特征明显，比如武夷花园、西上园小区等；二是合居型，由收入和教育水平等较为相近的人群居住的小区，尽管这还不是真正意义上的单一型社区，但高端型聚集或低端型聚集同样十分明显，比如华业东方玫瑰小区等；三是单一型，这类职住单元已经形成明显的某一特定学历或收入特征人群的集聚地，或者某些职住单元的某一职业或住区类型比例比其他职住单元明显更高，比如远洋东方、京杭府小区等。

2. 通州区居住人群的学历聚集趋势初步显现

通州区人群的学历聚集趋势在一些区域初步显现。155 平方公里的新城中心区与全区范围内的居住人群学历差距比较明显。据通州区流管办数据，截至 2016 年 5 月 31 日，全区初中及以下流动人口为 44.3 万人，占流动人口总数的 61.6%，高中及以上学历流动人口仅占总数的 38.4%。而 155 平方公里的新城中心区的流动人口学历情况则为：初中及以下流动人口为 20.0 万人，占到区域内流动人口总数（39.3 万人）的 50.9%，高中及以上流动人口为 19.3 万人，占到总数的 49.2%。两相比较可以看出，155 平方公里的新城中心区居住人口低学历人群比例要比全区低 10.7 个百分点，而高学历人群比例要比全区高 10.8 高百分点，学历聚集趋势初步显现（见图 4）。

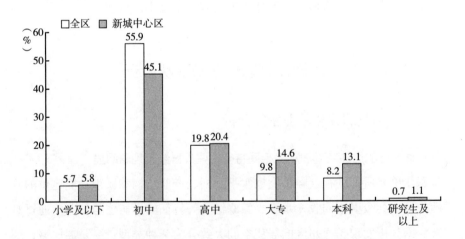

图 4　截至 2016 年上半年全区和新城中心区流动人口学历情况

资料来源：数据由通州区流管办提供。

3. 通州区居住人群的职业分野也是趋势明显

2016 年上半年，新城中心区从事第三产业的流动人口要比全区高出 6.8 个百分点，而从事第二产业的人数新城中心区要比全区低 6.7 个百分点（见图 5）。居住人群的职业分野趋势明显，随着北京城市副中心建设的加快推进，新城中心区越来越成为高端商务、行政办公等现代服务业从业者的聚集区，该类职业群体在新城中心区居住比例也会远远高于其他区域该类人员的居住比例。

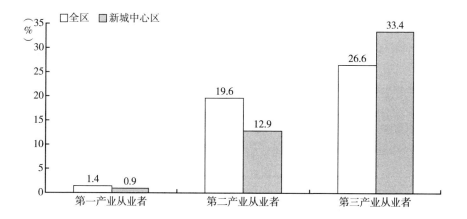

图 5　2016 年上半年全区和新城中心区居住者所从事产业分布

资料来源：数据由通州区流管办提供。

从全区流动人口所从事产业来看，居住在第一环层的从事第三产业的比例明显高于其他两个环层的第三产业从业人数。第三产业从业人员居住地集中在永顺、梨园、玉桥、中仓等 155 平方公里的新城中心区范围之内；而第二产业从业人员主要居住在漷县、马驹桥、永乐店、台湖、宋庄等工业园区相对集中的区域，形成相对稳定的职住平衡的自系统（见图 6）。

（二）通州区通勤现状分析

1. 通州区常住人口的通勤以中心之间为主

通州区常住人口的通勤流向大致可以分为以下几种情况：一是核心—

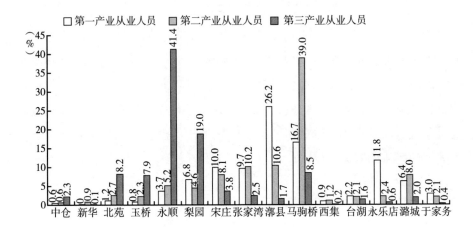

图6　2016年上半年通州区流动人口从事产业情况

注：图6数据由通州区流管办提供

核心通勤流向；二是核心—外围通勤流向；三是核心—郊区通勤流向；四是外围—外围通勤流向；五是外围—郊区通勤流向；六是郊区—郊区通勤流向。

第一种通勤流向类型即核心—核心通勤流向又主要分为两种情况：通州中心区与北京中心区之间的通勤流向，我们将此种情况叫作主中心—副中心，以及城市副中心中心区之间的通勤流向，我们将此种类型叫作副中心—副中心。

从表4可以看出，主中心—副中心与城市副中心之间的通勤流向，占了通州区通勤数量的70%，是通州区通勤的绝对主体，但此两项通勤距离合计只有36.15公里，总通勤时间却达到了90分钟，每公里通勤时间达到2.5分钟；而其他五种通勤流向总共只占全部通勤流向的30%，总通勤距离达到70.9公里，总通勤时间却只有104.6分钟，每公里通勤时间仅为1.48分钟。

综上，城际通勤是副中心通勤的主体，中心之间的通勤尽管距离较短，但是表现出占比高、时间长的特点，反映出中心之间通勤拥堵现象严重。

表4   2015 年通州区分圈层通勤流向特征

通勤类型	比例(%)	通勤距离(千米)	通勤时间(分钟)
主中心—副中心	40	30.45	59
副中心—副中心	30	5.7	31
副中心—近郊	13	8.9	20
副中心—远郊	7	26.6	36.6
近郊—近郊	5	7.8	19
近郊—远郊	3.5	16.9	15
远郊—远郊	1.5	10.7	14

2.通州区居住通勤和就业通勤呈现双向错位现象

根据平均通勤距离统计，北京城市主中心和通州副中心之间的通勤时间及通勤距离都是最长的，表明主中心与副中心之间的职住匹配状况最差，即有大量在通州副中心居住的人口要到北京城市主中心就业，或者有大量在主中心居住的人口在通州就业。但从流动的时间段分析，早上流出和晚上流入通州副中心的人口最多，因此，大量在通州副中心居住的人口到北京城市主中心就业是当前通勤流向的总趋势。同时也说明通州居民本地就业比重较低，外出就业比重高，使得双向通勤率高，并且平均通勤时间和距离较长。

（三）通州区职住系统匹配情况分析

1.通州区就业岗位呈现上升趋势

数据显示，通州区 2005 年就业岗位只占总人口的 19.3%，而到了 2010 年这一比例就上升到 24.8%，2014 年上升到 29.7%，九年间上升了 10 个多百分点（见图 7）。这说明，通州区由于北京城市副中心建设的加快，就业岗位增加的幅度已经超过人口增长的速度了，但是就业岗位与庞大人口相比仍显不足，职住平衡的任务主要是增加"职"的功能。

2.通州区就业中心与居住中心的匹配存在区域差异

将北京城市副中心的就业聚集区与居住聚集区进行叠加分析，得到就业中心与居住中心的空间匹配情况。

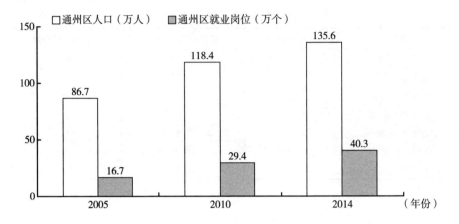

图7 城市副中心全域内职住比情况

在新城中心区地铁沿线形成了较为明显的居住高度密集区，具体来说包括北苑街道西部、梨园地区办事处东部、玉桥街道西南部、永顺地区办事处等，这些地区居住和就业的匹配度最差。而在中仓街道大部、北苑街道东部、新华街道、永顺中部等分区内的次级居住中心与次级就业中心总体匹配状况良好，这些地区的职住匹配状况较好。在近郊即六环以外分区，居住集聚区与就业集聚区也基本吻合，而像永乐店、漷县镇、西集镇、于家务乡等区域均未形成一定规模的居住与就业集聚区。

3. 通州区乡镇职住平衡度要优于城区街道

从职住平衡的内涵看，其包括两个方面的平衡，即数量平衡和质量平衡。数量平衡通常指在给定地域范围内劳动者数量和就业岗位数量大致相等，其测量可以采用就业—居住比率。这只是从数量上讲是相等的，即大部分居民可以就近工作，至于就业的岗位和人员之间是否匹配，则要看质量平衡了。假定每个家庭只有一人工作，在给定地域范围内，就业岗位的数量与居住在此的家庭数量之比（职住平衡指数，以下缩写为JHR）为0.8~1.2即是平衡的；大于1.2表示就业岗位数量比在业居住人口数量多，就业岗位富余；小于0.8表示在业居住人口数量较多（见表5）。

表5 就业—居住比率（JHR）指数

JHR	职住状况
小于0.5	高度居住主导区
0.5~0.8	居住人口数量大,就业岗位不足
0.8~1.2	职住平衡区
1.2~5	就业人口数量大,居住不足
大于5	高度就业主导区

就业岗位数量需根据区域内不同类型产业用地的面积、容积率及就业岗位密度测算，受数据资料限制而无法获取，而职住调查中各职住单元内就业数和居住数是本区实际有的就业岗位数与在业居住人数。职住单元内实际的就业岗位数与可吸纳的就业岗位数间存在差异，但从长期看，随着劳动力在市场的流动，在劳动力市场发育完善的地方（如经济较为活跃的中心区），可吸纳的就业岗位与实际就业人数会趋于相等，与真实JHR的误差也会越来越小。因此，JHR仍能在一定程度上说明职住平衡的状况。

质量平衡是指在给定区域内劳动力数量和与其相匹配的就业岗位数大致相等，或从在此区域内居住并工作的劳动力数量所占比重来看，比重越接近1，职住平衡状况越好。质量平衡讲的是就业岗位与人员之间的合适匹配，匹配度越高表明职住的质量平衡就越高。通州区乡镇街道职住平衡度情况见表6。

表6 通州区乡镇街道职住平衡度情况

乡镇街道名称	职住平衡指数(JHR)	乡镇街道名称	职住平衡指数(JHR)
中仓街道	0.49	潞城镇	0.89
新华街道	0.28	台湖镇	1.37
北苑街道	1.29	漷县镇	0.52
玉桥街道	0.72	西集镇	0.16
永顺镇	1.85	马驹桥镇	2.34
梨园镇	1.18	永乐店镇	0.21
张家湾镇	1.07	于家务乡	0.51
宋庄镇	0.73		

综上分析，加之数据显示，通州区的4个街道中有3个职住平衡指数小于0.8，居住人口大于就业人口，处于职住不平衡状态，只有一个街道处于职住平衡状态；而乡镇中有3个职住平衡指数处于合理区间，占到乡镇总数的45%，远高于街道25%的比例。

三 通州区职住系统评价与原因分析

（一）通州区职住系统评价

1. 通州区通勤距离和时间处于不合理范围

根据数据分析，通州区70%通勤流向的通勤距离平均为18.1km，70%通勤流向的通勤时间达到45min。目前国内外对于合理通勤距离和时间没有统一标准，英国皇家城镇规划司的研究报告（2006年）曾指出，10km以内的通勤距离被认为是可持续的通勤距离。由此可见，通州区70%通勤流向的平均通勤距离远远超出了合理的范围。参考国内研究成果，与成都（31min）、南京（37min）、武汉（25.9min）等城市相比，通州区70%通勤流向所需通勤时间较长，已达到通常认为的通勤忍耐范围经验值30～45min的最高值了。因此，总体上来说，目前通州区通勤距离和时间处于一个极度不合理范围。

2. 北京城市副中心核心区职住严重失衡

数据显示，2005年通州新城155平方公里内的就业岗位占到人口的33.4%，而到了2010年这一比例下降到21.8%，这主要是新城范围内房地产建设的速度远远快于产业发展的速度，致使人口增长较快；到2014年虽然就业岗位有所上升，但也只达到人口的25.2%，通州新城大概4个人只有1个就业岗位，职住失衡现象较为突出（见图8）。

3. 通州区的就业—居住空间分异明显

北京中心城区与通州副中心之间、亦庄北京经济技术开发区与马驹桥镇之间的就业和居住空间分异明显，即北京中心城区的就业区和通州副中心的

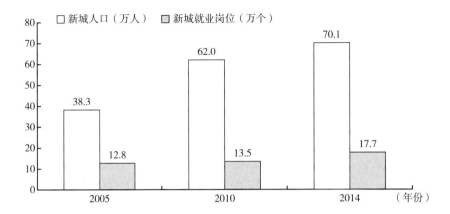

图8　城市副中心155平方公里职住比情况

居住区分离；通州副中心内部也形成了11个开发区等就业密集区和张家湾镇、宋庄镇等许多居住密集区的分离现象。所以，通州区的就业中心与居住中心吻合度差，就业集聚区与居住集聚区吻合程度低。目前来看，通州区的就业—居住空间分异较为明显。

4. 通州区不同区域职住匹配状况差异较大

从各个指标综合情况来看，不同区域的职住匹配状况相差较大，中仓街道、西集镇、永乐店镇、漷县镇、于家务乡等区域的职住匹配状况为优，潞城镇、张家湾镇、宋庄镇等区域的职住匹配状况为良，马驹桥镇、台湖镇、新华街道等区域的职住匹配状况为中等偏下，梨园镇、永顺镇、北苑街道、玉桥街道等区域的职住匹配状况为差。

（二）通州区职住失衡原因分析

1. 交通拥堵成为当前通州区职住平衡的关键问题

目前，通州中心城区之间的平均通勤时间已达31分钟，这和通州区目前"环线+放射状"的交通网络分布和路网密度不足不无关系。国际经验表明，"环线+放射状"的交通网络将产生最大的人均车公里数，因而有最大的交通需求，加之路网密度不足，拥堵似乎不可避免。

　　同时，从交通方式来看，通州区机动车出行比例占到总量的76.8%，而在机动车出行中，私人小汽车的比例大大高于公共交通出行比例，达到49.7%（见表7）。通州区非京籍的私人小汽车仍在快速增长，极大地抵消了北京调控小汽车的政策红利，造成道路与汽车增长不成比例；此外，在公共交通方面，目前通州区有两条地铁通车，虽然一定程度上缓解了交通拥堵问题，但是由于地铁线路未形成网络等多层因素，通州城市交通日益拥堵。

　　另外"北三县"与北京中心城区的职住分离导致了大量人口过境式流动，也客观上加剧了通州副中心的交通压力。许多在北京中心区上班的人群选择在"北三县"居住，然后通过通燕高速、八通线、六号线往来通勤，带来了副中心巨大的"过境式拥堵"。

表7　2015年通州区往来城六区出行方式

单位：万人次／日，%

交通方式	出行量	出行结构（含步行）
地　　铁	22.2	20.7
公　　交	23.6	22.0
小　汽　车	53.2	49.7
出　租　车	2.3	2.2
班　　车	3.1	2.9
自　行　车	1.7	1.6
其　　他	0.1	0.1
步　　行	0.9	0.8
合　　计	107.2	100.0

　　故此，职住分离加剧了交通拥堵，而交通拥堵又反过来加重了职住分离，并且随着北京城市副中心建设步伐的加快，大量人口涌入，居民的通勤距离和通勤时间都有可能延长，需提前做好职住空间和交通规划，防止职住的进一步分离。

　　2. 通州区居住空间—就业空间重组方向尚未达成良好的匹配关系

　　随着通州区功能定位的确定，通州中心城区和外围地区的居住空间—就业空间出现了重组的现象，但是尚未达成良好的匹配关系：根据各区域平均通勤时间与通勤距离，平均通勤距离最长是最短的 3.8 倍，平均通勤时间最长是最短的 4.6 倍，可见各区域差异较大。通州区仍然存在就业不足而居住剩余的现象，本地就业岗位也不能满足本地常住人口的就业需求，本地常住人口外出（主要到北京中心区）就业比重大。张家湾镇、台湖镇、马驹桥镇等开发区本地居住人口不能满足本地就业的需要，外来人口流入比重大，可见这些区域的就业空间—居住空间尚未达到职住匹配状态。

3. 通州区居住—就业双向空间错位导致通勤交通的双向拥堵

对于通州区而言，这种双向错位主要是指两种情况：一是城市副中心与北京中心城区的双向空间错位，二是城市副中心中心区与外围区域的双向错位。

20 世纪 80 年代以来，随着北京城市功能布局的确定，通州相继成为北京重点发展的卫星城和新城。北京主城区大量第二产业外迁，同时兴建大量写字楼，逐渐成为高附加值的第三产业的就业中心，而其吸引的高学历就业人群，收入虽比第二产业工人高，却也无力承受北京主城高昂的房价，被动选择在通州等新城购房居住。这就形成白领居住地在新城，就业地在北京主城，这种空间错位导致了通勤距离和时间的拉长，造成交通拥堵。同样，城市副中心的中心区随着功能定位的提升，也聚集了一些现代服务业等高端业态，而吸引了一定的就业人群，但通州中心区较高的房价将这部分就业人群挤到外围区域居住，从而产生居住在外围区域、就业地在中心区的空间错位现象。从而造成了通州区早晚高峰北京主城与新城以及城市副中心中心区与外围区域间双向潮汐式的交通拥堵现象。

四 通州区职住系统影响机制分析

（一）总体分析通州职住平衡的影响机制

1. 城市定位与规划是政府作用于职住系统的关键因素

城市定位与规划是政府作用于城市职住系统直接而强有力的手段，

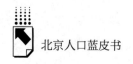
引导着城市的发展方向。通州 1982 年被确定为北京市的卫星城，到 2004 年被确定为新城，这期间，通州经历了 22 年的卫星城发展阶段，在此阶段通州区建设了大量的居民小区（见表8），为日后的职住失衡埋下了伏笔。

表8　通州卫星城建设时期的重点是住宅小区建设和村民上楼

小区建设	村民上楼	商业设施	服务业
后南仓小区	大稿村	通州百货商场	通州宾馆
新城东里小区	果园	人民商场	东方宾馆
新建村小区	富河园	五金交电大楼	红旗宾馆
司空小区	西马庄	通州商业大厦	齐天乐园
中仓小区	乔庄	金鼎大厦	
玉桥北里小区	北杨洼	银地大厦	
通惠南路、北路小区	北三间房	潞州商城	
葛布店北里小区	杨庄、复兴庄	新华市场	
帅府园小区	梨园、西总屯	永顺商场	
吉祥园、如意园小区	永顺村、永顺东里、西里		
玉桥南里、西里小区	半壁店		
西营前街小区	李老公庄		

2004 年北京市提出新城建设，通州区就此开启了新城建设的序幕，到 2009 年提出建设现代化国际新城，这五年的新城建设慢慢改变了通州就业不足的局面，通州作为职住平衡新城的功能定位也日渐明晰。但是产业发展仍不明晰，房地产的发展导致职住失衡问题加剧。2012 年 7 月北京市提出在通州建设北京城市副中心，这对通州的城市发展战略、城市发展方向与城市空间布局都有着深刻的影响。人口的集聚又极大地吸引公共服务设施不断集聚，新城虽然在政府行政力量和市场经济的推动下快速发展，但配套设施和产业发展依旧相对滞后，北京城市中心区与城市副中心的交通联系频繁，导致交通负荷居高不下、人们的通勤时间延长。

同时，"环线＋放射状"的交通网络与南北向组团＋中心区的城市结构也不匹配，降低了居住与就业可达性。

2. 城市空间快速发展是职住空间演变的基础动力

城市空间快速发展是职住空间演变的基础动力。通州区房地产开发加速发展，这和北京市住宅郊区化倾向密不可分，至今居住郊区化的强度与速度均有所增加，相比于居住郊区化，就业岗位的空间变化更加复杂。在地价规律的指引下，现代高端服务业成为北京城市中心区的核心职能，而居住区、工业园区则向顺义、通州、亦庄等郊区集聚。由于郊区化过程中居住与就业的不同步性、郊区新建居住区和产业区职能过于单一等原因，职住分离、空间错位现象逐渐凸显。

3. 城市土地与投资偏向也是直接推动职住空间演变的关键因素

城市土地与投资的房地产化是职住空间演变的直接原因。城市土地市场化改革推动了以地价为基础的城市土地功能分区，使得居住、商业、工业等不同性质用地相互分离，从而直接导致城市职住分离现象的发生。加之在住房市场和劳动力市场的作用下，人们自主择居择业，使居住空间和就业空间自由组合，原来职住合一的格局向职住分离的形式演变。在这种背景下，城市居民可以按照各自需求在权衡通勤成本、住房成本与工作收入后选择不同类型和区位的住房，因此加剧了北京城市的职住空间分离程度，在住房低成本和移动低成本的双重作用下，通州"睡城"就此形成。但是职住格局也在不断演变，在北京城市副中心建设的推动下，通过市场的调节，通州的职住格局又会向稳定状态转变。

4. 追逐利益最大化的房地产开发是通州居住空间错位的动因

城市副中心由于土地资源相对丰富，而逐渐成为房地产开发的主要区域。资本的逐利性导致房地产开发追求市场机制下的利益最大化，城市副中心的房地产开发盲目高档化，造成住房价格高企。通州产业以制造业为主，对应的是中低收入水平的就业岗位，与城市副中心高档房地产开发的定位形成结构性错位，直接导致城市副中心住房分布与就业岗位分布不匹配，中低收入水平的就业岗位无法满足高档住宅区居住人群的择业要求，这类人群仍选择到北京主城高收入岗位就业，形成高收入居民居住在城市副中心、就业在北京主城的职住空间错位现象，导致城市副中心居住人群职住分离。

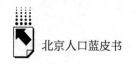

5. 交通设施的快速发展与公共服务的聚集助推城市副中心职住空间错位

随着城市副中心建设步伐加快，城市轨道交通、高速公路、高等级公路建设快速发展，小汽车普遍进入城市家庭，这些发展极大地扩大了居民的出行范围。地铁1号线及八通线、地铁6号线、京津二通道、广渠路二期等交通设施的建成，加强了城市副中心与北京主城的交通联系，缩短了城市副中心与北京主城的时间距离，跨区通勤更为便利。加之北京中心城区聚集了大量的公共服务资源，扩大了城市副中心居住、就业人群的住房和就业岗位的选择范围，带动城市副中心与北京主城之间的人口迁移和流动，使得城市副中心居民的就业地构成更为多样，进一步推动了城市副中心与北京主城居住、就业空间的双向错位、结构失配。

6. 住房体制改革的严重滞后加剧了城市副中心职住空间错位现象

1998年开始了住房制度改革，将住房供应全面推向市场，住房供应体系单一，商品房高档化，房价暴涨，公共住房中的廉租房和经济适用房建设量严重短缺，公共住房保障体制不完善，导致中低收入者的住房问题越发严重。而城市副中心的就业空间多为劳动密集型产业，提供的是中低收入的低技术岗位，就业人群无力承担城市副中心商品房的高房价，只能选择居住在低总价的老旧小区或到房价较低的城市副中心外围居住，甚至居住在低价的违建建筑里，从而加剧了通州区职住空间错位现象。

（二）分因素分析通州职住平衡影响机制

1. 不同年龄的人群形成不同的居住空间

不同年龄的居民处于不同的人生阶段，在选择工作和住房时所考虑的侧重点也不一样，因此不同年龄的人群形成的职住空间格局会存在一定的差异。通州区流管办统计结果显示，随着年龄增长，人口流动呈现倒"U"形趋势，18~35岁与35~60岁这两个年龄段的人群流动性最大，占了流动人口总数的86.6%，所以可以推定其通勤时间和通勤距离最长，这主要是由于这两个年龄阶段的人群收入水平、工作环境相对稳定，家庭负担也相对较重，因此甘愿花费更长的时间成本来维持工作稳定。60岁及以上人群（仅占全区流动人口总数的 7.5%）主要是退休人群，即使是再就业，也会较大程度地考虑通勤时间与通勤成本，故其流动性较弱。

2. 学历层次也是影响职住平衡的主要因素

学历影响一个人所选择的工作性质与层次，一般情况下，不同的学历也反映了不同的收入水平，影响支付能力，从而影响其居住地选择，因此不同学历的群体会出现不同的居住与就业格局。统计结果显示，通州区通勤距离和时间均最长的区域——新城中心区的大专及以上流动常住人口占比为28.8%，高出全区 10.1 个百分点，高出中心区之外的区域 20 多个百分点（见图 9），充分显示了学历群体的通勤特征，即学历越高，通勤时间及通勤距离越长，这个现象与不同学历群体的经济实力及对较差环境的承受能力有一定的关系，低学历群体没有足够的经济实力，所以只能选择职住距离较近的地方工作/居住，高学历群体的选择范围则比较广泛。

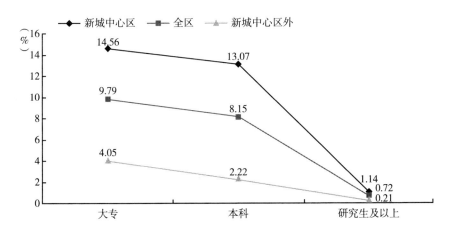

图 9　新城中心区、全区与中心区之外区域的大专及以上流动人口占比

资料来源：数据由通州区流管办提供。

3. 从事现代服务业人员是通州副中心通勤最为活跃的群体

统计结果显示，在通州区通勤距离和通勤时间均最长的新城中心区（即 155 平方公里通州区新城规划区域），从事第三产业的流动人口比例高出全区 6.8 个百分点，高出新城中心区之外的区域近 15 个百分点（见图

10）。可见，从事现代服务业人员的通勤距离和通勤时间要比从事制造业的人群长，且流动范围更广。

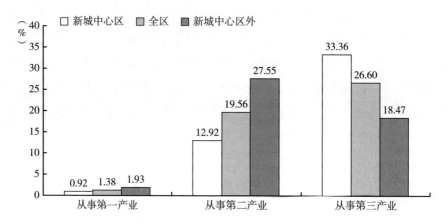

图10　全区、新城以及新城之外区域流动人口从事产业情况

资料来源：数据由通州区流管办提供。

在居住、就业总量相对平衡的基础上，职住分离程度的高低取决于居住、就业结构的匹配程度，匹配度越高，职住分离程度越低。

4. 家庭人数与人员的流动性成反比

调查发现，家庭成员在三人及以上的流动性一般较大，而单身一人的流动性最小。从家庭结构来看，三口之家人群的通勤距离（6.5km）、通勤时间（24.9min）最长，其次是三代或四代同堂人群的通勤距离（6.5km）、通勤时间（24.7min），以及两口之家人群的通勤距离（5.1km）、通勤时间（23.1min），单身人群的通勤距离（4.2km）、通勤时间（19.8min）最短。这是因为单身人群大多会选择工作地居住，或者选择居住地就业，反映出家庭人数越少其流动性越低的现象。

五　通州副中心职住平衡对策措施

通州副中心就业、居住空间的错位，造成严重的职住分离现象，大大增加了通勤时间，降低了城市的运行效率，加大了城市的运行成本，带来了空气污染等环境问题。因此，应充分认识居住、就业空间均衡发展对促进交通减量、缩短通勤距离的重要作用，应将其作为解决交通矛盾、提高居民生活质量的重要措施。本报告根据对通州区职住空间失配现象和作用机制的研究，从就业空间、居住空间、通勤交通和配套设施四个方面提出优化策略。

（一）城市空间优化：立足京津冀，优化调整城市功能布局

京津冀协同发展给解决通州职住失衡问题带来极大的机遇。借助京津冀协同发展，通州应该高标准做好规划设计，根据目前通州城市发展阶段，结合未来通州中心城区人口进一步集聚、中心城区基础设施和生态环境将达到极限的趋势，必须加快外围组团以及河北"北三县"建设与通州统一规划、统一政策和统一管控，吸引通州中心城区的居住与就业人口，以疏解中心城区多方面的压力。为此，中心城区应强化综合服务功能，加快产业疏解，改善环境质量，完善基础设施，建设城市行政中心、商务中心和休闲娱乐中心，使之成为集行政办公、信息、金融、商务、休闲娱乐于一体，环境优美、设施一流、高效集约的"极核"。各组团与"北三县"也要充分考虑区位条件，依据自身优势，大力发展特色产业，促进产业集聚，吸引人口前来就业居住，完善居住、就业、商业、娱乐功能，满足居民基本需求，成为独立性较强的城镇或功能分区。

首先，坚持统一规划，发展与"北三县"及周边城市组团。合作编制交界地区整合规划，有序引导跨界城市组团发展，防止城镇连片开发。

其次，坚持统一政策，加强与"北三县"及周边地区协同对接。探索建立交界地区规划联合审查机制，规划经法定程序审批后严格执行。制定统一的产业禁止和限制目录，提高产业准入门槛。统筹规划交界地区产业结构和布局，有序承接北京非首都功能疏解和产业转移，支持发展战略性新兴产业和现代服务业，促进产业差异化、特色化发展，提升整体产业水平。

再次，坚持统一管控，与"北三县"及周边地区形成有序联动。一是严控人口规模。根据疏解北京非首都功能需要，确定交界地区人口规模上

限，严格落实属地调控责任，有效抑制人口过度集聚，促进人口有序流动。二是严控城镇开发强度。共同划定交界地区生态控制线，沿潮白河、北运河建设大尺度绿廊。明确城镇建设区、工业区和农村居民点等开发边界，核减与重要区域生态廊道冲突的城镇开发组团规模。建立国土空间用途管制制度，加强交界地区土地利用年度计划管控，严控增量用地规模，坚决遏制无序蔓延，严禁环首都围城式发展。三是严控房地产过度开发。严禁在交界地区大规模开发房地产，严格房地产项目规划审批，严禁炒地炒房，强化交界地区房地产开发全过程联动监管。

（二）就业空间优化：消除就业障碍，提供与居住人群匹配的就业岗位

北京城市副中心建设正在进入加快转型发展期，面临着产业优化提升、功能转型升级的就业空间的二次转型。作为过去北京主城区产业"退二进三"的主要承接地，通州目前已进入新的"退二优三"的产业改造过程，通过建设公共服务、办公和商务休闲娱乐中心，规划由功能单一的新城转变为功能复合的北京城市副中心，这是推进职住均衡、优化就业空间的极好机会。

北京城市副中心建设在跨越式拓展城市发展空间、推动北京中心城区人口疏散的同时，极可能因就业空间单向拓展，与北京中心城区原有居住空间形成分离错位，造成新的职住分离，因此应强调就业和人口协同的空间转移，只有这样，才能真正将人口疏解到副中心，构建有效的城市反磁力系统。否则只是产业功能或居住功能的单方面疏解，并未达到北京主城人口真正疏散的目的。虽然由于市场因素，居住与就业很难真正实现均衡，但引导北京城市副中心居住与就业空间趋于均衡，达到系统最优的城市建设目标，是政府纠正市场失灵进行调控引导的职责所在。

（三）居住空间优化：建立与就业人群匹配的住房供应体系，防止出现"二次职住分离"

住房供应完全推向市场后，造成住房供应与中低收入就业岗位结构严重错位，高房价完全超出了就业人群的支付能力，形成居住障碍，这是职住分离严重的主要原因。因此，北京城市副中心居住空间的优化，应重点研究副中心就业人群的住房需求，建设并完善与就业人群住房支付能力相匹配的住房供应，消除就业人群的居住障碍，使其就近居住，降低副中心的职住分离现象，并防止引发"二次职住分离"。为此，应在通州区尽快建立多层次的住房供应体系，提供多元化的住房类型。

加强廉租房、自住型商品房等保障性住房的建设，满足中低收入阶层住房需求。在以制造业为主体的开发区周边地区，工作时间较短的年轻人群占较大比例且以租房为主，租房成本大、房源不稳定，造成其就业流动性大，影响企业的稳定生产。政府可与企业合作，建设和提供低于市场房租的单身公寓及职工宿舍，满足企业员工的居住需求，天津武清许多开发区就是这么做的。

在155平方公里通州区新城规划面积内，就业人群以核心家庭和主干家庭为主，应加大中小户型、中低价住房的供应比例，吸引该类人群迁居副中心，促进副中心职住空间均衡化。

（四）通勤交通优化：完善绿色交通系统，提高公交通勤分担率

针对目前北京城市副中心公交通勤分担率偏低、过度依赖私家车、交通系统非可持续发展的弊端，在积极推进职住空间均衡布局、促进交通减量、缩短通勤距离、减少通勤时间的基础上，还应优化交通模式，提倡绿色出行，引导居民近距离出行采用步行和非机动车交通、远距离出行使用公共交通的绿色交通模式。

首先，应完善城市副中心与北京主城间的公共交通体系建设，提高公交线路覆盖率，加强慢行通勤廊道、公交转换设施（如公共自行车、轨道交通换乘停车场）等的建设，形成无缝换乘的公共交通体系。

其次，针对通州职住人群私家车通勤比例过高，导致道路拥堵的问题，应将私家车使用的外部性进一步内部化，提高进入北京主城的使用成本，合理限制私家车使用，引导通勤者使用大容量公共交通工具，提高公交通勤分

担率。

最后，应提升高峰期公交、地铁的容量，满足劳动力市场和住房市场双向空间错位所造成的高峰期高强度、不均衡的出行需求量，提高公共交通通勤的便利度和舒适度。

（五）设施配套优化：均衡配套公共设施，与城市副中心建设协同进行

作为北京城市副中心，通州区的公共配套设施还不完善，体现为教育、医疗、购物以及文化娱乐等各个方面的不足。主要体现为城市副中心公共配套设施因投入不足而建设滞后，以政府为主导的城市公共品和基础设施建设未与房地产开发同步进行。另外，公共配套设施体系建设不完善，公共服务设施（特别是基础性的教育和医疗设施）在空间布局上不合理和不均衡，影响居民生活的便利性。

针对通州区公共配套设施配置失衡、建设滞后的问题，首先应落实规划确定的基础设施、公共服务设施和生活服务设施的数量、规模，形成公共配套设施均衡化的保障体系。其次应重视公共配套设施建设的时序问题，确保其与住房建设协同进行，引导公共设施与居住、就业空间均衡发展。确保公共配套设施均衡、功能完善，既是实现通州区职住均衡、可持续发展的有效措施，也是减少居民生活出行总量、缩短生活出行距离的有效途径。

参考文献

［1］2016 年通州区五项基础数据普查初步统计结果。

［2］《通州区 2013 年国民经济和社会发展统计公报》。

［3］2000～2015 年《通州统计年鉴》。

［4］2000～2015 年《北京统计年鉴》。

［5］《2012 年北京区域统计年鉴》。

［6］《北京市通州区 2010 年人口普查资料》。

［7］《北京市通州区 2000 年人口普查资料》。

［8］《通州区 2015 年国民经济和社会发展统计公报》。

［9］《2015 年通州区人民政府工作报告》。

［10］ 张车伟、王智勇：《中国人口合理分布研究》，中国社会科学出版社，2015。

［11］ 石宝娟：《资源、环境、人口增长与城市综合承载力》，冶金工业出版社，2014。

［12］ 李国平：《京津冀区域发展报告（2016）》，科学出版社，2016。

［13］ 焦朋朋：《城市居住、就业用地与交通系统：以北京为例》，机械工业出版社，2015。

［14］ 李伟东：《北京社会发展报告（2014～2015）》，社会科学文献出版社，2015。

［15］ 沈千帆：《北京流动人口的社会融入研究》，北京大学出版社，2011。

B.9
雄安新区人口发展及政策调控研究*

张耀军 王小玺 郑翔文 赵泽原 王若丞**

摘 要: 雄安新区的顺利规划建设受多种因素影响,其中人口是最重要的因素。人口规模只有与雄安新区承载力相适应,城市建设才能实现绿色、现代和智慧。目前,雄安新区常住人口增速、人口密度、人口受教育程度及城镇化水平都低于京津冀整体水平,这样的人口状况不适应雄安新区建设。通过分析政策引导及市场作用,预测雄安新区2030年人口规模为120万~140万人,2040年人口规模为285万~350万人,2050年人口规模为1000万人左右。依据这一预测结果,雄安新区要积极承接非首都功能疏解,"以业引人";多措并举,引导人口有序聚集;多管齐下,着力推动原有人口转型就业;完善政策机制,提升人口综合服务水平;提升基础设施和公共服务水平,培育国际一流的地方品质。

关键词: 雄安新区 人口发展 人口预测 政策调控

一 问题的提出

党中央把雄安新区定位为绿色生态宜居新城区、创新驱动引领区、协调

---

* 基金项目:本文得到中国人民大学科学研究基金(中央高校基本科研业务费专项基金)资助,项目批准号(12XNI002)。

** 张耀军,博士,中国人民大学人口与发展研究中心教授,主要从事人口与城市化、空间科学等领域的研究;王小玺、王若丞为中国人民大学人口与发展研究中心博士生,郑翔文、赵泽原为中国人民大学人口与发展研究中心硕士生。

发展示范区和开放发展先行区，是中国波澜壮阔发展改革历程中的千年大计、国家大事。雄安新区建设，既是疏解北京非首都功能的新战略举措，也是协同打造创新驱动增长新引擎、有效推进京津冀协同发展的历史性工程。规划建设好国际一流、绿色、现代、智慧的雄安新区，需要经济社会领域诸多要素的有力支撑，而这其中，人口无疑是最为重要的因素。同时，雄安新区的建设和发展，最终目的从根本上说是为了服务人口，使居民能够从新区的进步中有更多获得感。应该讲，新区人口规模与结构的不断优化及素质的持续提升，需要贯穿于新区规划建设的全过程。

城市在其不同的发展阶段都应有相应的适度人口规模，而人口规模过大或过小都会引发一系列问题。当城市的人口规模过大以至于超出资源环境的承载力与产业发展的需求时，随之而来的必然是生态环境质量下降、上学难、就业难、看病难等一系列"大城市病"，这与城市服务于人的初衷显然背道而驰。但当城市人口规模过小以至于无法满足经济社会的需求时，城市的发展动力便会严重缺失，从而致使城市发展陷入停滞，严重的甚至可能使城市逐步衰退乃至消亡。

人口结构状况对于城市可持续发展同样具有十分重要的意义。在人口年龄结构方面，对于有志于在未来实现长期持续发展的新兴城市，所需要的必然是较为年轻的人口年龄结构，人口老龄化严重的城市必然失去发展的活力和动力。在人口素质结构方面，人力资本对一个城市的建设和发展极为重要，如果城市人口始终由在低端产业就业的劳动力占据主体，则纵然借助政策手段强行植入高端产业也必然难以为继，城市将很难完成转型。

因此，能否做好人口调控、管理与服务，使人口状况最大限度符合新区发展的需要，将是关系这一伟大战略规划能否顺利实施的关键所在。同时，作为一座"世界眼光、国际标准、中国特色、高点定位"的新城，雄安新区的建设还担负着探索人口经济密集地区优化开发新模式的重大任务，亟须在人口管理领域开拓创新。而无论是成功的人口调控还是科学的人口政策创新，都需要建立在对雄安新区人口进行充分科学研究的基础之上。

二 雄安新区人口发展现状

（一）常住人口增长缓慢，增速低于京津冀整体平均水平

截至 2016 年底，雄安三县的常住人口规模为 109.24 万人，其中容城县为 26.68 万人，雄县为 37.38 万人，安新县为 45.18 万人。与 2010 年第六次全国人口普查时的 105.51 万人相比，雄安三县常住人口在六年间增加了 3.73 万人，增长率为 3.42%，平均每年增长 0.62 万人。其中，容城县增加 0.86 万人，雄县增加 1.42 万人，安新县增加 1.45 万人，增长率分别为 3.34%、3.96% 和 3.31%，均不超过 4%，增长十分缓慢。雄县在 2013 年，安新县在 2012 年甚至出现了轻微的下降。具体如表 1 所示。

表 1　2010～2016 年雄安三县常住人口变化情况

单位：人，%

年份	容城		雄县		安新	
	常住人口	年增长率	常住人口	年增长率	常住人口	年增长率
2010	258179	—	359506	—	437378	—
2011	259557	0.53	362192	0.75	440965	0.82
2012	260669	0.43	366359	1.15	435547	-1.23
2013	261576	0.35	366262	-0.03	442301	1.55
2014	263267	0.65	368652	0.65	445770	0.78
2015	264813	0.59	370972	0.63	448478	0.61
2016	266799	0.75	373753	0.75	451840	0.75

与此同时，河北、天津和北京的常住人口在 2010～2015 年分别增长了 3.33%、19.56%、10.70%，共增加 702.5 万人。除河北省与雄安三县的增长率基本持平外，天津和北京的常住人口增长率远远大于雄安地区。

（二）户籍人口规模基本稳定，年增长率波浪式下降

容城县、雄县和安新县的户籍人口由 2010 年的 26.54 万人、37.55 万人和 44.82 万人增长到 2016 年的 27.33 万人、39.49 万人和 46.80 万人，分

别增加了 0.79 万人、1.94 万人和 1.98 万人，整体规模变化不大。

从年增长率来看，三个县均呈现波浪式下降的趋势。虽然中间变化有高有低，但总体上是由较高水平逐步转变为较低水平，其中 2014～2015 年三个县户籍人口的年增长率出现较大幅度的下降，2015 年容城和雄县甚至出现了负增长（见图 1）。

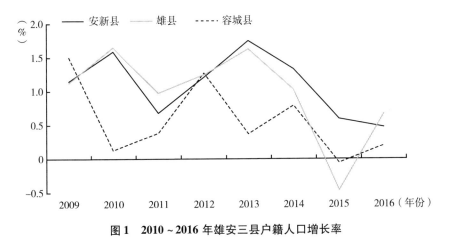

图 1　2010～2016 年雄安三县户籍人口增长率

（三）常住人口密度有所增加，低于京津两地水平

雄安新区由容城县、雄县和安新县及周边地区组成。三县总面积合计为 1576 平方公里，其中容城县总面积 314 平方公里，雄县总面积 524 平方公里，安新县 738 平方公里。根据 2010 年及 2016 年的人口数据，我们计算出雄安三县人口密度的变化情况，如表 2 所示。

表 2　2010～2016 年雄安三县人口密度变化情况

地区	面积（平方公里）	2010 年人口（万人）	2016 年人口（万人）	2010 年人口密度（人/平方公里）	2016 年人口密度（人/平方公里）	人口密度增加（人/平方公里）
容城	314	25.82	26.68	822	850	28
雄县	524	35.95	37.38	686	713	27
安新	738	43.74	45.18	593	612	19
合计	1576	105.51	109.24	669	693	24

从表 2 可以看出，2016 年人口密度最大以及人口密度增幅最大的均是容城县，2016 年人口密度达到 850 人/平方公里，六年间平均每平方公里增加了 28 人。从整体上看，雄安三县的人口密度略有增加，增幅微小，三县人口密度由 2010 年的 669 人/平方公里增加至 2016 年的 693 人/平方公里，平均每平方公里仅增加 24 人。

从京津冀三地来看，2015 年河北、天津和北京的人口密度分别达到 395.6 人/平方公里、1315 人/平方公里和 1323 人/平方公里。雄安三县的人口密度与北京、天津相比仍处于十分低的状态，具有较大的增长空间。

（四）城镇人口稳步增加，城镇化率增长缓慢

城镇化率可以反映一个地区的经济发展水平、社会组织程度和管理水平。2013～2016 年雄安三县的城镇人口总量增加了 6.12 万人，各县的具体情况如表 3 所示。

表 3　2013～2016 年雄安三县城镇人口及城镇化率

单位：人，%

年份	容城		雄县		安新	
	城镇人口	城镇化率	城镇人口	城镇化率	城镇人口	城镇化率
2013	108394	41.44	151632	41.4	168605	38.12
2014	110493	41.97	154318	41.86	172959	38.80
2015	115909	43.77	162300	43.75	182486	40.69
2016	124146	46.53	178729	47.82	186954	41.38

这里把城镇人口占常住人口的比例作为衡量城镇化的指标，从 2013 年到 2016 年，雄县的城镇化率增加最快，容城县次之，安新县最慢，分别增加了 6.42 个、5.09 个和 3.26 个百分点。

与京津冀地区相比，2015 年河北、天津和北京的常住人口城镇化率就已经分别达到 51.33%、82.61% 和 86.46%，雄安三县的城镇化率远远低于京津冀平均水平，安新县的城镇化率甚至仅为天津和北京的一半左右。

（五）人口受教育程度普遍偏低，高学历人才十分缺乏

劳动力人口素质是影响经济社会发展的重要因素，而受教育程度又是反映劳动力人口素质的重要标志。一般来说，劳动力受教育程度越高，其对经济社会发展带来的收益就越大。

2010 年第六次人口普查数据显示，雄安三县 6 岁及以上人口共 959217人，其受教育程度如表 4 所示。

表 4　2010 年雄安三县 6 岁及以上人口的受教育情况

单位：人，%

受教育程度	人口	比重	受教育程度	人口	比重
6 岁及以上人口	959217	100	高中	71330	7.44
未上过学	42526	4.43	大学专科	19689	2.05
小学	356193	37.13	大学本科及以上	6385	0.67
初中	463094	48.28			

雄安三县人口整体的受教育程度偏低，一方面，未上过学的人口占 6 岁及以上人口的 4.43%，高于河北省同期的 3.26%；另一方面，大学专科及以上的人口仅占 2.72%，高学历人才占比非常低。

如果从平均受教育年限来看，2010 年容城县、雄县和安新县分别为8.19 年、8.16 年和 7.94 年，按照九年义务教育的标准，雄安三县的人均受教育年限均未达到初中毕业的水平。

三　雄安新区功能定位下的人口需求

雄安新区作为国家级新区，在不同的发展阶段，其主要功能有不同的定位。不同的功能定位也决定了雄安新区不同的人口需求。

（一）近期人口需求（2017～2030年）

在雄安新区发展的初期，其主要功能定位以疏解北京非首都功能为主，

并围绕疏解北京非首都功能做好相应的配套措施。非首都功能的疏解，将以"几个一批"的方式进行，"几个一批"具体包括"一批制造业""一批城区批发市场""一批教育功能""一批医疗卫生功能""一批行政事业单位"。因此，雄安新区初期的人口需求将会以央企和国企工作人员、大学教师和学生、科研院所的研究工作人员等与北京非首都功能相关的人员为主；并相应吸引与非首都功能相配套的医疗人员、生活服务人员和行政服务人员。此外，鉴于雄安新区开发程度低，非首都功能的迁入必将需要配套的城市建设和基础设施建设人员。但值得注意的是，建设人员的流入将会是暂时性的，建设人员往往会随着建设工程和项目的结束而撤离建设地区。因此，雄安新区初期的人口将由三部分组成：从事非首都功能相关领域工作的人员、为疏解迁入人口提供服务的各类服务人员和新区基础设施建设人员。这其中，前两部分人员将会是长期流入，而第三部分人员则是人口的短期流入。

（二）中期人口需求（2030～2040年）

在雄安新区发展的中期，主要功能定位将会以全面对接京津冀协同创新发展为主。雄安新区将会是一个优化京津冀布局和空间结构的抓手。所以雄安新区在发展中期的人口需求将会形成一个"双渠道流入"的情形。一方面，雄安新区将继续吸收北京非首都功能转移带来的人口，这类人口需求将会与新区初期的人口需求类似。另一方面，作为京津冀协同发展的抓手，未来雄安新区的产业分布将会以第三产业为主，第一产业和第二产业在新区的占比将会很低。新区将会形成以高新技术和服务业为核心的产业布局，打造一批新科技、新技术、新模式的创新企业。相应的，与新产业相关的从业人员和科研人员将会流入雄安新区。总体上，雄安新区的中期人口需求将会形成两条主线，第一条主线是吸纳与非首都功能有关的人口，第二条主线是吸引京津冀乃至全国、全球从事高新产业的人口。

（三）远期人口需求（2040～2050年）

在雄安新区发展的远期，其功能定位将突破京津冀区域的限制。雄安新区将会引领京津冀区域更加开放地融入世界经济一体化中去，成为世界级都市圈，引领世界的科技发展和经济发展。在未来，雄安新区的"人口需求"概念将会完全被"人才需求"概念取代。

雄安新区未来的人口需求将达到世界先进水平，而且也只有世界先进水平的人口需求才能够满足雄安新区未来发展的需要。这其中最重要的一步就是"人才需求"应该从概念阶段扎实落实到实践阶段，雄安新区远期人口管控的核心也应该围绕新区的"人才需求"展开。"人才需求"概念的落地将会带动雄安新区的人才实力到达国际先进水平。世界受高等教育人口占比前五位的国家平均水平为45%（见表5）。

表5　受高等教育人口占比前五位的国家

单位：%

排名	国　家	受高等教育人口比例
1	加拿大	51
2	以色列	46
3	日　本	45
4	美　国	42
5	新西兰	41

京津冀地区作为全国高等教育学府集中的地区，未来部分地区接受过高等教育的人口占比将会超越发达国家平均水平。整个京津冀地区受过高等教育的人口占比至少应该达到45%~50%的水平。而雄安新区未来将会凭借本区移入的高等学府和新产业，从"培养"和"引入"两个方面入手，提升整个雄安新区的人才素质。

在美国受高等教育人数占比前十名的城市中（见表6），选择华盛顿特区和旧金山作为雄安新区中远期人才需求的参照城市。华盛顿特区作为美国的首都和特区，同时是美国的文化与政治中心，拥有众多的博物馆、大学和研究中心。华盛顿特区受过高等教育的人口占总人口的54.37%，在全美城市中排名第一。旧金山作为世界高新技术研发基地、美国西部金融中心和联合国诞生地，是世界最重要的科教文化中心，拥有斯坦福大学、加州大学伯

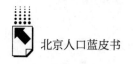
克利分校等一流名校，受过高等教育的人口占比为52.91%。华盛顿特区和旧金山两座城市分别位于美国的东西海岸，第三产业发达，科研能力雄厚，而且两座城市在各自分布的区域都有极强的经济带动作用。这两座城市的功能和定位都有与雄安新区类似的部分，因此两座城市的人才状况都值得作为雄安新区中远期"人才需求"战略的参考。

表6 美国受高等教育人数占比前十名的城市

单位：%

排名	城市	受高等教育人口比例
1	华盛顿	54.37
2	圣何塞	54.08
3	波士顿	54.01
4	麦迪逊	53.74
5	布里奇波特	53.29
6	旧金山	52.91
7	罗利	52.72
8	明尼阿波利斯	50
9	奥尔巴尼	49
10	西雅图	48

在雄安新区发展的中远期，其人才状况应该达到美国华盛顿特区、旧金山的水平。整个新区受过高等教育的人口占比至少应在50%以上。其中，迁入雄安新区的高等学府将丰富雄安新区的教育资源、增强雄安新区的科研能力。这些高等学府会像华盛顿和旧金山的众多大学一样，成为人才培养的主力军。大学培养出来的人才将结合雄安地区的政策优势、科技优越性和"双创"氛围，与新经济形态形成良性的匹配。另外，未来雄安还会引入来自全世界的优秀人才，逐渐形成中国的国际人才交流港。

四 雄安新区人口增长趋势预测分析

（一）人口预测的条件设定

（1）预测区域面积设定。雄安新区规划建设以特定区域为起步区先行开发，起步区面积约 100 平方公里，中期发展区面积约 200 平方公里，远期控制区面积约 2000 平方公里。

（2）预测时间节点设定。根据城市建设发展规律，综合考虑社会关注度等因素，分别以 2030 年、2040 年和 2050 年为近期、中期和远期的预测时点。

（3）预测方案设定。为提高人口预测的参考价值，通常结合现有数据资料及合适的预测方法，采用低、中、高三种方案来进行预测，具体假设见下文。

（二）不同时期人口预测

1. 近中期人口规模预测

（1）方案一：几何级数法。在近中期，雄安新区的常住人口主要由两部分构成，一是政策外原常住人口，即假设不进行雄安新区建设，容城县、雄县、安新县及周边乡镇的原常住人口按之前的增长速度发生变动；二是政策内迁入人口，主要是指由国家政策规划布局所进行的人才引入。用公式表示为：

$$雄安新区常住人口 = 政策外原常住人口 + 政策内迁入人口$$

因此，首先采用几何级数法来推算雄安新区原常住人口在近中期的变化，然后根据近中期的国家政策，结合相应的数据集资料及假设，预测相应人口，两者加总便得到了近中期雄安新区的人口总量。

①雄安新区原常住人口规模预测。一般情况下，人口数量是比较均匀地增长，而增长数量与原有的人数成一定的比例，近似按照一个不变的自然增长率增加，用下列公式来表示：

$$p_n = p_0 \times (1 + k)^n$$

其中，P_0 表示基年人口总数，P_n 表示预测年人口总数，k 表示每年的人口自然增长率，n 表示年数。

这里将雄安新区原常住人口规模预测分为高、中、低三种方案。在这三

种方案中，均以2016年底雄安新区的常住人口为基年人口，不同的是人口自然增长率的假设。

在中方案中，假设雄安新区原常住人口的自然增长率不受其他条件的影响，仍保持之前的增长速度，近似为2011~2016年的平均年增长率0.4%。

在低方案中，假设经济社会发展对人口增长的负面作用占主导地位，一是人们生育观念的转变导致婴儿出生率下降，二是环境污染的现状未能得到有效治理，使得老年人死亡率上升。此时的人口自然增长率很低，假定为0.25%。

在高方案中，假设经济社会发展对人口增长的正面作用占主导地位，"全面二孩"政策的实施与医疗卫生条件的改善使得人口增长较快，人口自然增长率假定为0.75%。

基于不同方案中的人口自然增长率得到雄安新区的原常住人口在近中期相应时点的人口总量（见表7）。

表7　雄安新区原常住人口近中期预测

单位：万人

方案	近期（2030年）	中期（2040年）
低方案	124	127
中方案	127	132
高方案	133	143

②政策内迁入人口预测。雄安新区的定位首先是疏解北京非首都功能集中承载地，起步区主要负责承接来自北京的批发和零售业、制造业、医疗卫生教育及行政管理等方面的单位机构与人口，这些人口集中于第二产业和第三产业。根据北京市的统计数据，2015年底北京市第二产业和第三产业的从业人数分别为200.8万人和935万人。假定这些从业人员在非首都功能疏解过程中按一定比例分阶段有序地迁入雄安新区。

在近期，雄安新区的基础设施建设尚未完成，北京的从业人员迁移意愿较低，再加上为抑制人口无序流动而制定严格的人口调控政策，这些因素都将导致政策内的迁入人口非常有限。以2015年北京市从业人口规模为基数，假设前期由于政策原因进入雄安新区的第二产业人口占比的低、中、高方案分别为1%、2%和3%，第三产业为0.5%、0.75%和1%。

在中期，雄安新区的条件得到改善，自身的吸引力及对人才的需求将急剧增加，人口调控政策也将有所放开，此时的人口迁入将加快。以2015年北京市从业人口规模为基数，假设中期进入雄安新区的第二产业人口占比的低、中、高方案分别为20%、30%和40%，第三产业为7.5%、10%和12.5%。

经过推算，政策内迁入雄安新区的人口在近中期的数量见表8。

表8　雄安新区政策内迁入人口近中期预测

单位：万人

方案	近期（2030年）	中期（2040年）
低方案	7	110
中方案	11	154
高方案	15	197

③预测人口加总。将上述推算出的雄安新区原常住人口和政策内迁入人口加总，雄安新区近中期人口规模见表9。

表9　雄安新区近中期人口规模预测

单位：万人

方案	近期（2030年）	中期（2040年）
低方案	131	237
中方案	138	286
高方案	148	340

（2）方案二：人口密度法。通过对国内外大都市人口密度的对比分析（见表10），结合雄安新区功能定位，选择合理的人口密度指标，预测雄安新区近中期和远期人口规模。

表 10　国内外大都市人口密度对比

城市	区域	面积 （平方公里）	人口 （万人）	密度 （人/平方公里）
北京 （2015）	东城、西城	93	221	23763
	东城、西城、朝阳、石景山	632	681	10775
	东城、西城、朝阳、石景山、丰台、通州、石景山	2275	1420	6242
上海 （2015）	黄浦、静安、闸北、虹口	80	255	31875
	黄浦、徐汇、长宁、静安、普陀、闸北、虹口、杨浦	289	694	24014
	中心城区 + 闵行、宝山、浦东新区	2141	1696	7922
广州 （2015）	荔湾、越秀	93	208	22366
	荔湾、越秀、海珠	183	369	20164
	荔湾、越秀、海珠、白云、黄浦、天河、番禺	2089	1008	4825
香港	全市	1104	698	6322
巴黎	巴黎市 + 内环三省	762	622	8163
	巴黎市（分为 20 个区）	87	223	25632
纽约	全市	786	836	10636
	曼哈顿	59	163	27627
伦敦	大伦敦	1572	817	5197
	内伦敦（分为 13 个自治市）	300	300	10000
	内伦敦中心 5 市	86	94	10930
东京	都市区	2187	1318	6027
	特别区（分为 23 个区）	622	904	14534
	千代田、港区、中央、新宿、文京、台东	81	108	13333

近期人口规模预测采用伦敦核心区（内伦敦中心 5 市）和东京核心区（千代田、港区、中央、新宿、文京、台东）人口密度作为测算参数。一是北京（东城、西城）、上海（黄浦、静安、闸北、虹口）、广州（荔湾、越秀）等国内大都市核心区人口密度过大，已经引起一系列诸如交通拥堵等"城市病"，不宜作为雄安新区近期人口密度指标；二是伦敦、东京等大都市均已经历逆城市化过程，核心区人口密度较为符合雄安新区生态宜居等建设要求；三是伦敦核心区（内伦敦中心 5 市）面积 86 平方公里，东京核心

区（千代田、港区、中央、新宿、文京、台东）面积 81 平方公里，面积与雄安新区近期建设起步区面积 100 平方公里基本相当。

伦敦、东京核心区人口密度区间为 1 万～1.5 万人/平方公里。雄安新区近期新区人口密度指标按照低、中、高三种方案分别采用 1 万人/平方公里、1.2 万人/平方公里和 1.5 万人/平方公里（见表 11）。

表 11　雄安新区近期人口规模预测

单位：万人/平方公里，万人

方案	人口密度指标	近期人口规模（2030 年）
低方案	1	100
中方案	1.2	120
高方案	1.5	150

中期人口规模预测采用上海（黄浦、徐汇、长宁、静安、普陀、闸北、虹口、杨浦）、广州（荔湾、越秀、海珠）和伦敦（内伦敦 13 个自治市）三个大都市范围扩大的主城区人口密度作为测算参数。其中，上海（黄浦、徐汇、长宁、静安、普陀、闸北、虹口、杨浦）面积 289 平方公里，广州（荔湾、越秀、海珠）面积 183 平方公里，伦敦（内伦敦 13 个自治市）面积 300 平方公里，与雄安新区中期建设发展区面积 200 平方公里基本相当。

上海、广州、伦敦三个大都市范围扩大的主城区人口密度区间为 1 万～2.5 万人/平方公里。雄安新区中期新区人口密度指标按照低、中、高三种方案分别采用 1.25 万人/平方公里、1.75 万人/平方公里和 2.25 万人/平方公里（见表 12）。

表 12　雄安新区中期人口规模预测

单位：万人/平方公里，万人

方案	人口密度指标	中期人口规模（2040 年）
低方案	1.25	250
中方案	1.75	350
高方案	2.25	450

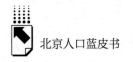
2. 远期人口规模预测

（1）方案一：地区类比法。如果从远期考虑，雄安新区被称为"千年大计、国家大事"，定位发展为中国经济新的增长极，发挥对京津冀的辐射作用。此外，随着基础服务设施的完善以及相关产业的发展，雄安新区的人口融合程度会逐渐增高，政府的人口调控将适时放开，人力资源将作为市场要素按市场需求进行调节，此时雄安新区的人口流动将会相对自由，人口出现快速增长。雄安三县的原常住人口比例将会下降至非常低的水平，我们在预测雄安新区远期的人口规模时将其包括在内。

趋势外推法在做人口长期预测时由于过于僵化通常会与实际情况有很大出入。因此，转换一下思路，选取与之类似的地区作为参照，通过考察该地区建设发展时期历年的人口增长变化趋势，对比该地区发展成熟时期的人口密度进而估算出雄安新区远期的人口总量。

①参照地区的选取。改革开放以来，我国陆续成立了多个经济特区及国家级新区，对我国的经济发展产生了巨大的推动作用。从国家战略地位、行政级别和土地面积等方面来寻找合适的参照地区。

从国家战略地位看，雄安新区是继深圳经济特区和上海浦东新区之后的又一个具有全国意义的新区。相比其他国家级新区，其战略地位之高十分罕见，远期建成后有可能跻身一线城市。

从行政级别看，雄安新区属于副省级。目前副省级的国家级新区只有上海浦东新区、天津滨海新区和重庆两江新区。此外，深圳经济特区也属于副省级。

从土地面积看，雄安新区远期总规划面积为 2000 平方公里。目前土地面积为 2000 平方公里左右的国家级新区有 4 个，分别为天津滨海新区（2270 平方公里）、大连金普新区（2299 平方公里）、青岛西海岸新区（2096 平方公里）和南京江北新区（2451 平方公里）。深圳经济特区和上海浦东新区的土地面积分别为 1996 平方公里和 1210 平方公里。

由于国家战略定位的权重最大，综合各方面的因素，选取深圳和上海浦东新区作为河北雄安新区的参照地区。

②比较参照地区进行远期人口预测。深圳经济特区从 1980 年设立开始，

经历了近20年的人口快速增长后，达到增速放缓的状态。我们主要关注深圳1980~2000年常住人口快速增长变化的时期，其历年的常住人口总量及增长率如表13所示。

表13　深圳1980~2000年常住人口情况

单位：万人，%

年份	人口总量	增长率	年份	人口总量	增长率
1980	33.29	—	1991	226.76	35.2
1981	36.69	10.2	1992	268.02	18.2
1982	44.95	22.5	1993	335.97	25.4
1983	59.52	32.4	1994	412.71	22.8
1984	74.13	24.5	1995	449.15	8.8
1985	88.15	18.9	1996	482.89	7.5
1986	93.56	6.1	1997	527.75	9.3
1987	105.44	12.7	1998	580.33	10.0
1988	120.14	13.9	1999	632.56	9.0
1989	141.6	17.9	2000	701.24	10.9
1990	167.78	18.5			

深圳经济特区1980~2000年的常住人口平均年增长率为16.735%，以此为参考，假设在远期雄安新区常住人口的平均年增长率的低、中、高方案分别为12.5%、15%和17.5%，以预测的中期（2040年）雄安新区常住人口的中方案（286万人）为基数，推算出远期（2050年）的人口规模分别为927万人、1155万人和1433万人。

（2）方案二：人口密度法。高密度人口是一座城市具有强大社会经济吸引力的直观体现。以深圳经济特区和上海浦东新区为例，2015年两地的人口密度分别达到5698人/平方公里和4523人/平方公里。

雄安新区远期城市规划有序合理，基础设施合理完善，市场经济发达，对京津冀地区乃至全国、全世界的人口都具有强大的吸引力。以深圳经济特区和上海浦东新区为基本参考，同时，参照香港、伦敦、东京、巴黎等国际大都市人口密度（5000~8000人/平方公里），采取保守计算，假设雄安新区未来人口密度的低、中、高方案分别为4500人/平方公里、5000人/平方

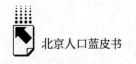

公里和 5500 人/平方公里，则远期（2050 年）雄安新区的人口规模分别为
900 万人、1000 万人和 1100 万人。

（三）人口预测结果整合

综上，这里采取中方案，新区近期（2030 年）人口规模为 120 万～140
万人，中期（2040 年）人口规模为 285 万～350 万人，远期（2050 年）人
口规模在 1000 万人左右（见表 14）。

表 14　雄安新区近中远期人口规模预测

单位：万人

方案	近期（2030 年）		中期（2040 年）		远期（2050 年）	
	几何级数法	人口密度法	几何级数法	人口密度法	地区类比法	人口密度法
低方案	131	100	237	250	927	900
中方案	138	120	286	350	1155	1000
高方案	148	150	340	450	1433	1100

五　雄安新区人口调控管理重点措施

（一）积极承接非首都功能疏解，"以业引人"

1. 承接北京高等院校和科研机构，引进一批高端研发人才

鼓励北京高等院校和科研机构整建制迁入新区；支持北京高等院校和科
研机构在新区设立分支机构；鼓励全球性高端人才在新区设立工作室和实验
室；鼓励北京高校优秀师生在新区创业就业。

2. 鼓励优质企业落户新区，吸引一批高端企业人才

鼓励央企总部迁入新区；支持央企在新区设立研发中心；吸引上市公司
总部迁入新区；鼓励一批高新技术企业迁入新区；鼓励国内外创新人才到新
区自主创业。

3. 打造大数据信息港，引进一批金融及信息技术人才

鼓励国家部委所属数据信息中心整建制迁入新区；建设北京金融后台数据服务中心，完善金融数据灾备功能，培育金融衍生产业链；建设全国城市以及交通、农业等行业大数据基地，培育行业大数据产业，吸引信息人才集聚新区。

4. 引导其他在京新兴产业进驻，快速聚集人气

除了央企与高校之外，北京地区还分布着大量从事文化创意、互联网等领域的新兴企业，这些企业发展时间短，人员结构年轻，外地户籍员工较多，员工更新换代快，且在北京扎根未深，对首都黏性较小，搬迁成本不高。借助各类专项的政策优惠，有效地将这些企业及人员吸引过来，在丰富新区产业结构的同时，改善人口的整体结构。

（二）多措并举，持续严格控制人口无序聚集

1. 研究制定"新区产业发展负面清单"，严格限制低端产业发展与流入，以业控人

对于新区现有制衣、制鞋和装备制造等低端产业，加快促使其转型升级，必要时进行转移或淘汰。对于低端制造业、服务业以及对资源环境损害较大的企业，应严禁其进入新区，从而避免大量低素质人口的无序涌入。

2. 研究"新区房屋交易和租赁管理条例"，以房限人

雄安新区房地产规划与发展，将满足引入人才需求作为主要目标，并贯穿新区建设的各个阶段。①初期，应严控普通商品住宅开发，推行购房与就业证明挂钩政策，禁止"炒房"行为，避免房价过度攀升，同时积极推动廉租房、公租房建设，使随非首都功能疏解而流入的人才有房可住。②中期，适当放开兴建普通商品房，少量发展高端住房，规范原住农民改建扩建住房，为优质人才提供各类购房租房补助。③长期，要严把住房质量，制定并落实相对较高的出租房标准，对不合标准的出租房积极清理，从而在保证流入人口居住质量的同时，借助租房成本实现对流入人口质量的筛选。各相关部门全程应明确权责，保证各项住房制度的持续落实。

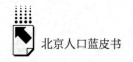
3. 加强城市管理政策体系建设，以策管人

①在新区建设和发展过程中，严格规范商品房开发、房屋租赁和农民自建房管理，消灭所有违规销售、租赁和经营地下房屋活动；②统筹新区规划、设计和建设，实现新区"零"城乡结合部；③成立雄安新区人口工作委员会，建立多部门人口联合调控协调机制。人口调控涉及发改、交通、规划、住建、公安等多部门，建立跨部门统筹协调平台，明确部门责任；④建立新区人口管理信息预警平台。跟踪监督人口流动和各类违规行为，及时提供预警和采取应急措施。⑤建立人口调控管理考核机制。研究制定新区人口调控管理考核办法，落实到各级机关，并将人口调控效果尤其是人才吸引实绩纳入相关部门干部绩效考评体系。设立具体的奖惩规则，对于人口调控任务完成较好的机关予以奖励，对于未完成任务的施以相应惩戒。

（三）多管齐下，着力推动原有人口转型就业

1. 开展有针对性的职业技能培训

新区原有人口大多从事农业及服装、制鞋、装备制造等较低端产业，无法适应新区未来新兴产业的需求。为保障原有居民分享改革成果，可根据年龄结构、就业意愿和产业转移需求等情况对其进行职业技能培训，并积极开展免费就业指导、推荐就业等活动。鼓励交通运输、餐饮住宿、旅游、社区养老等服务业优先吸收当地人口就业，并在相关企业中推行企业就业补贴制度，即按本地人占全体员工比例给予入区企业不同标准的现金补贴或税收减免。

2. 推动白洋淀淀区农民向职业生态工人转化，实现就地市民化

出于白洋淀生态区修复保护的需要，周边农业势必受到更多限制，有必要引导当地农民实现职业转换。通过开展相关培训，建立专门机构，组织农民从事淀区生态维护工作，从而转化为生态工人，并以此为契机打造部分旅游小镇、生态小镇，实现农民的就地市民化。

（四）完善政策机制，提升人口综合服务水平

1. 短期内，建立北京非首都功能疏解人口转移落户机制

在随北京非首都功能疏解而迁入的人口中，原本具有北京户籍的，可以自由选择是否将户籍转入新区；原本不具有北京户籍的，则需通过发改、教育、卫健等部门考核认可后才可办理落户。

2. 实施居住证制度，大胆探索流动人口渐进式福利供给机制

借鉴美国和日本人口信息登记管理经验，将各种公共福利，包括教育、医疗、养老等福利从户口上剥离下来，并运用居住证的形式，将这些福利分阶段、渐进式地给予流动人口。主要包括：①实行居住证分类管理，针对不同类型的人群发放不同阶段的居住证，以达到渐进式给予公共福利的目的；②要重点区分"真诚居住"和"福利旅游"两类人群，要通过居住时间、纳税记录等多项指标，综合判断流动人口是否仅仅为了享受城市较优的公共福利或优惠而迁移流动；③发挥居住证的综合管理职能。要将居住、纳税、子女义务教育、医疗保险、驾照、贷款等多项事件记录于此证，使之成为流动人口专属身份证件，从而达到政府部门掌握流动人口综合信息的目的；④通过居住证建立流动人口诚信系统，通过设计人口信用指标提高违规成本，形成良好的社会导向。

3. 突出重点，着力引入并留住优质人才

借鉴中关村"1＋6"政策，上海、深圳以及其他地区吸引人才政策经验，研究制定税收、人才考评、住房补贴、子女教育、科研经费分配等优惠政策，为高端人才营造良好的制度环境。①税收优惠政策方面，减免需求企业与人才税负。对新迁入和新办的企业给予一定期限的企业所得税等税收减免政策，对符合新区就业需求的人员给予一定期限的个人收入所得税减免政策，减免的程度及期限长短根据企业与个人的自身综合条件灵活决定；②人才考评机制方面，开通高端人才证赋权绿色通道。由人力资源和社会保障部门设定包括学历背景、从事行业、研究方向等指标在内具体的人才考评机制，针对新区建设发展所需的创新创业人才进行评估，对符合标准的发放

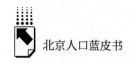

高端人才证，且凭借此证获取各类公共服务无须核算积分，从而使优质人才可以借助人才证绿色通道尽快享受到更多权利；③租房与生活补贴方面，借鉴深圳经验，研究出台专门的人才安居办法，对全日制本科以上学历人员和留学归国人员采取租房补贴和生活补贴等形式的货币补贴，或是免租住房、产权赠予、公共租赁住房等形式的实物配置，保证有意向留在新区的优质人才住得起、留得住。制定详细标准，对优质人才进一步细分级别，货币补贴与实物配置的标准要根据人才级别的浮动而调整。

（五）提升基础设施和公共服务水平，培育国际一流的地方品质

1. 加快建设高标准公共交通体系

坚持高起点、高标准，超前规划新区公共交通体系。新区内部交通方面，吸取北京市大院多、封闭式小区多、道路微循环不畅的教训，优化新区道路设计。新区对外交通方面，提前规划新区与北京、天津、保定等周边城市的铁路、公路交通网络，尤其是在非首都功能承接初期可能存在新区工作、北京居住的潮汐式人口流动情况下，加强新区与北京之间的交通联系就显得尤为必要。

2. 大幅度提升新区教育医疗服务能力水平

新区应充分利用北京教育资源优势，通过迁入高等院校的同时引入其附属幼儿园与中小学，或借鉴"名校办分校"的模式引入优质幼儿园与中小学分校的方式，打造从幼儿教育、义务教育、高中教育到高等教育的完整教育体系，从而增强雄安新区的教育吸引力。另外，新区还可以承接北京部分医疗资源，在提高本地医疗水平、满足居民就医需要的同时，形成对南方来京就医患者的分流，从而减轻北京就医人口压力。

3. 积极修复保护白洋淀生态区

白洋淀具有"调节气候、涵养水源、保护生物多样性"的特殊功能，在京津冀协同发展和生态安全体系建设中具有重要战略地位，素有"华北之肾"的称号。对于雄安新区来说，白洋淀的生态状况，关系到本地的地下水供应、气候干燥程度等多个方面，并构成了新区宜居度的重要部分。积

极修复和保护白洋淀生态区，还可以充分利用该区域国家 5A 级旅游景点的优势，将其打造为新区居民假日休闲观光的胜地，从而提高居民的生活质量与幸福感。

4. 推进绿化管控，形成适当密度的人居环境

无论是起步区、中期发展区还是远期控制区，在开发过程中都应注重对绿色公园、健康绿道、绿化带、生态廊道等各类绿化设施进行超前规划建设，设置生态用地红线，打造生态园林城市。对建筑的密度应加以控制，避免由高楼密集引致的人口过度集聚，形成集约高效的生产空间和宜居适度的生活空间。

5. 积极培育包容性文化

依托白洋淀优美的自然风光、燕赵大地上所承载的超越千年的历史文化，以及浪漫的文学"荷花淀派"和"红色文学的发源地"等软环境，积极承接北京、全国乃至全球的优秀文化，发展创造属于城市自身独特的包容性文化，实现不同文化间的多元共融，成为引领全球的文化高地。

专题报告

Special Topic Reports

B.10
北京市人口疏解的历史、现状与未来

尹德挺　陈志光　营立成　史　毅　张　锋*

摘　要： 本研究以历史的视角和多源数据的视角，分析北京人口调控的关键特点、重要举措、效果、挑战及其应对策略，以期为实现北京人口均衡发展提供一定的决策参考。第一，从人口调控机构设置、人口调控政策举措、人口调控参与主体和人口规划目标四个方面，考察了新中国成立至今北京市为有效控制人口总量采取的一系列相关举措。第二，利用美国经济分析局和北京市统计局的区域行业数据，对纽约都市区和北京市的人口和产业结构分布进行比较，试图发现大都市发展过程中人口和经济之间的联动关系，寻找产业空间转移的发

---

* 尹德挺，博士，教授，中共北京市委党校社会学教研部主任；陈志光，博士，副研究员，中共北京市委党校博士后；营立成，博士，中共北京市委党校讲师；史毅，博士，中国人口与发展研究中心助理研究员；张锋，中共北京市委党校硕士研究生。

展规律，为北京市及其中心城区人口疏解和产业结构优化提供参考和建议。第三，研究了人口疏解应避免的几个认识误区。第四，探讨了化解人口疏解风险的帮扶保障政策体系。首都人口疏解工作既要讲求科学性、系统性、前瞻性，也要强调现实性、社会性与协调性，对与疏解相关的各类社会成员，尤其是中低收入群体给予必要的帮扶支持是满足人民群众对美好生活向往的题中之义，更是保障首都秩序与公共安全、确保疏解工作顺利完成的前提基础。第五，提出首都人口疏解的政策建议。从国家层面来看，要制定首都圈相关规划和配套法律，深化分税制及转移支付制度的改革创新，加快实施中部崛起和西部大开发战略，大力提高中小城市的人口吸纳力，加快推进基本公共服务均等化。从省级层面来看，要运用市场手段引导人口外迁，抑制特大城市对流动人口的过度需求，积极探索多主体综合调控模式，综合运用多种手段调控人口规模，突出证件管理在人口管理中的调控功能，提升地方政府人口转移动力，促进市域内的人口合理分布，优化京津冀人口格局。

关键词：　北京市　人口疏解　认识误区

作为全国的政治中心、文化中心、国际交流中心和科技创新中心，首都北京有着独特的政治、文化、科技等资源优势，在此基础上形成了大量人口聚集的发展态势。因此，是否能实现北京人口规模与经济社会发展、资源环境状况之间的协调，关乎能否实现"把北京建设成为国际一流的和谐宜居之都"这一城市发展目标。其中，最为关键的问题就是要科学合理地调控北京人口，建立特大城市可持续发展的体制机制。本研究以历史的视角和多

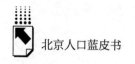

源数据的视角,分析北京人口调控的关键特点、重要举措、效果、挑战及其应对策略,以期为北京人口均衡发展提供一定的决策参考。

一 不同历史时期北京人口疏解工作及效果

为有效控制人口总量,北京人口调控工作采取了一系列相关举措,本报告将从人口调控机构设置、人口调控政策举措、人口调控参与主体和人口规划目标这四个方面,考察新中国成立至今的北京人口调控问题。人口调控机构的设置决定了参与人口调控的主体;反之,随着人口调控主体发生变化,相应的机构设置也会发生调整。人口调控机构和主体又共同决定了人口调控举措的施行,调控举措直接影响人口调控效果,同时,人口调控效果这一环节也作为反馈机制,会反作用于调控机构、主体和举措的完善与调整(见图1)。因此,从上述角度考察北京市人口调控问题并厘清各环节之间的关系,对于整体把握人口调控工作具有重要意义。

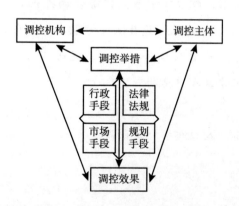

图1 北京市人口调控格局示意

(一)调控机构的历史变化:从“1”到“3+1”

人口调控主要是指调节人口再生产,控制人口不合理流动,实现人口结构优化,促进人口合理分布。因此,人口调控机构的设置是有效控制人口规模、稳定人口数量的重要组成部分。新中国成立至今，北京人口调控机构设置在各个时期虽有不同，但核心都是围绕户籍人口和流动人口进行调控与管理。从历史发展来看，北京市人口调控机构实现了由"1"到"3＋1"的转变，即由"公安"独管到"公安、发改、卫计＋流管"协同管理的转变。

1. 户籍人口管理：从"1"到"3"

（1）总体特征

从历史的发展来看，北京市户籍人口管理机构的演变经历了从"1"到"3"的转变过程，即由市公安局"一家独大"渐变为市公安局、市发改委、市卫计委"三足鼎立"的格局。从发展阶段来看，北京市户籍人口调控机构的演变大体可以分成三个阶段。第一个阶段是新中国成立后到 20 世纪 60 年代初，这一时期主要由市公安局负责人口的管理工作，主要特点是"管控"。第二个阶段是 20 世纪 60 年代初至 2014 年前后，这一时期主要由市公安局和市计生委负责人口的管理工作，主要特点是人口规划和生育调节。第三阶段是 2014 年至今，这一时期演变成由市公安局、市卫计委和市发改委共同负责户籍人口的管理工作，即市公安局主要负责北京全市户籍人口的管理及登记、统计、查询工作，审批户口，组织、指导户籍人口信息计算机管理等工作；市卫计委负责户籍人口生育调节，参与制定户籍人口调控规划和政策，落实全市户籍人口调控规划中的有关任务；而人口发展战略、规划及人口政策的制定职责则划归市发改委，从而形成"三足鼎立"的调控格局。

（2）历史详情

详细来看，北京市户籍人口调控的管理机构在如下历史事件中不断演进和变化。1949 年新中国成立之后，北京市政府决定废除国民党警卫局、民政局关于市民申报户口的规定，由市公安局统一管理户籍。[①] 北京市公安局作为户籍人口管理机构，主要承担户籍管理工作。1949 年北京市政府颁布《北京市市民声（申）报户口暂行规则》，加强户籍人口登记管理工作。

① 参见《北京志·政府志》，第 694 页，http：//www. bjdfz. gov. cn/search/markChapterFrameSet. jsp？PDF ＿ Data ＝% D5% FE% B8% AE% D6% BE&Page ＿ No ＝002&Identifier ＝ bjz － zhengfuzhi&Period＿ Diff ＝ &Mark＿ Name ＝% D5% FE% B8% AE% D6% BE。

1952 年，北京市公安局制定并下发《户口管理实施细则》，规定："所有居住本市的市民，不论籍属、民族、职业，均一律调查登记管理。"[1] 1953 年，北京市公安局制定了《北京市公共户口管理暂行办法》，对公共户口立户原则及户主登记办法做出了规定。此后，市公安局又下发了《关于更改机关、团体、学校、企业等单位户口登记制度的通知》，加强了机关、企事业单位户籍人口登记管理工作。1958 年，《中华人民共和国户口登记条例》公布，随之而来的是一系列配套制度的实施。"这些制度的实行使农村人口完全失去了在城市立足的可能性，农村人口向城市的自然迁徙过程停止了"[2]，至此，中国城乡二元社会体制正式确定。在较长时期内，公安局一直是人口管理的主要机构，其主要职责是对户籍人口和流动人口进行管理。

马寅初提出控制人口增长的理论之后，中国政府针对我国人口基数大、经济社会发展落后的现实国情，开始提倡实行计划生育。1962 年 12 月，中共中央、国务院发出《关于认真提倡计划生育的指示》，要求加强对节制生育和计划生育工作的领导。1963 年，北京市成立计划生育委员会。北京市计划生育委员会成立之后，打破了由公安局管理人口的单一管理格局，公安局依旧承担户籍和人口流动的管理工作，计划生育委员会开始承担人口控制工作。甚至可以说，在北京市人口调控工作中，市公安局扮演的主要角色是"管控"，即控制人口流动；市计划生育委员会主要职责则是"规划与调节"，也就是规划人口发展，调节人口再生产，从而形成户籍人口调控"1 + 1"[3]的模式。

到了 2014 年，北京市卫生和计划生育委员会（简称北京市卫计委）成立，有关人口规划和人口政策制定的职能划归市发改委，市卫计委负责人口调控规划的落实以及生育服务管理，而市公安局负责户籍人口的审批和管理工作。就此，"三足鼎立"的人口调控格局形成，并且发挥着重要作用。

---

① 参见《北京志·政府志》，第 694 页。

② 冯晓英：《城市人口规模调控政策的回顾与反思——以北京市为例》，《人口研究》2005 年第 5 期。

③ "1 + 1"模式是指户籍人口由公安机关和计生系统两家共同调控。

2.流动人口管理：从"1"到"3＋专"

（1）总体特征

新中国成立以来，北京市对流动人口的调控主要可以归结为三种模式：行政调控模式、"行政＋法规"调控模式以及多方共治模式。这是基于调控机构、调控手段等综合因素而做出的分类，并侧重对调控机构变化的考量，即由公安独管，到公安和计生协作，再到十余个部门联合成立北京市外来人口管理领导小组的协同管理，最后到由公安、发改、卫计参与，专业化流动人口管理机构（市流管办）统筹的多方共治模式。

（2）历史详情

第一，公安独管的行政调控模式。在国民经济恢复时期和第一个五年计划时期，由于行政区划调整和城市建设对劳动力需求大增，"乡—城"社会流动十分活跃，北京市常住人口呈现逐渐上升趋势。此外，1954年《宪法》明确规定公民有居住和迁徙的自由，这就成为新中国成立后城市流动人口发展的滥觞。新中国成立后到1958年，这一时期流动人口的管理工作主要由公安局承担，流动人口管理的载体便是户籍。我国的户籍制度，除了具有治安、统计的功能之外，"同时兼有人口迁移调控的特殊功能"。① 这一时期国民经济迅速恢复，国家大办工业，对劳动力需求较大，加之法律允许自由迁徙，推动北京市流动人口达到第一次波峰，表1反映了新中国成立后到1958年北京市暂住人口②规模的变化。1958年，北京市流动人口约为27万人。③ 大体而言，这一时期的人口调控属于行政调控，是国家根据经济社会发展需要而制定的行政性调控模式。

第二，领导小组协同管理的"行政＋法规"调控模式。1958年，《中华人民共和国户口登记条例》公布，严格限制农村人口向城市流动，我国社会

---

① 冯晓英：《城市人口规模调控政策的回顾与反思——以北京市为例》，《人口研究》2005年第5期。

② 暂住人口（外来人口）是按当年区划统计的三天以上外地来京人口，本报告中以暂住人口指标代替流动人口进行分析。

③ 参见北京市流动人口和出租房屋管理委员会办公室、北京市人口和计划生育委员会主编《北京市流动人口问题研究》。

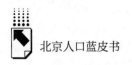

表1　1949～1958年自由迁徙阶段北京市暂住人口统计

单位：万人

年份	暂住人口	年份	暂住人口
1949	6.08	1954	15.46
1950	9.37	1955	7.92
1951	13.44	1956	19.24
1952	12.96	1957	14.29
1953	10.45	1958	27.00

　　资料来源：北京市统计局、国家统计局北京调查总队编《北京六十年》，中国统计出版社，2009，第73页。

正式进入严格控制人口流动阶段。1975年修订的《宪法》正式取消公民居住和迁徙的自由，同全国一样，北京实行严格的户籍管理制度，限制人口流入。这一时期，公安局依旧承担着流动人口的管理、调控工作，但调控模式从政治性调控转变为行政、法规调控。自20世纪60年代提倡计划生育后，1963年北京市成立计划生育委员会。市计生委成立之后，不仅加强对户籍人口的生育管理，还在流动人口中开展计划生育管理工作，重点是加强流动人口计划生育管理，调节流动人口再生产。

　　伴随着家庭联产承包责任制的土地改革制度和中国改革开放政策的实施，20世纪80年代中期以来，流动人口快速增长。1984年中共中央、国务院出台了《关于农民进入集镇落户问题的通知》，允许农民、务工经商人员自理口粮到集镇落户。20世纪90年代，形成了向城市涌动的大规模"民工潮"。1985年北京市委、市政府颁布《关于快速发展第三产业、解决人民生活"几难"的几点意见》《关于外地企业和个人来京兴办第三产业的若干规定》等文件，打开了人口涌入北京的闸门。

　　北京市流动人口快速增长一方面为北京市的经济建设和社会发展贡献了较大力量；另一方面，大量流动人口也给城市社会管理和公共服务供给带来重大挑战。在原有公安、计生调控人口格局的基础上，1995年5月，北京市政府成立了北京市外来人口管理工作领导小组，由法制、建委、公安、劳动、工商、房管、规划、计生等17个成员单位组成。可见，面对大量外来人口（流动人口），单凭公安和计生两个部门难以进行有效管理和调控，由此形成了多部门联合管理调控外来人口的"多面抓手"局面。

从严格控制人口流动到允许人口流动的政策转变，使得人口调控模式从政治性调控发展到行政、法规调控，人口调控逐渐"正规化"。针对大量流动人口难于管理的问题，人口调控机构逐渐从单一转变为多方共治。行政、法规调控模式的基本特征：一是人口调控依靠行政、法规，逐步走向正规；二是人口调控机构从单一到多方共治的发展，但此时人口调控机构只是各部门的机械联合，还未形成整体"合力"。1960~1999年北京市暂住人口统计见表2。

表2　1960~1999年严格控制和允许人口流动阶段北京市暂住人口统计

单位：万人

年份	暂住人口	年份	暂住人口
1960	7.42	1980	18.62
1961	8.17	1981	18.33
1962	8.58	1982	18.00
1963	10.54	1983	20.93
1964	11.31	1984	21.40
1965	11.18	1985	31.23
1966	11.89	1986	61.21
1967	14.43	1987	78.81
1968	13.06	1988	79.65
1969	12.08	1989	64.68
1970	13.03	1990	71.27
1971	14.85	1991	76.13
1972	16.49	1992	79.90
1973	20.19	1993	86.05
1974	22.86	1994	102.57
1975	22.09	1995	100.19
1976	17.11	1996	106.33
1977	22.44	1997	131.15
1978	21.85	1998	131.92
1979	26.49	1999	150.14

资料来源：北京市统计局、国家统计局北京调查总队编《北京六十年》，中国统计出版社，2009，第75页。

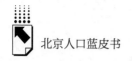

第三,"3 + 专"统筹管理的多方共治模式。21 世纪以来,我国经济社会持续快速健康发展,农村务工劳动力持续增长,并纷纷涌向大城市。北京作为全国的政治文化中心,承载了大量流动人口。面对巨大的流动人口压力,2000 年 11 月,北京市公安局户籍处与外来人口管理处合并成立了北京市公安局人口管理处,承担对全市外来人口的管理及登记、统计、查询工作,组织指导暂住证制发工作。2001 年,市计生委成立了外来人口管理处,依法加强对外来人口的计划生育管理。2004 年,北京市外来人口管理工作领导小组更名为"北京市流动人口管理工作领导小组"。2005 年,市政府出台文件对北京市流管体制和公安机关的主要职能进行了明确规定,将流动人口管理和出租房屋管理体制合一,成立市流动人口和出租房屋管理委员会,作为本市负责流动人口和出租房屋指导协调与综合管理工作的议事协调机构。2007 年,北京市流动人口和出租房屋管理委员会及办公室正式成立(分别简称市流管委、市流管办),市流管委替代北京市流动人口管理工作领导小组,承担本市流动人口管理的组织协调等工作。至此,多部门联合参与人口调控的格局成形,并形成了专业化的人口调控机构,人口多方调控模式正式形成。2014 年,人口规划和人口政策制定职能划归市发改委,发改委在流动人口调控中的功能得以进一步强化。2000 ~ 2017 年北京市外来人口统计见表 3。

多方调控模式的基本特征:一是人口调控机构从多部门参与变为多部门联合成立专业化人口管理机构;二是人口管理机构基本格局为市委、市政府统一领导,多部门联合参与,统一协调、分工负责、条块结合。多方调控模式较之前的人口调控模式更能发挥多部门"合力"作用,但由于当时北京市流动人口问题远没有当前严峻,也未设置大一统的人口委员会,条块分割的局面一定程度上抵消了本应有的"合力效应"。

(二)调控举措的历史变化:从"以行政为主"到"多措并举"

无论是对户籍人口的调控,还是对流动人口的调控,都主要从行政、法律法规、市场、规划等方面着手(见图 2)。但总的来说,传统思路下"以控为主"的行政、法律法规等调控手段难以解决日益严峻的流动人口问题；市场调控手段发挥了一定作用，但还有很大的价值空间有待发掘。

表3 2000～2017大规模人口流动阶段北京市外来人口统计

单位：万人

年份	半年以上外来人口	年份	半年以上外来人口
2000	256.1	2009	509.2
2001	262.8	2010	704.7
2002	286.9	2011	742.2
2003	307.6	2012	773.8
2004	329.8	2013	802.7
2005	357.3	2014	818.7
2006	383.4	2015	822.6
2007	419.7	2016	807.5
2008	465.1	2017	794.3

资料来源：北京市统计局、北京市统计信息网（http://www.bjstats.gov.cn/）。

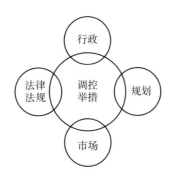

图2 北京市人口调控举措示意

1. 行政手段：以"双准入""双管理""属地责任"为特色

行政举措是北京市人口管理和调控的重要手段之一，主要依靠政府的政策力量加强和引导人口管理与调控。总体来讲，北京市人口调控的行政举措主要包括户籍准入、市场准入的"双准入"，以证管人、以房管人的"双管理"，以及"属地责任"三个大类。

自"一五"计划以来，北京市一直靠行政手段调控人口规模。自由迁

徙阶段"大办工业"也是靠行政手段引导人口向城市流动；到严格控制人口流动阶段，北京市采取强化户籍管理政策，严格限制农村人口流动，以户籍政策控制人口流入。这些配套政策包括招收农村劳动力审批制、收容遣返制以及严格限制农民经商等。1978年改革开放以后，国家开始放宽农民进城务工经商政策，打破了严格的城乡分割状态。1984年，国务院发布《关于农民进入集镇落户问题的通知》，开启了农民进入北京务工、经商的闸门。在此背景下，1985年北京市发布了《关于暂住人口户口管理的规定》，允许非户籍农民在京居住。在允许人口流动阶段，北京市通过行政手段允许外地人口流入，并开启了流动人口政策的新时代。

21世纪以来，大量人口聚居北京，给北京市的环境、治安、交通、居住等带来严重挑战。为回应新时期流动人口管理难题，北京市又陆续出台相关政策，以控制流动人口总量。这些政策包括暂住证制度、外来人员就业证制度、务工经商人员中育龄妇女婚育证制度、房屋租赁许可证制度。这些制度清晰勾勒出"以证管人"的行政调控手段。此后，北京市又颁布了外地来京人员户籍、房屋租赁、务工管理、经商管理、收容遣送管理等相关规定。北京市对外来流动人口逐渐形成了一套"以证控人""以房管人"的管理模式，以期有效调控流动人口规模（见图3）。

2010年以后，北京市委、市政府进一步强调发挥产业对人口规模的调节作用，制定行业准入标准，提升传统产业组织化程度和现代化水平。2014年以后，则进一步明确了人口调控在各个区县中的属地责任。

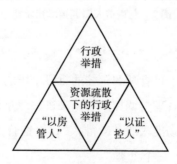

图3 行政举措从传统到当下的应用转变示意

2.法律手段：以"管证""管房""管生"为主体

1949 年，《中国人民政治协商会议共同纲领》以宪法的形式规定公民有迁徙自由，但 1958 年的《中华人民共和国户口登记条例》又以法律的形式限制了城乡间人口流动，这一法令是对户籍人口和流动人口的双重调控。针对户籍人口的调控法规，还包括计划生育条例。1991 年 6 月 1 日，北京市人大制定颁布了《北京市计划生育条例》，用地方法规的形式明确了本市各项计划生育政策。① 2000 年 3 月 8 日，北京市政府发布了《北京市生育服务证管理办法》（第 49 号政府令）、《北京市外地来京人员计划生育管理规定》（第 51 号政府令）。2003 年，北京市颁布了《北京市人口与计划生育条例》，同时废止了《北京市计划生育条例》。新的计生条例增加了人口战略研究、统筹规划的内容，以期"建立和完善有利于合理调控人口数量、人口年龄结构、人口分布的政策及制度，使人口状况与本市经济、社会发展水平和资源、环境的承载能力相适应"。计划生育条例还主要通过利益导向机制调节户籍人口，主要包括独生子女父母奖励制度、财政贴息贷款扶持低收入家庭增收致富工程、农村部分计划生育家庭奖励扶助制度、独生子女伤残死亡家庭救助制度、以免费计划生育"四术"制度为主的优质服务工程以及农村计划生育家庭养老保障制度、生育关怀行动等，并旨在通过利益导向来调节人口。

改革开放以来，随着流动人口规模剧增，北京市出台了一系列法律法规来调控流动人口。有关流动人口的法律法规主要集中在以下几个方面。② 一是户籍管理。北京市针对流动人口户口管理的法规主要有《外地来京人员户籍管理规定》，通过暂住证和暂住登记的"以证管人"实现对流动人口数量的把控。二是居住管理。1995 年，北京市施行《外地来京人员租赁房屋

---

① 北京市人口和计划生育委员会，http：//www.bjfc.gov.cn/web/static/articles/catalog_ ff80808 13678bee3013678cd20c70015/article_ ff80808136880dd601368afdc61a0044/ff80808136880dd60 1368afdc61a0044.html。

② 宋健、侯佳伟：《流动人口管理：北京市相关政策法规的演变》，《市场与人口分析》2007 年第 3 期。

管理规定》和《北京市外地来京人员租赁房屋治安管理规定》。2004 年北京市政府发布《北京市外地来京人员租赁房屋治安管理规定》，并要求房屋出租人"带领或者督促承租人在 3 日内到公安派出所办理暂住登记、申领暂住证，对育龄妇女还必须同时带领或者督促其到所在地计划生育主管机关办理本市婚育证"[1]，旨在通过这些规定实现"以房管人"。三是计划生育管理。针对流动人口计划生育管理的法规是《北京市流动人口计划生育管理规定》，其中规定"公安、工商行政管理、劳动和社会保障、卫生、民政、建设等部门应当配合计划生育行政部门，在各自的职责范围内做好流动人口计划生育管理工作"，"各级计划生育、公安、工商行政管理、劳动和社会保障、卫生、民政、建设等部门应当建立流动人口信息通报制度，实现信息共享"。[2]

不可否认，法律法规这一调控举措在历史上发挥过重要作用，但从流动人口发展现状来看，目前的法律法规手段相对缺位、执行效果较弱、落地艰难。

3. 市场手段：以"市场准入"＋"升级改造"为主导

通过产业调整人口是"十二五"期间人口调控措施之一，实现人口调控目标的根本途径是转变经济发展方式。早在 2011 年政府工作报告就提出，发挥产业发展对人口规模的调节作用，制定行业准入标准，提升传统产业组织化程度和现代化水平。2012 年政府工作报告提出，制定促进产业业态调整的专项行动计划。近几年，北京市为了控制人口无序增长，运用现代经营理念、管理模式和信息技术，改造提升传统服务业和生活服务业，提高商业物流、社区服务、家政服务、再生资源回收等行业的组织化、规范化程度，提高全员劳动生产率，制定、修订行业标准和管理办法，加强对低端业态的

---

① 北京市公安局，http：//www. bjgaj. gov. cn/web/gspdAction. do？ method＝getFlfgInfo&lawid＝204。

② 北京市人口和计划生育委员会，http：//www. bjfc. cn/web/static/articles/catalog_ ff8080813678bee3013678cd20c70015/article_ ff80808136880dd601368b01a57d004e/ff80808136880dd601368b01a57d004e. html。

规范管理，加快低端业态的调整退出。

一是提高新增产业准入门槛。加快构建"高精尖"经济结构，严格控制与首都功能定位不一致的产业发展，发布《北京市新增产业的禁止和限制目录》（2014 年版），严控新增产业项目落地，减少产业人口聚集，加快推进新增产业准入标准制定。

二是加强存量产业管理。推进改造升级，加大工业发展资金对企业技术改造的支持力度，提高工业自动化水平，减少产业人口数量；推动转移疏解，加强与天津、河北政府合作，推进企业与政府之间的对接，发挥好平台和引导作用；运用价格杠杆等经济手段，实行差别化的水价政策，提高排污费和垃圾收费标准，发挥价格对产业结构升级、人口规模调控的杠杆作用；推进淘汰退出，制订污染企业调整退出计划和工作方案；加强税收管理，加大落实本市不宜发展产业税收征管措施，对列入本市不宜发展的高污染、高耗能等产业名录的企业，报国家税务总局批准，取消其享受税收优惠政策的资格；全面梳理在途审批项目，根据人口资源承载力，重新审视调整产业项目内容。发布实施《北京市提高生活性服务业品质三年计划》，创新商业模式，发展连锁经营，培育新型业态，在规划引导、行业准入、结构调整等方面综合施策，引导低端业态有序退出。

2015 年 4 月 30 日，中央政治局会议审议通过的《京津冀协同发展规划纲要》指出，"推动京津冀协同发展是一个重大国家战略，核心是有序疏解北京非首都功能。中央指出要加快破除体制机制障碍，推动要素市场一体化，构建京津冀协同发展的体制机制，加快公共服务一体化改革"。[①]《京津冀协同发展规划纲要》出台后，北京市委、市政府召开会议，提出要坚持市场与政府两手用力，"善于运用市场机制，充分发挥市场在资源配置中的决定性作用，加强对市场的引导，完善面向市场的服务，对于列入疏解的项目，属地政府都要有'嫁女'的心态，积极为疏解创造便利条件；更好地

---

① 《〈京津冀协同发展规划纲要〉获通过》，http：//epaper. bjnews. com. cn/html/2015 - 05/01/ content_ 574635. htm？ div = - 1。

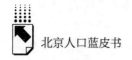

发挥政府作用，加强对市场的调控和引导，形成与城市战略定位相适应的治理体制和机制，使各项工作都能按照城市战略定位的要求来推进"。① 市场举措应用示意见图4。

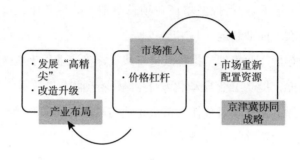

图4 市场举措应用示意

整体来看，市场调控举措在有效调控人口方面崭露头角，发挥了积极作用。长远来说，在京津冀协同发展的大战略背景下，市场调控还将有进一步的调控空间和调控潜力，这也应是未来北京人口调控的重要方向。

4. 规划手段：从单个城市发展规划到京津冀协同发展规划

规划本身就是一种制度安排，人口规划也一直作为北京市人口调控的重要举措。1949年至今，北京市陆续编制了一系列城市规划，旨在通过科学制订城市发展规划，实现城市发展与人口规模之间的契合。北京市先前的城市规划主要着眼于城市空间和布局方面，随着北京市人口规模的扩大，人口压力凸显，尤其是流动人口的剧增给北京带来前所未有的挑战。在1981年的城市规划方案中，北京第一次真正触及人口调控这一问题。在1981年、1994年和2004年的城市发展规划中都相应提出城市人口规模这一问题，为北京市人口发展设定时期内的上限数量（规划举措示意见图5）。具体来说，这些人口规划目标包括：限定城市人口总规模、制定流动人口发展的目标规模、严格控制中心城区人口数量。

---

① 《北京市委全会通过贯彻〈京津冀协同发展规划纲要〉的意见》，http：//news. xinhuanet. com/house/bj/2015 – 07 – 12/c_ 1115895873. htm。

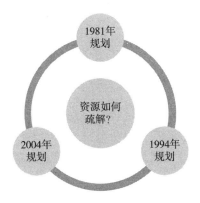

图5　规划举措示意

2004年的《北京城市总体规划（2004年—2020年）》，贯彻"五个统筹原则"，充分考虑资源与环境的承载能力，提出要处理好经济建设、人口增长与资源利用、生态环境保护的关系，正确处理城市化快速发展与资源环境之间的矛盾。新的规划不仅注重人与自然的协调发展，还提出产业布局调整、京津冀地区协调发展以及通过加快新城建设来有机疏散旧城等战略。可见，随着人口压力和人口风险加大，城市规划以战略布局的高度对人口进行调控，从城市规划的视角出发，结合市场的引导作用，弥补单纯行政手段、法律法规手段在人口调控问题上的"无力感"。《京津冀协同发展规划纲要》则进一步明确了2020年北京人口总量不突破2300万人、中心城区人口比2014年下降15%的硬性目标，从而将人口调控目标从单个城市规划上升到了国家战略性的区域协同规划中。

（三）调控主体的历史变化：从"政府独大"走向"多元共治"

在前文梳理了北京人口调控机构设置和政策举措之后，不难发现：北京市人口调控一直由政府主导，可以视为政府行为。但是，在当前社会治理格局多元化的背景下，单凭政府力量进行人口调控，在面对复杂的人口问题时，难免会出现"力不从心"的局面。探索如何实现人口管理与调控的多元社会治理格局，应该是当前北京人口调控中的一个重要议题。

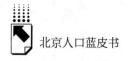
1. 政府部门的主体地位未变

1949 年以来，北京市户籍人口一直由公安部门进行管理，其主要负责人口登记、人口迁入和迁出、死亡注销等。在国家推行计划生育后，北京市计划生育委员会具体负责户籍人口再生产的调控。

相对于户籍人口管理调控的参与机构而言，流动人口管理和调控的机构除了公安局和计生委之外，还涉及政府诸多部门。具体来说，公安局负责流动人口的登记管理工作，并以户籍制度为依据，限制或放开流动人口进入北京市；人口和计划生育委员会针对流动人口，掌握流动人口生育信息、宣传生育政策、提供计划生育服务，在控制流动人口再生产方面做出重要努力。此外，在改革开放以后，尤其是 21 世纪城市化进一步向纵深发展之后，流动人口规模与日俱增。1978 年改革开放伊始，北京市常住外来人口 21.8 万人，到 1990 年常住外来人口达到 53.8 万人，而到 2000 年常住外来人口高达 256.1 万人。① 1978~2000 年的 20 多年间，北京市常住外来人口规模扩大近 11 倍，可见来京流动人口规模发展之迅猛。面对日益严峻的流动人口问题，北京市先后成立公安局人口管理处、市计生委外来人口管理处、市流动人口管理工作领导小组、市流动人口和出租房屋管理委员会等机构，并涉及发改委、建委、劳动保障、交通、教育、医疗、税务、工商、住房等多个部门，形成政府部门分工负责、交叉管理的调控格局。

2. 相关辅助调控主体深度参与不足

就目前北京市人口管理调控格局而言，还未出现明显的人口管理调控辅助机构，笔者所谓的人口调控辅助机构是指那些对于人口管理调控发挥过作用的机构和组织。总体而言，社区作为城市基层社会的自治组织，在当前人口流动管理中也发挥了一定作用，城市社区流动人口管理是社区管理的重要组成部分，是社会管理体制转轨和城市管理重心下移的表现。社区的主要作用表现为：对社区流动人口进行管理；着眼于流动人口的自我管理和自我服务，促进流动人口的社区参与；引导流动人口融入社区，建立归属感。社区

---

① 数据来源：北京市统计局 2014 年年度数据，http：//www.bjstats.gov.cn/。

作为政府的辅助机构，在流动人口管理方面发挥了积极作用，但总的来说，在流动人口网格化管理的格局中，社区参与流动人口管理的方式和程度有待改进和提高。

此外，科研机构一直是流动人口管理的重要辅助机构，可以视为政府部门的"智囊"，因此在某种程度上也可视为人口调控的辅助机构。中国人口学会、北京市人口学会、北京大学人口研究所、中国人民大学人口发展研究中心、北京人口发展研究中心等科研机构都为北京市人口管理调控提供了诸多有借鉴意义的科研成果。

党的十八届三中全会提出：推进国家治理体系和治理能力现代化。人口管理和调控，尤其是北京这一特大城市的人口调控问题更是关乎国家治理能力的现代化。那么，在社会治理大背景下，如何实现人口治理的现代化？笔者认为，就人口调控参与主体而言，要实现多元化。社会治理理论、协同治理理论、多中心理论等诸多理论模型的核心要义就是：在当前要努力实现社会治理多元化，在人口调控领域要实现参与主体的多元化（见图6）。党的十八大提出了基本公共服务均等化的理念。党的十九大还提出，加强社区治理体系建设，推动社会治理重心向基层下移，发挥社会组织作用，实现政府治理和社会调节、居民自治良性互动。我国当前社会正处于转型期，流动人口的管理调控也更加注重公共服务的供给。在这一社会背景下，社会力量及社会组织可以参与到流动人口的公共服务之中，以弥补政府缺位。具体来说，社会组织可以通过政府购买公共服务的方式，为流动人口提供社会服务；政府可以适当允许、支持社会组织和社会力量在人口密度较小的郊区兴办学校、医疗教育机构，并对流动人口实行优惠政策，引导人口疏解。

（四）规划目标的历史变化：规划周期中段之前大多已突破

新中国成立至今，北京市城市规划已有 8 个版本，分别是：1953 年的《改建与扩建北京市规划草案》、1954 年的《改建与扩建北京市规划草案》（修改版）、1957 年的《北京城市建设总体规划初步方案》、1958 年的《北京城市建设总体规划初步方案》（修订版）、1973 年的城市总体规划方案、

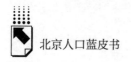

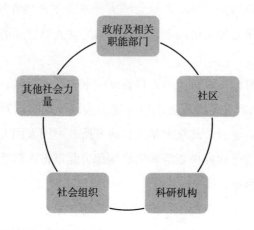

图6　未来人口调控主体示意

1983 年的《北京城市建设总体规划方案》、1991 年的《北京城市总体规划
（1991 年—2010 年）》、2004 年的《北京城市总体规划（2004 年—2020
年）》。[①] 1958 年的《北京城市建设总体规划初步方案》（修订版）提出"分
散集团式"的城市布局，这也为此后北京市人口发展与分布奠定了基础。
这一时期的指导思想还指出：要控制大城市规模，可见在北京市城市规划历
史上，很早便提出控制城市规模的规划思路。

　　在北京城市规划方案中正式提出控制城市人口规模的是 1983 年中共中
央、国务院原则同意的《北京城市建设总体规划方案》。这一方案强调要严
格控制城市人口规模，到 2000 年全市总人口控制在 1000 万人左右，市区人
口控制在 400 万人左右。但 2000 年第五次全国人口普查数据公报中，北京
市总人口达到 1381.9 万人，城八区（包括原崇文区、原宣武区）的人口高
达 850.3 万人。这一统计数据显示，当时北京市总人口和城区人口均超过
1983 年城市规划中的人口目标，城市人口规划开始进入"历史欠账期"。
1991 年编制的新一轮城市总体规划针对北京城市人口压力提出：在坚持

---

① 李东泉、韩光辉：《1949 年以来北京城市规划与城市发展的关系探析——以 1949 ~2004 年
间的北京城市总体规划为例》，《北京社会科学》2013 年第 5 期。

"分散集团式"布局的前提下，兴建卫星城以分散中心城区人口与产业压力。1991 年的《北京城市总体规划（1991 年—2010 年)》提出，今后 20 年北京市的人口控制规模为：2000 年全市常住人口从 1990 年的 1032 万人增至 1160 万人左右，流动人口从 127 万人增至 200 万人左右；2010 年常住人口 1250 万人左右，流动人口 250 万人左右。但 2010 年第六次全国人口普查数据显示：全市常住人口达到 1961.2 万人，自第五次全国人口普查以来十年间共增长 604.3 万人，增幅高达 44.5%，其中流动人口高达 704.5 万人。人口普查数据表明，21 世纪前十年北京市人口规模又一次突破城市规划的上限，而且城市人口规划欠账持续加重。2004 年的《北京城市总体规划（2004 年—2020 年)》指出：到 2020 年，北京市总人口规模控制在 1800 万人左右，其中户籍人口 1350 万人左右，居住半年以上外来人口 450 万人左右。考虑到其他因素，本次城市规划基础设施相关指标按照 2000 万人预留。① 北京市统计局数据显示：2014 年北京市常住人口达到 2151.6 万人，常住外来人口 818.7 万人，显然，人口规模已经远远超过 2004 年的规划方案，甚至相关基础设施已经超过预留人口数量的上限。城市人口规划欠账越积越深，并且带来资源、环境、交通、住房、医疗、教育等资源的严重不足，进一步加重"大城市病"。

自 1983 年城市规划方案提出人口规模目标之后，北京市人口调控就陷入了"屡设屡破"的怪圈（见表 4）。其实可以发现：一是 20 世纪 80 年代以后正值我国改革开放快速发展时期，城市化水平不断提高，吸引大批农村人口流动到城市；二是北京作为全国的政治、文化中心，在人口迁移上有着强大"拉力"，而每一次规划的提出也并未触及人口聚集的根源，即资源疏散问题，所以北京人口调控在"屡设屡破"的泥淖中越陷越深。未来要实现人口规划目标，核心问题是要疏解资源，通过资源重新优化配置，发挥环北京地区对北京流动人口的"拉力"效应（见图 7）。

---

① 参见北京市规划委员会，http：//www.bjghw.gov.cn/web/static/articles/catalog_ 233/article_ 4629/4629.html。

表4 改革开放后北京规划人口和现实人口的差异比较

名称	目标	实际	被突破的期限
1983年《北京城市建设总体规划方案》	到2020年全市常住人口控制在1000万人左右	1986年突破	实施约3年后被突破
1991年《北京城市总体规划(1991年—2010年)》	到2010年常住人口控制在1250万人左右	1996年突破	实施约5年后被突破
2004年《北京城市总体规划(2004年—2020年)》	2020年北京实际居住人口控制在1800万人左右	2010年人口普查1961.2万人,突破	实施约6年后被突破

资料来源:参考胡兆量《北京人口规模的回顾与展望》,《城市发展研究》2011年第4期,第8~10页。

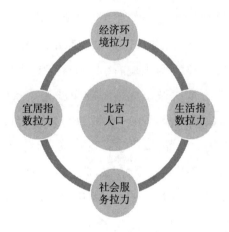

图7 环北京地区人口拉力示意

总而言之,首都北京的人口调控虽然还有很长的路要走,但还是取得了明显效果,主要表现为:人口总量方面,人口增速明显趋缓;人口分布方面,城市功能拓展区和城市发展新区人口密度上升明显,人口向中心区之外迁移初现端倪;在产业结构调整和分布方面,北京市将低端产业链外移,借助人口聚集的"产业惯性"助力人口疏解,取得了应有的效果。

二 国际视野下大都市人口与产业发展中的"舍"与"得"

如何既有效缓解"大城市病"之苦,又避免陷入"低度发展陷阱",一直是世界各大都市面临的重要考验，也为此积累了大量的经验和教训。尽管不同城市在文化、种族、气候和地理位置上存在差异，但因经济全球化、交通便利化、通信网络化等新事物的冲击，城市之间的同质性越来越强，纽约、芝加哥、伦敦、巴黎、东京等城市发展的过程也越来越具有相似性和普遍性。正如 Witald 所说："城市永远是城市，不论它位于何处，产生于何时，空间形式如何。"基于国际城市尤其是大都市的发展历程，把握城市发展的内在逻辑和规律，对于北京市的长远发展具有一定参考价值。因此，本报告利用美国经济分析局和北京市统计局的区域行业数据，对美国东北部城市群的核心——纽约都市区和中国京津冀城市群的核心——北京市的人口分布和产业结构进行比较，试图发现大都市发展过程中人口和经济之间的联动关系，寻找产业空间转移的发展规律，为北京市及其中心城人口疏解和产业结构优化提供参考与建议。

（一）推与拉：在产业结构优化中推动中心城人口疏解

1. 北京中心城就业人口和常住人口"双高"，纽约中心城"双低"

以北京市为例，中心城常住人口占总人口的比例高达 59.6%，就业人口占总就业人口的 58.3%，呈现出"就业人口高、常住人口高"的特征，居住和就业均过度集中于中心城。纽约都市区中心城区的常住人口仅占总人口的 38.5%，其就业人口占总就业人口的 36.0%，因此纽约都市区中心城区的"就业人口低、常住人口低"特征明显。

2. 北京中心城高产值、低产值行业"双聚集"，卫生和社会工作、批发和零售等生活性服务业最为突出

从不同行业就业人口在中心城的聚集程度看，北京呈现出"高生产率和低生产率行业均聚集于中心城"的特点。第一，北京劳动生产率较高的行业就业人口过度集中于中心城，其中以文化娱乐业、科技服务业和金融保险业最为突出，吸纳了全市该行业就业人口的 75% 左右，这类行业经济效益较好且能够承担高价租金；在纽约也存在类似的情况。第二，劳动生产率较低的行业也过度集中于中心城，如卫生和社会工作、批发和零售业、制造业。值

得注意的是，纽约都市圈行业向中心区聚集的程度较弱，即使是能够承担高价租金的信息业、文化娱乐业和金融保险业等现代行业，或者是教育业、科技服务业、卫生和社会工作等公益性行业，其在中心区的占比均低于北京市，批发业、零售业和制造业等行业的占比更低（见图8）。因此，北京市中心城人口疏解首先需要解决就业过度集中的问题，其次需要实现关键行业之间的结构平衡，避免科技服务业、卫生和社会工作、批发和零售业以及制造业的过度集中。

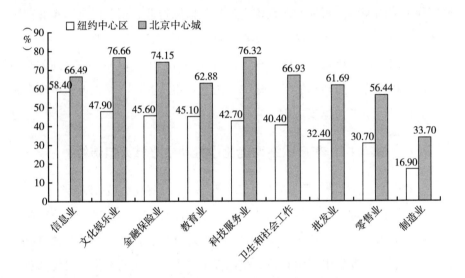

图8　纽约与北京中心城关键行业就业人口占行业总就业人口的比例

注：纽约都市圈中心区为包含纽约区、皇后区、布鲁克林区、布朗克斯区和李奇文区5个城区在内的区域，地域面积为910平方公里；北京市中心城为包含西城区、东城区、朝阳区、海淀区、丰台区、石景山区6个城区在内的区域，地域面积为1085平方公里。

3. 北京市需要重视职住平衡，加强"分散服务功能"和"集中发展功能"的互动

北京城市空间优化面临的首要问题是解决人口过度集中于中心城的状况，而人口疏解主要依赖于就业人口而非常住人口，因此需要加强疏解产业结构的调整和优化。按照西欧和北美地区的城市发展经验，人口疏解过程中主要存在三种不同的模式。第一种关联模式为产业外迁带动人口外迁，如西

班牙的马德里和德国的杜塞尔多夫。在西欧的城市管理者反对郊区化的时代，大多数城市中心区的人口也开始因为产业向郊区转移而自发地流向城市周边地区。第二种关联模式为人口外迁带动产业外迁，如德国法兰克福、汉堡和英国伦敦。1970～1977 年，法兰克福市中心人口下降，高密度人口聚集区向外延伸了 50 公里，就业也随之向郊区迁移，导致市中心就业机会急剧减少。第三种模式为人口外迁和产业外迁相互促进，以英国伦敦和日本东京为代表。第二次世界大战之后，英国的城市规划发起阿伯克龙比计划，重点强调发展"新城"，有计划地将伦敦市中心工业和人口向郊区转移，扩展首都周边面积，最终使伦敦市中心区人口降至总人口的 30%。之后，东京也开始修建城市次中心来缓解中心区的压力，1970～1995 年就有 1000 万人从市中心迁至郊区或卫星城。无论是产业带动人口外迁，还是人口带动产业外迁，均反映出城市发展过程中就业和居住人口分布之间的关系，这一变动规律与人口的郊区化关联极大。城市的协调均衡发展依赖于中心城的功能分散化和优势集中化过程。"优势集中化"是城市发展过程中自发调节的结果，信息、科技、金融、文化等能够承担高租金的行业更可能进入中心城。但是，"功能分散化"具有一定的滞后性，依赖于政府的及时规划与干预，一方面，需要通过建设和发展卫星城的方式引导传统产业向郊区分散；另一方面，需要建立与中心城生活需求相适应的公共服务业体系，首先需要避免公共服务行业高度聚集引发的人口内迁，其次也可以通过公共服务行业的外围疏散带动一部分人口外迁。

（二）疏解与提升：在产业转移中关注北京市公共服务改善

作为一个完整的经济社会系统，城市群的产业结构变化对区域整体的空间协调影响较大，甚至可以构成区域协作的基础。同时，产业结构变动对城市群及其核心城市存在不同的影响。对于城市群而言，区域经济竞争力必然导致规模效应的形成，为第二产业发展奠定了基础；而对于核心城市而言，区域经济竞争力提升的同时需要进行产业转移，以实现城市群内部的空间协作与优化，美国东北部城市群的产业结构变动状况反映了上述特点。从美国

东北部城市群与京津冀城市群的对比来看，虽然区域增长极的人口核心地位相对稳定，但是前者已经完成了由极化分布向均衡分布的转变，而后者目前依然处于进一步极化的过程之中。通过对两大城市群核心区的行业结构进行比较可以发现三个特点。

1. 北京市制造、交通运输和教育三大行业占比略高

纽约州制造业，交通运输、仓储和邮政业以及教育业三大行业的占比低于北京市。纽约州这三大行业产值占总产值的比例仅为8.4%，远远低于北京市的21.7%。其中，制造业以及交通运输、仓储和邮政业两大行业的产值占比仅为6.7%，就业人口占比为7.4%，北京市这两大行业产值占比高达17.7%，就业人口占比高达19.5%，这两个行业属于高能耗、高水耗、高地耗、高污染、高聚人的行业；教育业则属于高地耗和非在业人口高度聚集的行业，该行业在纽约州的产值占比仅为1.81%，而在北京市则高达4.03%，北京市该行业就业人口占比也高达4.85%。2015年北京市与纽约州产值及就业结构比较见图9。

2. 北京市公共服务业空间分布不均衡

纽约州公共管理、社会保障和社会组织、卫生和社会工作、金融等行业的占比高于北京市。北京市卫生和社会工作行业产值仅占2.19%，远低于纽约州的6.72%，表明作为区域医疗卫生等公共资源中心，北京市在医院占地面积过高的前提下其产值并未达到较高的水平，需要进行优化升级。此外，北京市文化、体育和娱乐业以及金融业两者产值比例合计仅为17.95%，而纽约州相应比例为22.26%，北京市在此领域具有提升的空间。

3. 在科技产业园区和第二产业的外迁中优化城市就业结构

从美国东北部城市群产业结构的长期纵向数据看，第二产业是核心区域向外围进行产业疏解和转移的重点对象，以产业园为典型发展模式的信息传输、软件和信息技术服务业也存在向外围转移的可能。随着城市群的发展，核心区域部分产业将逐步向非核心区域转移和疏解。从纽约州产业细分结果看，向外围转移和疏解的产业主要集中于第一产业和第二产业，

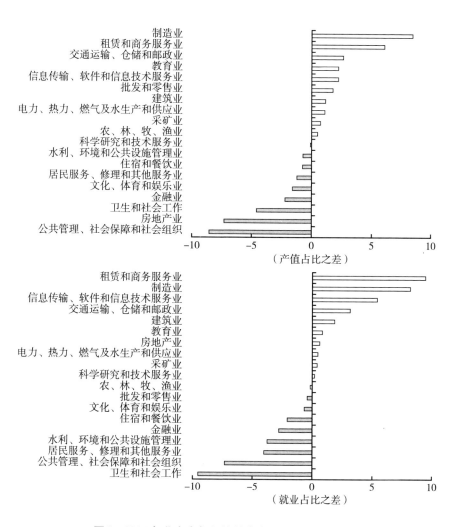

图9　2015年北京市与纽约州产值及就业结构比较

注：图中横轴为北京市某行业产值和就业人口占比与纽约州某行业产值和就业人口占比之差。

部分第三产业有所调整：由于城市群核心区域本身具有良好的产业基础，第一产业中农林牧渔业和采矿业劳动力数量较少，其绝对规模的下降对于人口疏解作用甚微；第二产业中制造业在城市群发展初期吸纳劳动力数量极大，随后经历了较大幅度的缩减，其中服装、化工、机器、电子设备等行业的就业规模缩减超过总量的一半，对后期产业结构调整作用非常显著；第三产业中信息传输、软件和信息技术服务业的从业规模也存在减少趋势，其中以出版业（非网络）和信息中介的就业规模下降最快，公共管理、社会保障和社会组织的从业规模相对稳定，联邦政府工作人员规模存在明显下降，但医疗卫生、社会工作和教育服务业增长迅速，其中，门诊医疗、护理人员和社会工作人员规模增加最快。结合第一部分关于"卫生和社会工作行业过度集中于中心城"的结论，适度将公共服务业从中心城向非中心城及周边城市转移，从而促进公共服务资源空间分布的均等化，将有助于推动城市群均衡发展。

（三）舍与得：在空间布局中关注产业分布的稳定性

1. 关注常住人口与生活服务业空间布局的一致性

在讨论需要外迁的部分行业类型之后，亟待解决的另一问题是如何了解产业空间分布与常住人口空间分布之间的关系。从纽约都市圈的数据看，区域内的就业岗位数量与常住人口数量之间存在高度相关性，但是信息、金融、文娱、科技等占据城市中心位置的行业就业与常住人口之间的关联度不高，教育、卫生和社会工作、批发和零售业以及制造业就业与常住人口的空间分布之间存在高度关联。换言之，向外围转移信息、金融、文娱、科技等行业对于人口向外围转移的影响较小，反而是教育、卫生等公共服务部门、批发和零售业等生活服务部门以及制造业的外移与常住人口的疏解关联度较高。

第一，纽约都市圈1/4常住人口集中于10～30公里圈，三成就业人口集中于10公里圈内（见图10）。从常住人口和就业人口的空间分布关系看，距离市中心越远两者的关联程度越高。在10公里圈范围内就业人口的比例高于常住人口，但10～30公里圈的常住人口占比远高于就业人口，反映出纽约市中心就业、近郊区居住的空间特征。

第二，高新技术类行业聚集于0～10公里、30～60公里圈两个圈层。约60%的信息传输、软件和信息技术服务业（以下简称信息业）就业与40%的科技服务业就业集中在10公里圈。同时，仍有16%的信息业就业与20%以上的科技服务业就业集中在30～60公里圈。

第三，零售业分布较为均衡，批发业集中于 40～50 公里圈。与批发业相比，零售业属于生活服务类行业，与常住人口的空间分布关系极为紧密，因此纽约都市圈零售业就业人口的分布已经呈现出较为均匀的状态，而批发业则主要聚集于纽约中心区和外围卫星城中间的连接处。

第四，文化娱乐业聚集于 0～10 公里和 30～50 公里两个圈层，教育业

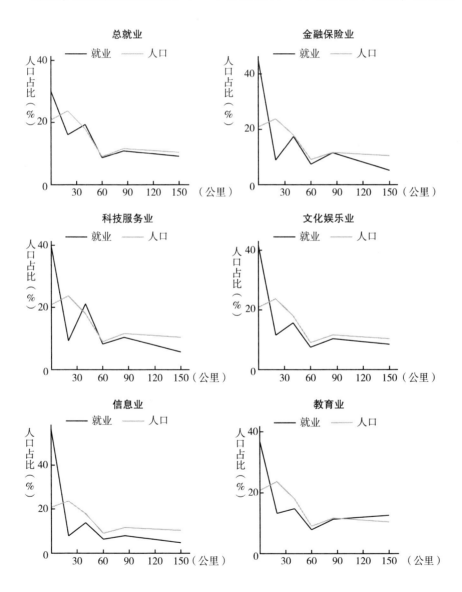

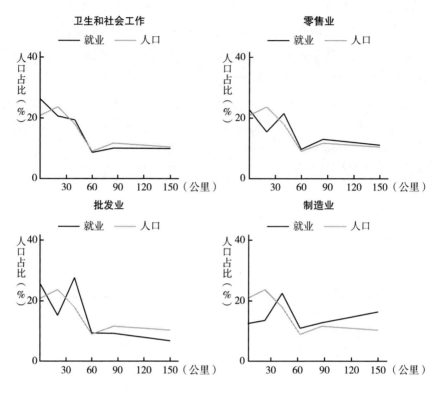

图10 2016年纽约都市圈关键行业的150公里圈分布特点

注：图中横轴为到达市中心的直线距离，纵轴为x公里处某行业人口占该行业总人口的比例，———表示常住人口的空间分布，———表示某行业就业人口的空间分布。

在90公里圈外仍有一定比例。文化教育类行业属于集中度较高的行业，但其行业内部存在不同的分布特点。与教育业相比，文化娱乐业对交通和常住人口密度的需求更高，因此接近70%的文化娱乐业就业人口集中在纽约的50公里圈内，而教育业在50公里圈内的就业人口比例不足65%，接近30%的教育业就业人口分布于纽约都市圈最外围，基本分布在90～150公里圈内。

第五，金融保险业就业规模大且聚集于市中心，制造业就业人口规模小且远离市中心。从行业人口空间分布看，金融保险业与制造业属于现代行业部门和传统行业部门的两个极端，纽约都市圈112万金融保险业从业人员中，70%以上集中于30公里圈内；而在制造业就业人员仅有59万人的前提下，仅不足17%的制造业从业人员集中于30公里圈范围内。

2. 在人口和产业空间布局变动的过程中关注生活服务业配套

图11反映了2000~2016年纽约中心区常住人口与部分行业就业人口的对应关系，其中1名医疗和社会工作者对应10.6个常住人口，1名零售业工作者对应20.7个常住人口，这也反映出常住人口对生活配套及公共服务的需求具有一定的稳定性，一味地减少这类行业的就业人口将难以满足常住人口生活需求。因此，需要重视生活服务行业与常住人口之间的长期稳定性，在人口和产业空间布局变动的过程中保障居民生活配套需求。

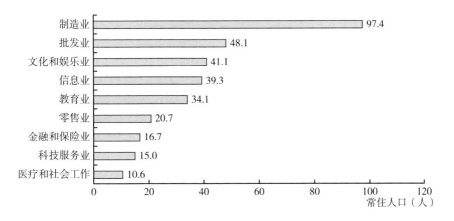

图11 2000~2016年纽约中心区平均每1个就业人口与常住人口的对应关系

3. 重视30~60公里圈在城市空间布局中的重要价值

北京市的行业结构优化是实现城市群空间协作的关键问题，不仅会影响城市自身的长远发展，而且会带动整个城市群的产业结构调整方向。纽约都市圈各行业人口的空间分布与其经济效益存在高度关联性，金融业、科技服务业、文化娱乐业和信息业除了聚集于城市租金最高的中心区，还聚集于30~60公里圈。北京市全国政治中心、文化中心、国际交往中心、科技创新中心的功能定位为疏解高能耗、低产出的行业提供了可能性，这既可以提升北京市的核心竞争力，又可以引导人口向外围疏散，促进城市群的空间协同。当前，北京仅制造业一项产值就占到13%，建筑业、交通运输业合计

超过8%，其他公共服务类行业发展相对不足。因此，强化首都文化、科技等核心资源的空间聚集优势，转移服装、化工、机器和电子设备制造、传统出版和信息中介等行业到非核心区域，既可以减缓产业过度集聚的局面，又有助于保持并增强城市的发展活力。

（四）城市群与都市圈：双重定位下首都发展面临的困境与对策

1. 明确北京市在京津冀城市群与首都都市圈中的双重功能

从京津冀城市群的视角看，其他城市人口仍然持续向核心城市集中；从首都都市圈的视角看，非中心城人口仍然持续向中心城集中。1978～2016年的39年间，京津冀城市群人口超过1.12亿人，人口增长率为1.38%，北京市人口增长率更是高达2.43%，是同期美国东北部城市群人口增速的几倍，反映出该区域发展的强大活力。但值得注意的是，高速的发展也伴随着诸多不稳定的潜在因素，京津冀城市群正在经历由"一极、双核心"向"两极"的转变，人口密度是美国东北部城市群的4.5倍，每平方公里人口在10000人以上的区县有14个，在20000人以上的有8个，并且主要分布在北京。同时，40%以上的新增人口也聚集于北京，基本上与其他所有地区的人口增长总和相当。值得一提的是，产业结构调整对于城市群空间协作的价值不仅表现在经济效益上，而且对人口空间流动的规模和方向也会产生积极的影响。

2. 重视中心城空间优化在首都功能定位中的价值与作用

当前京津冀城市群人口的空间结构现状不利于区域协调发展，而人口空间流动的惯性也使京津冀城市群空间协作的实现受到阻碍。首先，京津冀城市群内部人口和外来人口大量流入北京；其次，北京一直是京津冀城市群外来人口的聚集地，占外来人口总规模的60.29%；天津是外部流入人口的次要聚集地，由2000年的16.06%增至2015年的31.21%。从人口流动趋势看，天津的人口吸引力在逐渐上升，而河北省对外部流入人口的吸引力下降，共同推动京津冀外部人口流入两极化格局的形成。因此，人口过度集中和产业结构转型不及时，不仅会成为制约城市群均衡发展的重要因素，对首都实现其城市发展目标也将产生极大的限制。从"单极"到"两极"再到"多核心"格局的转变,既依托于城市群产业结构的调整结果,也依赖于核心区产业转移的内容、方向与进程。因此,既需要处理好人口从中心城到非中心城转移过程中的内部产业结构优化问题,发挥中心城在首都都市圈发展中的协同带动作用;也需要处理好人口从核心城市(北京市)向非核心城市转移过程中的基本生活服务保障问题,保持都市圈的产业合理分布及行业完整生态,这将有助于推动北京市在京津冀城市群发展中的协同带动作用。

三 人口疏解应避免的几个认识误区

(一)人口疏解旨在"降规模"?

《京津冀协同发展规划纲要》要求到 2020 年北京市人口规模控制在 2300 万人以内。然而,北京市的人口问题不仅是人口的数量规模问题,更重要的是人口结构的优化以及人口空间分布的合理。此外,北京还肩负着在京津冀范围内建立以首都为核心的城市群之责任。因此,统筹解决北京市人口问题,需要从优化结构、合理分布角度入手,转变思路,创新模式,以"大人口"观建设国际化大都市,促进全市人口规模、结构、分布与北京经济社会发展要求相适应,与首都功能定位要求相适应,与首都资源环境要求相适应,彰显建设中国特色世界城市过程中人口的活力和动力。

(二)依赖纯行政手段的惯性思维还会奏效?

第一,过于强调行政手段,忽视不同区域的差异性。从人口素质结构、人口就业结构、人口空间分布等角度入手,结合北京市城市功能定位和产业结构升级的现实要求,着力做好分人群、分区域的人口疏解和吸引工作。必须将疏导城市功能和调整产业结构作为北京市人口有序管理工作的重要出发点,坚持"以疏为主、调控结合"的理念,强化"疏"和"调"的作用,

进一步弱化通过行政命令方式"堵"和"控"的功能，促进首都人口可持续发展。在城六区的人口调控上，如果"一视同仁"地按照 2020 年比 2014 年各下降 15% 的人口比例分摊人口疏解任务指标，那么显然有违现实情况。

第二，只拆低端市场、不动中心城区优质资源的惯性思维及利益保护主义难以实现人口实质性疏解。城六区优质资源的固化特征，如总量过大、功能过载、分布集中以及使用成本低下等，造成中心城出现人口"不想走""不必走""走不远"的现象。调研发现，就医、就学等流动人口群体并未明显减少；取消低端产业后，所涉及的外来人口从业人员大部分依然滞留中心城，人口疏解表现出"散而不走""随时反弹"等诸多特点。

第三，全市共治共赢、通力合作的意识不足，造成人口疏解的"中梗阻"。目前，城六区与周边地区发展不平衡，优质资源落差大，双方在功能疏解和人口疏解方面缺乏共赢共治的合作机制，导致周边地区没有吸引力，产生输出地与输入地无法畅通对接的"中梗阻"现象。因此，未来的人口疏解工作需要在调控思路上做出重大转型，亟须自上而下的整体谋划和统一规划。

（三）"疏解"与"服务"是一对矛盾？

表面上，人口调控有助于人口向外疏解，而人口公共服务的均等化则在进一步增加城市的吸引力。实际上，我们不能因为增加公共服务的供给会增加人口而阻挠改革，更重要的是"寓管理于服务中""以服务促管理"。可以通过居住证、积分落户等相关制度安排，明确人口服务梯度供给的现实路径，在服务中做好城市规划，在服务中掌握综合信息，通过"管理＋市场"的方式，相对渐进式地、温和地实现人口疏解。

目前人口调控的重点在于调控盲目性的人口增长，做到首都人口科学、平稳发展。北京人口有序管理应该涉及以下几个方面：在管理主体上，做到"责任明，效率高"；在管理客体上，做到"有序流，融合好"；在管理效果上，做到"底数清、情况明"；在管理手段上，做到"以服务促管理，以管理保服务"；在管理目标上，做到"总量平稳，结构分布合理"。

（四）人口疏解能够一蹴而就？

从人口有序管理的战略目标来看，必须明确近期、中期、远期北京市人口服务管理的任务和措施。从近期来看，需要强调经济手段和产业手段对人口有序流动的导向作用，但也不排除在特定时期、针对特定问题，采取行政手段和法律手段加强对人口有序管理的直接作用。到"十三五"期末，重点解决好中心城区低层次产业无序发展的问题，通过经济发展方式转变和产业结构调整，初步实现对人口规模的调控及人口分布的疏解作用；创新流动人口服务管理工作模式，建立健全一整套具有首都特色的人口管理体制机制；严格管理北京户籍审批权，推动户籍人口机械增长的有序发展；加快城乡结合部城市化改造建设，加强对出租房屋和地下人防工程的规范管理，加大对违章建筑的控制和拆除力度，抑制流动人口无序聚集的态势；必要时可建立各区县、各部门人口增长控制责任制，充分调动市、区县、街乡三级对人口调控的积极性。

从中期来看，需要进一步加强产业手段、规划手段和经济手段对引导人口合理分布与资源环境承载、经济社会发展的促进作用，弱化行政手段和法律手段的强制作用。到2030年，北京市经济社会发展基本实现现代化，建设"中国特色世界城市"目标稳步推进。北京市新城和卫星城建设初见规模，城市发展新区对人口的承载和辐射能力逐步增强，促进北京市人口有序管理目标基本实现。流动人口的各项社会保障制度分阶段、分步骤地纳入北京市城镇居民社会保障体系中，推动流动人口有序融入首都北京中。

从远期来看，进一步弱化各类行政手段，综合运用规划和法律手段，强调规划对解决人口问题的基础性和导向性作用，强化流动人口城市融合方面的法律保障。到21世纪中叶，重点解决好北京及其各个区县的功能及其定位问题，注重长期效果。北京市人口分布要与生态环境承载、生产力布局达到全面协调均衡发展。北京市建立较为成熟的社会保障体系，公共服务均等化目标完成，北京市人口服务和城市管理水平全面提升。

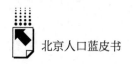
（五）人口调控的着眼点是个人？

目前，人口疏解工作关注的只是就业人口的疏解，对市民的家庭诉求关注不够、研究不够、引导不够，家庭愿景缺乏实现的现实路径，没有找到人口疏解与实现家庭愿景之间的最佳结合点。大家反映，由于历史文化等方面的原因，无论人口聚集还是人口疏解都是以家庭为单位，家庭情结难以割舍。因此，人口疏解和区域规划要和家庭愿景结合起来，统筹考虑，既要考虑外来人口愿意来、本地人口不愿走的普遍心理，又要考虑家庭对就学、就医、就业等领域的综合诉求，有针对性地寻找解决路径。

（六）人口疏解依然"单兵作战"？

北京市的人口问题并非北京市自身能够解决的，因此，针对北京人口问题，必须统筹协调、综合施策，统筹中央、北京和各省市，统筹京津冀各区域，统筹各区县、各部门，统筹各产业、各行业。也就是说，这种统筹协调包括三个层次。第一，必须从首都发展的战略高度出发，赢得中央的政策支持，对现有首都城市功能进行必要的优化调整。第二，必须促进区域整体发展，提高区域人口承载能力，加强区域合作，促进京津冀一体化进程；必须建立流动人口流出地和北京市的"一盘棋"区域联动机制，协同配合解决首都流动人口问题。第三，必须统筹北京市各部门，就业、交通、治安、教育、卫健、社会保障等各职能部门协同配合，齐抓共管，形成合力；必须统筹北京市各区县，严格落实人口属地化服务管理责任，建立区县加强人口有序管理目标责任制，从而最终形成统筹解决北京市人口问题的政策合力；必须统筹各产业、各行业，在产业结构升级中实现人口有序管理目标。

四 化解人口疏解风险的帮扶保障政策体系研究

人口疏解是当前首都城市建设与治理的中心任务之一，也是实现首都人口、经济、社会与资源环境协调发展，建设国际一流的和谐、宜居之都的必由之路。首都人口疏解工作既要讲求科学性、系统性、前瞻性，也要强调现实性、社会性与协调性，对与疏解相关的各类社会成员，尤其是中低收入群体给予必要的帮扶支持是满足人民群众对美好生活向往的题中之义，更是保障首都秩序与公共安全、确保疏解工作顺利完成的前提基础。通过分析日本、韩国、美国、英国、法国、新加坡、印度在城市人口调控中民生保障的经验教训，结合首都疏解工作的实际情况，拟对相关工作提出下述几点意见建议。

（一）构建"疏助结合"的治理机制，对非首都功能人群中的弱势群体"扶上马、送一程"

从事劳动密集型产业，以城中村、棚户区、群租房或地下空间为居住场所的非首都功能人群大多以乡—城流动人口为主，规模巨大，经济收入较低，社会保障较差，抗风险能力较弱，是处于城市社会底层的弱势群体。引导这些群体逐步有序疏解是当下首都发展的必然要求，但若只有疏解而无保障支持，这些群体很可能陷入进退两难的境地，形成"业走人留"的尴尬局面，这不仅不利于人口疏解，还可能形成相当数量没有工作、流离失所的流浪人员，影响首都安全稳定。因此，构建"疏助结合"的人口治理机制，将非首都功能人群中的弱势群体纳入帮扶支持体系，既是对该群体发展权的一种保障，也是加强人口疏解有效性的重要机制。

1. 鼓励相关人员随业迁移，并立足"首都圈一盘棋"思路，将配套资源向承接地倾斜，助其应对居住、教育等方面的后顾之忧

通过产业疏解引导非首都功能人群流入特定空间，既能实现首都疏解目标，又保障了这些群体的就业，同时又能助力承接地经济发展，可谓一举多得。然而，在此过程中，做好统筹协调对接工作，解决其后顾之忧最为重要。在这方面，韩国的经验可供参考。20 世纪 90 年代以后，韩国在向"首都圈"产业承接地带疏解产业与人口时，以迁入人口的权益保障为中心，制定了一系列资源倾斜的配套政策：在居住方面，政府鼓励迁出企业为员工建立单身公寓，优先保障修建员工公寓的土地供给，并为其提供低息建设资

金，此外，政府对于在迁入地租房、购房的低收入人员分别给予利率为3.7%和4.3%的低息贷款，同时免征住宅所得税；在教育方面，政府制定了《英才教育振兴法》，向接受转移地区拨款49亿韩元，建设专门针对随企业迁入人员子女的教育机构（英才教育院）。截至2014年10月，韩国建成了英才教育院24个、英才教育班140个。韩国的"首都圈"与中国的"京津冀"概念有一定的相似之处，其整合"首都圈"资源为随业迁移人口提供保障的制度设计也值得我们借鉴学习。

2. 对于因产业结构调整或居住成本提高而返乡的流动人口，要提供必要的补贴和返乡就业/创业支持

保障返乡群体的基本权益，积极发挥其作用是国家的基本方针。国务院在2015年出台了《关于支持农民工等人员返乡创业的意见》（国办发〔2015〕47号），保障返乡人员的创业就业权益，一些兄弟省份也出台了《关于做好返乡农民工就业和接续社会保险关系工作若干措施的通知》（赣府厅发〔2008〕77号）等政策帮助省内返乡人员解决保障问题。首都的人口疏解工作与国家鼓励流动人口返乡创业就业的方向一致，但如何对接是个问题。国际经验是疏解地主动承担相关人员的失业成本和初步择业支持。例如，韩国首都首尔对因产业调整而失去工作的务工人员提供失业金，对因疏解问题申请"自愿离职"的员工除了提供一定的退休金外，还有一定的补贴。此外，韩国劳动部专门成立就业协助部门，为相关人员提供招聘信息和工作咨询。北京也可以设立专项资金，通过一定程序，对确实存在困难且有返乡意愿的流动人口提供必要补助，并加强与务工人员来源地合作，为其在就业信息咨询、技能培训和自主创业等方面提供支持。这些支持政策既能在物质和心理层面上对其提供支持，使之尽快走出困难期；也有助于提升其他流动人口的迁出意愿，降低疏解难度。

（二）从社会安全稳定大局出发，对疏解中的沉淀人群要安其居、分其群、定其心

人口疏解不是一朝一夕能够完成的工作，特别是对于北京这样拥有独特

资源和机会的城市而言，长期存在大量首都功能需求之外、自我保障能力又较低的"沉淀人群"是不可避免的事情。该群体虽然不是首都发展不可或缺的重要力量，但同样拥有在这座城市居住和生活的权利。国外城市改造与更新的历史表明，对这些群体不屑一顾、一味排斥，不仅不会使"城市病"有所缓和，还会造成一系列的社会问题，严重影响社会秩序与安全。只有在居住保障、社会融合和社会认同等方面加大支持力度，才能实施面向人民群众美好生活向往的首都疏解实践，平衡好各方利益。

1. 非正式居所的清理整治要与对沉淀人口的临时救助安置政策相结合，力避流民与贫民窟现象的出现

居住是公众的基本需求，由于北京居住成本极高，大量流动人口通过各种非正规场所来解决住房问题。例如，北京仅采集登记的违法群租房居住人口就达到19.37万人（2014年7月），地下室居住人口达100万人（2012年），租住在城中村的人口更高达313万人（2010年）。非正规住所的形成有其社会历史原因，虽然其隐患极大，加以改造整治势在必行，但在此过程中必须预防可能出现的"流民"或无序聚居形成贫民窟现象。19世纪50年代，巴黎人口暴涨，为了达到控制人口和改造城市的目的，奥斯曼男爵受命对巴黎的贫民区进行拆除清理，大量贫困人口失去了居住空间，只能在市郊搭建临时住所或流落街头，结果贫民窟不仅没有消失，反而规模更大，贫困和社会不满情绪更加突出。从1868年开始，严峻的社会问题导致巴黎出现了一系列骚乱，这些骚乱在普法战争失败后达到高潮，成为巴黎公社运动的前奏。巴黎的深刻教训提示我们，要构建以居住为中心的沉淀人口救助体系，临时性的救助安置应与违规住所的清理整顿同时进行，对于事实上已经处于居无定所状态的人员，应及时采取补救措施，可学习美国设置康复中心、流浪庇护所、中途之家等专为没有固定居所的民众服务的机构，保障其最基本的居住权利。

2. 加强落实公共住房向外来人口有序开放的政策，同时要避免保障性住房在空间上过于集中，诱发社会排斥问题

百余年的西方城市更新史给我们最深刻的教训是要防止由空间隔离导致

的社会排斥。在20世纪90年代以前，欧美国家多将城市贫困人口集中在特定空间进行安置，这造成安置区居住环境和社区形象的严重倒退，中产阶级大量迁出，形成了失业率高、公共秩序混乱、被广泛污名化的"敏感区域"（法国对此类社区的称谓）。为了解决这一问题，法国制定了相关法律，试图通过均衡、丰富的公共住房供给来促进社会融合。法国于2000年制定了《社会团结与城市更新法》，规定每个人口大于3500人的市镇（大巴黎区为1500人）社会住房数量均应达到人口的20%，供贫困人口以较低价格租住，租住者享有相同的公共服务，2013年又将此比例调整到25%。考虑到北京的房价，在非正式居所大规模清理后唯一可行的功能替代政策就是公共住房供给，按照原卫计委数据，2015年北京市对流动人口的公共住房保障覆盖率仅为0.07%，加强落实公共住房向外来人口有序开放的政策意义重大。在此过程中，还要确保公共住房空间分布的合理性，确保沉淀人口分布相对均衡，不出现大规模集聚的情况，保障社会融合的可持续性。

3. 继续提倡厚德包容的北京精神，完善沉淀人口的社区参与保障政策，避免普遍性城市认同危机

爱国、创新、包容、厚德是北京精神的基本内涵，是其作为文化中心的精神内核。在当前人口疏解的政策背景下继续提倡和发扬这一精神，不仅是城市价值的深层要求，也是城市发展的现实需要。如果沉淀人口留居北京但对其毫不认同甚至厌恶，会加强其社会排斥心理，增加发生反社会行为的风险。2005年震惊世界的巴黎骚乱是一个深刻的教训。让短期内难以疏解的沉淀人口放下成见、放下对政策不必要的恐慌，加强对政府的信任，安心工作生活是当前的重要工作，而这一工作的起点在社区，在保障这部分人口"有房可居"的前提下，通过各种形式鼓励其参与社区治理和社区文化活动，既让其体验到城市参与感、融入感，增强其主人翁意识，也能通过这些组织机制加强对相关人口动态的及时把控，防患于未然。北京大兴区榆垡镇在为首都第二机场建设前期准备而展开的拆迁安置中，在党委主导下精心构建了文艺活动与村居建设参与机制，成功吸引了民众的广泛参与，极大地消弭了社会风险，是一种可以推广的实践策略。

（三）通过机制创新实现功能替代，帮助处于成长期的首都功能发展需求人员应对疏解中的现实困难

首都疏解并不意味着不欢迎人才，对于与首都核心功能发展相关的优秀人才仍需要加大引进力度，并给予各方面的关心支持。人才的成长需要过程，当其还处于成长期时，在经济社会资源有限的情况下，人口疏解带来的生活便利性下降、生活成本上升等问题会对他们产生实实在在的影响，从而降低留居意愿。在生活便利性方面，从事餐饮、维修、保洁、零售等低端服务业的多为流动人口，其经营场所也有不少属于"开墙打洞"性质，这些人员与产业被整治后，很难迅速形成替代性力量，生活服务的可获得性会下降。在生活成本方面，大规模的城市更新大多刺激租房价格上涨，首尔在20世纪80年代的住房更新改造项目（CHRP）令当地住房租金在几年内上涨了2.3倍。根据2010年人口普查数据，作为创新人才主力的专业技术人员26.29%租住了商品房，租房价格的提升势必极大地增加他们的生活成本，迫使尚不宽裕的相关人员考虑撤离。因此，通过有效策略帮助他们解决面临的实际困难是决策者应该考虑的问题。

1. 通过技术与制度手段，充分保障各类生活服务的可获得性，着眼细节，增加生活便利性

北京市委、市政府在疏解工作中也极为关心基本生活服务的保障问题。《北京城市总体规划（2016年—2035年）》明确要求"对疏解腾退空间进行改造提升、业态转型和城市修补，补足为本地居民服务的菜市场、社区便民服务等设施"。然而空间设施的建设相对容易，随着流动人口的不断减少、人口老龄化不断加剧，在不大幅提高用工成本的前提下解决用工难问题，确保充足的服务供给却比较困难，这也是国外一些大都市（如伦敦）近年来推进"再城市化"，重新吸引劳动力进入的主要原因。要缓和这一矛盾，必须将技术和制度两种手段加以结合，立足微观社区，因地制宜地保障生活服务供给。在技术层面上，要充分利用当前移动支付高速发展提供的有利条

件，以自动贩售、无人超市、自助市场等作为商品服务供给的主要方式，减少人工成本。在制度层面，要通过完善志愿服务和社会服务保障的相关制度，鼓励市民尤其是大学生、老年人、残疾人及各类需要保障的社会成员以有偿志愿服务的形式参与到社区层面的便民服务供给工作中。这样既能够一定程度上缓解服务供给人员紧张，降低供给成本，又能"以工代赈"，增加弱势群体收入。

2. 完善创新公共住房保障制度，加强住房供给的有效性和系统性

北京高度重视公共住房保障工作，在以政府为主的保障体制下，制定了一系列行之有效的政策制度。但仍需要在如下方面加强。一是应扩大覆盖范围，增加公共住房保障的有效性。目前受惠于该政策的相关人才并不多，2010 年人口普查数据表明，北京专业技术人才中租赁公租房、廉租房的仅占 0.97%，究其原因是相关政策要么向底层倾斜，要么向精英倾斜，作为"夹心层"的成长性人才支持有限。例如，《中关村国家资助创新示范区人才公共租赁住房的若干意见》（中科园发〔2010〕50 号）规定可优先申请的人才应入选"千人计划""北京海外人才聚集工程""十百千工程""百家创新型试点""瞪羚计划"等，门槛过高；然而，可以申请一般公租房的应为三口及以下家庭年收入在 10 万元（含）以下、四口及以上家庭年收入在 13 万元（含）以下，门槛又过低。从有效性考虑，要么加强各类人才公租房保障的普惠性，要么提升一般公租房保障的门槛，从而将处于"夹心层"状态的成长期首都功能需求人才纳入保障体系。二是探索公共住房租售联动机制，使得住房保障更加系统，逐步实现"居者有其房"。目前公共住房领域租售分开，这就迫使先租后购者不得不多次搬迁，不利于承租人形成社区认同感、归属感。目前国内一些城市已经制定了这方面的相关政策，如成都在《关于创新要素供给培育产业生态提升国家中心城市产业能级的人才安居工程的实施细则》（2017）中规定，供紧缺人才居住的人才公寓住满五年后可以以入住时市场价格购入，但 5 年内不得出售。北京也可考虑对一定使用年限的公共住房按照共有产权原则进行出售，租住者达到一定信用积分后可优先购买。

五 首都人口疏解的政策建议

首都人口调控是一个非常敏感的工作。既需要在理论层面有系统、整体的设计，更需要在实践层面有拿捏适度的推进。因此，在此要求下，我们需要在超大城市人口调控政策的多层次分析框架（见图12）下，结合北京的实际情况，进行有序调控。

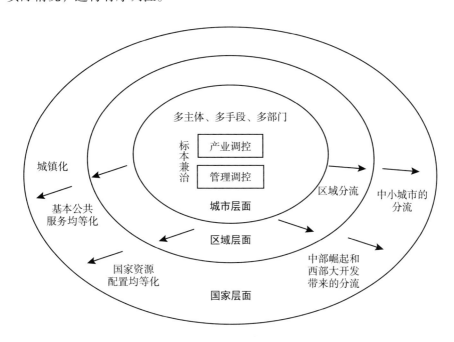

图 12 超大城市人口调控政策的多层次分析框架

（一）国家层面

第一，制定首都圈相关规划和配套法律。首都人口有序管理应当借鉴国外的经验教训，在首都圈规划或首都城市规划的指导下稳步推进，即"要发展，先规划"。日本制定了五次首都圈规划，特别是第五次首都圈规划明确提出，通过培育、利用核心城市，推进广域交通、通信等基础设施的整治

改造和都市空间职能的重组，实现以据点城市为中心、彼此相对独立并能方便交流的自立、互补、高密度的"分散型网络区域空间结构"。

此外，从国家层面来看，对于不同层级的区域及城市规划都应有具体法律作为编制和实施的保障，即"要协调，先立法"。都市圈规划作为一种独立的规划形式，不完全等同于目前的城镇体系规划，在我国暂时没有直接的法律依据。实施都市圈规划，仅靠现有的行政体制难以实现，必须通过法律或法规保障都市圈规划的严肃性和权威性。以日本为例，为了确保首都圈规划的顺利实施，日本的规划法律体系非常完备，除国土开发规划法、城市规划法等基本法外，还专门为都市圈规划和地方规划分别制定了法律。如《首都圈建设法》《首都圈整备法》《首都圈市街地开发区域整备法》《首都圈建成区工业限制法》《城市规划法》《建筑基准法》《土地基本法》《住宅金融公库法》《新住宅区开发法》《道路整治紧急措施法》《首都高速公路公团法》《公共住宅法》《住宅公团法》《道路整治紧急措施法》《首都高速公路公团法》。由此可见，从国家层面，加强首都圈规划以及构建相应的法制基础，对于着力推进北京人口有序管理工作必不可少。在这方面，需要"早动手、早安排"。

第二，深化分税制及转移支付制度的改革创新。在税收体制上，国外很多国家采取的是"消费偏好型发展模式"，对消费环节征税，人口增加意味着政府财源的增加，对地方政府吸引人口迁入该区形成了良好的正向激励。而我国采用的是"生产偏好型发展模式"，征税以生产环节为主，因此，人口增加对于地方政府而言，通常意味着公共服务供给和财政压力增大，造成一些地方政府本身对于流动人口基本公共服务的关注不够。

针对我国"财政税收"环节存在的断裂，目前应重点抓好以下两项工作。第一，进一步探索分税制改革及税种的调整。在保证中央财政收入增长的情况下，建立健全地方财政，特别是基层财政税种，并把地方政府征税类型逐步调整为以对消费环节征税为主，这样，人口流动就能够增加地方政府的财政收入，而不会给其财政支出造成额外负担，从而实现人口自由流动、地方政府良好服务的双赢局面。第二，加快完善现行转移支付制度，改革现行财税体制。把人口流向作为确定财政转移支付方向以及征税的重要依据，特别是一般性转移支付，以确保人口流入地获得足够的财税资金，改善当地的基础设施和公共服务水平，增强产业集聚和吸纳人口的能力。

第三，加快实施中部崛起和西部大开发战略，以促进国家层面区域人口合理分布。解决人口高度集中于特大城市的治本之策是大力发展中西部，加快推进西部大开发战略和中部崛起战略。我国辽阔的中西部具有很大的人口承载潜力，而且很多区域属于比较适宜和高度适宜居住的地区，不仅风景秀丽，而且具有良好的人文环境。这些区域的开发将有助于缓解人口往东部过度聚集的压力。比如河南的中原城市群、武汉城市群、长株潭城市群、环鄱阳湖城市群、北部湾城市群和成渝地区等，这些区域的人口承载力不亚于京津冀城市群、长三角城市群和珠三角城市群。

第四，大力提高中小城市的人口吸纳力，以分流人口，使人口合理分布。中小城市具有为大城市人口分流的先天条件，不仅公共服务相对完善，而且存在进一步成为大城市的发展需求。这样，一方面，中小城市急需大量人口发展经济，以实现城市的进一步扩展；另一方面，特大城市也急需中小城市来分流部分人口。因此，特大城市和中小城市可以就人口分流进行分工协作。从国家层面来看，中央不仅可以从政策上给予中小城市更多扶持，也可以从财政补贴上支持中小城市吸纳更多的人口，鼓励中小城市在针对流动人口的基本公共服务上率先发展，通过促进流动人口的融合来分流特大城市的流动人口。总之，要建立健全中小城市的人口分流政策体系。

第五，加快推进基本公共服务均等化，以服务的提供引导人口的合理分布。基本公共服务均等化将保证全体公民不论地域、民族、性别、收入及身份如何，都能获得与经济社会发展水平相适应、结果大致均等的基本公共服务，如教育、医疗等。这样将逐步缩小不同区域在基本公共服务上的差距，从而缓解特大城市人口聚集的压力。

特大城市的资源优势是人口聚集的根本原因之一。北京和上海等特大城市在教育资源、卫生资源、人才资源、就业资源和文化资源上存在明显的优势。事实上，国内最优质的医疗和教育资源几乎都集中在这些大城市里，再

加上一些特大城市比如北京聚集了太多的城市功能，许多就业机会只有在北京才能找到。正是这种资源配置的高度不均衡导致了人口向特大城市聚集。因此，给北京"减负"，给外地"加分"，实现城市均衡发展，才能解决城市人口问题。

第六，以投资带动中小城市的发展，加快中心城市城镇化步伐。中国正处于快速工业化、城市化的进程中，国家应加大对中小城市的投资力度，尤其是加大对这些地区基础设施的投入，缩小其与大城市之间的差距。城镇化过程需要大量的劳动力，这就有助于缓解大量农村闲置劳动力舍近求远，跑到特大城市来谋生的状况。因此，城镇化实现了农民就地市民化的愿望，这将缓解特大市人口聚集的压力。

（二）省际及首都层面

1. 以功能疏解和产业外迁为契机，运用市场手段引导人口外迁

重塑首都圈国际高端产业链，推动部分传统服务业人口分流。"商业、服务业"和"生产、运输设备操作业"聚集了北京流动人口第一大就业群体，约327万人，占流动人口就业人员总数的73%。未来可在首都圈内，将北京打造成国际科技创新中心，加快高耗能、高污染和聚人多产业的退出，推进研发、科技人才聚集；将天津打造成国际物流中心，以促进北京生产运输业流动人口的分流；将河北打造成现代化高端制造业和服务业中心，以吸引北京劳动密集型产业人口的转移。

构建"环首都休闲度假及会展综合体"，引导部分人口回流和家庭团聚。京内河北籍常住流动人口约156万人，占常住流动人口总量的22%，是北京流动人口的第一大来源。打造环首都产业带、创造新的就业机会，可促进此类人群回流。例如，北京户籍人口京内旅游量占北京旅游总量的39%，因此，可进一步做强京外周边旅游和会展经济，打造首都圈新干线，带动京籍旅游人口向外输出，成就河北休闲度假和会展产业链，以促进河北籍流动人口的回流和家庭团聚。

加快医疗资源的区域转移，推进部分就医人口和护工的疏解。北京专科

医院60%的医疗资源服务于外省就医人员，未来可根据发展需要，在京外适当建立专科医院分院，缓解就医人口和护工的京内聚集；对于综合医院，应加快北京中心城区优质医疗机构对郊区县的医院托管，缓解北京中心城区的人口压力和交通压力。

培育"环首都大学城"，避免就学人口京内过度聚集。部分民办大学、成人教育机构、名校分部可考虑外迁至河北，以带动高端人才的区域流动以及就学人口的京外聚集。

探索建立"飞地"型产业园区共建机制，促进部分新增人口和创业人口外迁。提升京外周边土地资源的开发效率，探索把一些可以实现异地管理的企业调至京外，如软件制造等，给予部分企业北京的相应待遇，鼓励其在河北投资。对于愿意搬迁的企业，给予鼓励和资金补助，并发给职工职业训练补助费等作为奖励。

2.以市场化机制为杠杆，减少特大城市对流动人口的过度需求

尝试培育社区经济，规范流动人口的就业环境。推动居委会事权和财权的统一，试点培育以居委会为主导的社区经济，建立不符合进入标准的社区商业服务人员及企业的退出机制。

破解"瓦片经济"利益链，还原正常的居住成本。因城乡结合部改造滞后，村集体、本地人、流动人口三者利益共生。因此，要加快城乡结合部升级改造，全面升级"瓦片经济"，提升人口居住安全性；创新出租房屋契约化管理，建立出租房主纳税申报的诚信系统及出租房主监管不力的惩罚机制；运用法律法规，规定最低人均居住面积，并明确违规处罚办法。

3.以体制机制创新为突破口，积极探索多主体综合调控模式

以京津冀协同发展为契机，探索建立区域内人口"有进有出、进出平衡"的人口动态平衡机制。为人口有序流动提供新的出口，比如流动人口社会保障区域内自由流动，卫星城出台鼓励迁入中心城工作多年的人口返回家乡创业和就业的政策等。

4.以法律法规建设为重点，综合运用多手段影响人口变化

人口均衡发展是一个系统、长期的过程，需要综合运用经济发展产业

性手段、城市规划技术性手段和城市管理行政性手段等综合互动调整。例如，在运用行政和法律手段方面，亟须研究制定出租房屋管理的地方性法规，促进立法工作实施，修改《北京市房屋租赁管理若干规定》，规范房屋出租行为，对出租房屋的最低人均面积、环境卫生、安全、防火等基本标准做出严格规定，控制流动人口过度聚集。全面推进出租房屋租赁合同登记制度，加强治安、安全等综合管理责任制度。加强地下空间管理，规范租住行为，禁止人防工程私自用于出租和商业行为。总结并推广各区县集中管理、契约式管理、村企联管、村民自治等流动人口和出租房屋管理新模式。

5. 以居住证为载体，突出证件管理在人口管理中的引导功能

建立"双核心、全覆盖"的人口信息决策平台。率先尝试建立"人口生命事件信息系统"和"人口生活事件信息系统"。其中，前者记载出生、死亡及家庭成员等生命事件信息，与户口相关，体现人口登记的职能，福利逐步与户口脱钩；后者记载居住、纳税、子女义务教育、医疗保险、驾照、贷款、流动等多项个人生活信息，与居住证相连，公共福利供给与之逐步挂钩，在福利的引导下，变"政府被动采集人口信息"为"流动人口主动登记"，提高人口信息的动态性和准确性，服务于政府决策。

明确居住证的前置性和管理性职能，体现流动人口责权利的统一。在前置性上，居住证应以各种形式的住房证明为领证条件；在管理性上，要加强居住证与人口管理的关联性。如，流动人口就业必须持有此证，以记录其收入和纳税等信息，并提升流动人口的就业门槛；子女就学时，借鉴美国经验，租户子女义务教育应以居住证承载的纳税、居住期限为依据，未达固定期限者，要以缴纳一定费用为代价，以提升流动人口就学时权利与义务的对等；出租屋管理时，以居住证承载的居住、纳税、出租房屋等信息为依据，对出租人和承租人进行双向约束，规范流动人口的居住空间；居住地点与居住证所载地点不一致，将给个人的医疗保险、子女教育及车辆驾驶等带来负面影响。此外，设立居住证签注制度，未按规定办理签注的居住证使用功能自动终止。

6. 以绩效考核为导向，提升地方政府人口转移动力

尝试建立出台人口发展的重大社会风险评估机制。探索重大规划、重大政策、重大项目的人口影响评估细则，人口影响评估可作为地方重大项目的参考指标，强调人口违规项目的行政决策责任，建立追责机制，提升人口评估的约束性。例如，在人口过密区内开发 100 万平方米以上的宅地、30 万平方米以上的工业或观光设施用地，在计划立项阶段必须接受严格审批。

7. 以打造反磁力"微中心"为抓手，促进市域内的人口合理分布

解决中心城人口过度集聚问题，最现实的途径是要通过功能疏解和产业疏解，带动优质要素资源在全市及区域范围内进行结构性配置，通过在城六区外围打造反磁力"微中心"，培育若干促进区域人口均衡分布的节点性城镇。这既能有效疏解城六区人口，又能促进郊区均衡化发展。

可以尝试以镇为节点、以村为支撑，规划"微中心"空间布局。鉴于经济发展规律和国际特大城市的人口疏解经验，遵循特大城市圈 30 公里最佳辐射半径（这也是人口空间聚集特征相对稳定的分界线）的发展规律，功能疏解要坚持逐层外溢的普遍做法，依据北京市和各区功能定位，在大兴、房山、门头沟、昌平、怀柔、密云、顺义、平谷范围内，以中小城镇为重点，合理规划反磁力"微中心"空间布局。目前北京近远郊区县的核心区基本已没有承接产业转移和功能疏解的条件，可发展空间小、土地成本高；相反，各镇村普遍产业支撑不足，可发展空间大、土地成本低，具备承接产业转移的空间和潜力，且在提升生活品质、承接优质资源方面意愿强烈，因此，以镇为节点、以村为支撑培育"微中心"具有较强的现实性和必要性。

建立反磁力"微中心"，有助于北京市域、京津冀区域内优质资源的合理配置、人口的均衡分布、输出地和输入地的功能互补，从而实现非首都功能和人口的有效疏解；"微中心"建成后，将成为北京产业升级的蓄水池，经济增长的新引擎，全国农民产业化职业化、镇村城市化的示范区，有效增强对京津冀区域的辐射带动能力。

8. 以特别管理措施为保障，促进京津冀人口格局的优化

建立特别机制。重点建立京津冀统一协调的人口服务管理机制、与事权相匹配的财政保障机制、人口与"城业"的联动机制、城际人口分流帮扶机制、转移人口配套服务机制等，对突破京津冀协同发展的瓶颈做出特别的制度安排。

建立特殊政策。建立促进人口分流的奖励政策、人口分流试验区试点的创新性政策、紧缺人才和特殊人才的调配政策等，为加快京津冀协同发展而实施支持力度更大的政策保障。

参考文献

［1］陈红霞、李国平：《1985～2007年京津冀区域市场一体化水平测度与过程分析》，《地理研究》2009年第6期。

［2］周均旭、胡蓓：《产业集群人才引力效应与成因分析——以佛山为例》，《管理评论》2010年第3期。

［3］陈剑锋、唐振鹏：《国外产业集群研究综述》，《外国经济与管理》2002年第8期。

［4］蔡翼飞、张车伟：《地区差距的新视角：人口与产业分布不匹配研究》，《中国工业经济》2012年第5期。

［5］姜鹏飞、翟瑞瑞、唐少清：《区域异质性视域下京津冀产业升级的就业效应研究》，《当代经济管理》2015年第7期。

［6］常进雄、楼铭铭：《关于我国工业部门就业潜力问题的研究——基于产业结构偏离度的分析》，《上海财经大学学报》2004年第3期。

［7］金福子、崔松虎：《产业结构偏离度对经济增长的影响——以河北省为例》，《生产力研究》2010年第7期。

［8］张江雪：《我国三大经济地带就业弹性的比较——基于面板数据模型（Panel-data model）的实证研究》，《数量经济技术经济研究》2005年第10期。

［9］张本波：《我国就业弹性系数变动趋势及影响因素分析》，《经济学动态》2005年第8期。

［10］朱相宇、乔小勇：《北京第三产业就业潜力与调整升级——基于产业结构偏离度的国际比较与分析》，《经济体制改革》2014年第2期。

［11］魏守华、王缉慈、赵雅沁：《产业集群：新型区域经济发展理论》，《经济经

纬》2002 年第 2 期。

［12］陈岩、武义青：《关于京津冀产业优化调整的思考》，《河北经贸大学学报》2014 年第 4 期。

［13］祝尔娟：《京津冀一体化中的产业升级与整合》，《经济地理》2009 年第 29 期。

［14］叶振宇、叶素云：《北京市产业对外疏解的现实思考》，《城市》2015 第 1 期。

［15］马海龙、刘焱：《区域治理：一个概念性框架》，环渤海地区区域演变及可持续发展学术研讨会，2010。

［16］张贵、石海洋、刘帅：《京津冀都市圈产业创新网络再造与能力提升》，《河北工业大学学报》（社会科学版）2014 年第 1 期。

［17］徐永利、赵炎：《京津冀协同发展：河北省产业逆梯度推移策略》，《河北学刊》2014 年第 4 期。

［18］杨舸：《国际大都市与北京市人口疏解政策评述及借鉴》，《西北人口》2013 第 3 期。

［19］尹德挺：《人口有序管理的国际经验与中国实践——基于流动人口服务管理的视角》，《人口与经济》2012 年第 2 期。

［20］尹德挺、张子谏：《首都人口问题的国际比较及其启示》，《数据》2013 年第 9 期。

［21］陆杰华、尹德挺：《北京"十一五"人口规划目标面临的挑战及政策思路》，《新视野》2007 第 1 期。

［22］周学馨：《人口发展治理视野下的政府人口管理创新》，《理论与实践》2009 年第 6 期。

［23］周申蓓、周学馨：《基于社区治理的人口治理》，《市场与人口分析》2007 年第 5 期。

［24］吴群刚：《北京市人口规模现状与调控》，《城市问题》2009 年第 4 期。

［25］王瑜：《京津冀协同发展下人口调控的制度障碍及创新建议》，《理论与思考》2015 年第 5 期。

B.11
北京科技创新人才城市满意度
与居留意愿分析*

吴 军 刘安琪**

摘 要： 城市满意度与居留意愿是社会学、人口学、经济学、管理学
等最近一段时期经常被讨论的议题之一。尤其是随着知识经
济来临，诸如科技创新人才等高级人力资本对于城市发展竞
争力越来越重要，其"选择某个城市或不选择某个城市"直
接关系着城市发展能否制胜。本报告对北京320多位科技创
新人才进行了问卷调查，结果发现：第一，在城市总体感受
和评价上，他们的城市生活水平满意度评价偏低，工作环境
满意度相对较高；第二，在长期居留意愿方面，科技创新人
才对北京城市长期居留意愿并不是非常强烈，选择"会"长
期居住的人数没有超过被调查人数的一半，反而，有35.7%
的被调查者持一种观望态度；第三，在影响长期居留意愿的
因素中，工作机会、城市生活便利性、城市包容性以及文化
魅力都发挥着重要作用。因此，本报告建议，建设更具生活
便利性、包容性和文化魅力的城市，对于吸引聚集科技创新
人才有着重要作用。

---

* 感谢北京市社会科学基金研究基地北京人口与社会发展研究中心项目"北京创新创业社区发
展的文化动力机制研究"（项目编号：17JDSRB001）支持。
** 吴军，中共北京市委党校社会学教研部副教授，博士，北京人口与社会发展研究中心研究人
员，曾公派留学美国芝加哥大学，浙江大学杭州国际城市学研究中心与浙江省城市治理研究
中心联合培养博士后，研究方向为城市与社区发展、治理与政策等；刘安琪，中国人民大学
教育学院硕士研究生，研究方向为行政管理和公共政策。

关键词： 科技创新人才　城市满意度　生活水平　工作环境　长期居留意愿

一　引言

自 2017 年起，新一线城市的抢人大战悄然打响，武汉、南京、成都、西安、长沙等多地密集推出各种抢人政策，优惠落户，发放就业、创业补贴，租房、购房打折……各个城市迫不及待地将绣球抛向"人才"。就连"北上广深"这样的一线超级大城市也开始放宽政策，加入人才争夺战——聚天下英才而用之。

随着中国知识经济时代的快速来临，城市发展的关键从引进企业到资本，再到如今的人才。有的地方甚至出现对人才的需求远超对资本的需求。按照当前的发展趋势，本报告认为，一个城市未来发展重点不仅在于资源、资本、劳动力等，更在于人才的聚拢，毫不夸张地说，争夺科技创新人才资源，关乎城市未来命运。

习近平总书记 2014 年和 2017 年先后两次视察北京并发表重要讲话，明确北京全国政治中心、文化中心、国际交往中心、科技创新中心的战略定位，提出建设国际一流的和谐宜居之都的战略目标，为首都城市发展指明了前进方向，具有重大里程碑意义。《北京城市总体规划（2016 年—2035 年）》明确指出，科技创新中心建设要充分发挥丰富的科技资源优势，不断提高自主创新能力，加快建设具有全球影响力的全国科技创新中心，努力打造世界高端企业总部聚集之都、世界高端人才聚集之都。推进更具活力的世界级创新型城市建设，使北京成为全球科技创新引领者、高端经济增长极、创新人才首选地。

在这种新形势下，一方面是科技创新中心建设需要更多的科技创新人才，另一方面面临着全国其他各大城市的人才争夺战。留住人才，更细致地说，留住科技创新人才，是北京城市发展的当务之急。因此，对科技创

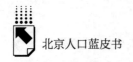
新人才在北京城市的满意度和长期居留意愿进行了解，分析影响城市长期居留意愿的影响因素，有助于针对性地制定城市和人才政策，留住城市宝贵资源，有助于城市在全球化激烈竞争中取得胜利。希望本报告的研究成果能为当下城市政策在吸引、聚集与涵养高级人力资本等方面提供有益的借鉴。

二　研究方法与数据情况

本报告主要采用问卷调研方法，对北京科技创新人才城市满意度与居留意愿进行研究，尤其是对影响该群体北京城市长期居留意愿的影响因素进行了探索。本报告主要由三部分组成：①对北京城市满意度的总体感受和评价，主要包括生活水平、工作环境满意度；②城市长期居留意愿情况；③影响城市长期居留意愿的因素。

本报告是由中共北京市委党校（北京行政学院）社会学教研部吴军副教授主持的国家社会科学基金青年项目"新型城镇化背景下大城市发展的文化动力研究"和北京市社会科学基金研究基地北京人口与社会发展研究中心项目"北京创新创业社区发展的文化动力机制研究"的重要组成部分。2016 年 9 月~2017 年 12 月，本课题组采用"北京科技创新人才城市居留意愿调查问卷"（本报告数据若无特殊说明，均来源于该问卷），对北京科技人才集中的中关村部分科技园进行了整群抽样。

问卷由"个人基本信息""居住与流动""文化参与""婚姻、家庭和性观念""社区参与""政治参与"六个部分组成。先后发放问卷 500 份，回收 380 份，有效问卷 322 份。从科技创新人才的就业领域来看，主要分布在技术研发（12%）、电子商务（10%）、互联网教育（13%）、互联网金融（5%）、企业服务（12%）、本地生活（12%）、SNS 社交网络（10%）、文化娱乐体育（11%）、游戏（6%）、智能硬件（7%）和其他（2%）。

三 科技创新人才对北京城市满意度的总体感受与评价

对一个城市满意度的总体感受与评价的测量方式比较多，我们从多项相关调研研究和文献中筛选出了两个维度，这两个维度也经常被学者们所采用。它们分别是城市生活水平的总体满意度、城市工作环境的总体满意度。然后，根据这两个维度分别设置两个题目，让被调查的科技创新人才进行回答，如"请您对北京城市生活水平的总体满意度进行评价"，答案有三个："满意""一般""不满意"。

对调查数据分析后发现，从整体上看，被调查的科技创新人才对北京城市生活水平、工作环境等总体满意度"欠佳"。其中，他们对北京城市生活水平的总体满意度评价最低，仅有30.3%的人员选择"满意"，对北京城市工作环境的总体满意度评价相对来说较高一些，选择"满意"的人员比例为45.5%。

为了更加详细地分析不同类型的科技创新人才对北京城市的总体感受与评价，我们运用列表进行进一步分析。将年龄、性别、受教育程度、政治面貌、婚姻状况、海外留学经历、北京户籍、上大学之前生活地点、职业类型、来京年限、年薪、消费、上班交通方式、通勤时间等变量，与北京城市生活水平满意度和城市工作环境满意度等，分别进行交叉分析。其中，消费主要从平均每月的房租、食品、休闲和学习培训四个方面的支出来考察。①

（一）对北京城市生活水平的总体满意度评价

1. 45岁以上科技人才对生活水平满意度最高，青年人才满意度较低

总体来看，科技创新人才对北京城市生活水平的满意度评价并不高。具体从年龄来看，45岁以上科技创新人才对北京城市生活水平的总体满意度最高，比例为42.9%，其次是35~45岁的调查对象，比例为42.1%；选择

---

① 平均每月房租：住自有房者，折合成每月房租；平均每月食品花费包括三餐费用；平均每月休闲支出包括休闲娱乐、文化艺术消费的费用。

"满意"选项比例最低的是 25~35 岁的青年人群,其比例为 27.1%。就性别而言,科技人才对北京城市生活水平总体满意度评价的性别差异不大,男性选择"满意"的比例为 31.3%,女性选择"满意"的比例为 29.3%。

2. 中共党员、有留学经历的科技人才对生活水平满意度评价相对较高

就政治面貌而言,中共党员和无党派人士在对北京城市生活水平的总体满意度做出评价时,选择"满意"的比例均为 40.0%,明显高于群众与民主党派人士的满意度评价,高出 15~18 个百分点。在受教育程度方面,博士学历及以上调查对象选择对北京城市生活水平"满意"的比例最高,其次是"高中或中专"、"初中及以下"和"大专"教育背景的调查对象,选择"满意"比例都在 30% 以上;反而,具有大学本科、硕士教育背景的调查对象生活满意度评价偏低,选择"满意"的比例均在 30% 以下。这说明,受教育程度"低"和"高"的群体对北京城市生活满意度评价趋向一致,反而中间群体评价偏低。

就留学经历而言,有留学经历的人才选择"满意"的比例明显高于没有留学经历的(28.5%)。其中,留学经历在一年以上的人才选择"满意"的比例(50.0%)又高于留学经历为半年到一年的人才(42.1%)。

3. 京籍比非京籍科技人才的满意度评价高16个百分点,上大学前的地点性质对满意度评价有较大影响

就有无北京户籍而言,有户籍的调查对象对生活水平选择"满意"的比例高于无户籍群体。其中,有户籍的选择"满意"的比例为 41.9%,无户籍的选择"满意"的比例为 25.6%,前者高出后者大约 16 个百分点。

就来京年限而言,来京 5 年及以上的调查对象选择"满意"的比例最高,比例为 34.8%;其次是来京 2 年及以下的,选择"满意"的比例为 26.6%;来京 2~4 年选择"满意"的比例为 16.7%。就上大学之前的生活地点而言,曾居住在大城市的调查对象选择满意的比例最高,为 42.2%;曾居住在农村的选择"满意"的比例最低,为 18.2%,比来自大城市的调查对象低了 24 个百分点。这说明,对于科技创新人才这个群体而言,上大学之前的生活地点对其未来的城市生活水平满意度有重要影响,其曾经生活的城市等级越高,对城市生活水平总体满意度的评价往往就越高。

4. 年薪在20万元以上的科技人才对北京城市生活水平较为满意

就收入水平而言，年薪在 20 万元以上的调查对象对北京城市生活水平满意的比例最高，为 41.3%；其次是年薪为 15 万~20 万元的调查对象，其比例为 28.6%；年薪为 10 万~15 万元的调查对象选择"满意"的比例为 30.6%；年薪在 5 万元及以下的调查对象选择"满意"的比例为 27.4%；年薪为 5 万~10 万元的调查对象选择"满意"的比例最低，为 24.3%，比年薪 20 万元以上的调查对象的满意度比例低了 17 个百分点。从总体上看，收入越高的群体对北京城市生活水平总体满意度评价越高。

5. 有能力支付月均房租4000元与学习培训500元以上的科技人才生活满意度较高

就生活成本而言，本报告从房租、食品、休闲和学习培训四个方面进行考察。房租为 4000 元及以上的调查对象选择"满意"的比例比房租为 2000 元以下和 2000~4000 元的调查对象分别高 11.6 个和 6.5 个百分点。房租消费高于 4000 元和低于 4000 元的调查对象，在对城市生活水平总体满意度的评价上有显著差别，前者满意度评价高于后者。休闲消费为 2000 元以上和 1000~2000 元的调查对象选择"满意"的比例大致相同，比消费为 1000 元以下的调查对象高出约 13 个百分点。

在食品消费方面，满意度最高的是消费在 2000 元以上的调查对象（45.3%），其次是消费为 1000~2000 元的调查对象（33.6%），最低的是消费在 1000 元以下的调查对象（19.2%）。

在学习培训方面，每月平均花费 500~1000 元的调查对象选择"满意"的比例为 48.1%，明显高于月均花费在 500 元以下的调查对象（24.4%），高出约 1 倍。值得注意的是，学习培训类消费在 500 元以上的调查对象生活水平满意度远远高于消费在 500 元以下的人群。这说明，消费对于城市生活水平满意度有较大影响。

6. 上下班通勤时间30分钟是城市生活满意度评价的分水岭

就通勤方式而言，开汽车的调查对象选择"满意"的比例最高，为 45.1%；其次是将步行作为上下班交通方式的调查对象，其选择"满意"

的比例为34.5%；选择公共交通作为通勤方式的调查对象选择"满意"的比例为26.2%；骑车的受调查者选择"满意"的比例最低，为23.3%。

就通勤时间而言，通勤时间为30分钟以内的调查对象选择"满意"的比例最高，为37.1%；其次是30~60分钟的调查对象，其比例为27.7%；通勤时间在60分钟以上的调查对象选择"满意"的比例最低，为21.7%，比通勤时间在30分钟以内的调查对象选择"满意"的比例整整低了15.4个百分点。整体上看，通勤时间越长，城市生活水平总体满意度评价越低。

科技创新人才对北京城市生活水平的总体满意度评价结果见表1。

表1 不同特征科技创新人才对北京城市生活水平的总体满意度评价

变量	特征	满意度评价（%）			chi square	sig.
		满意	一般	不满意		
年龄	25岁以下	30.0	52.2	17.8	6.036	0.419
	25~35岁	27.1	58.2	14.7		
	35~45岁	42.1	39.5	18.4		
	45岁以上	42.9	42.9	14.3		
性别	男	31.3	51.2	17.4	1.618	0.445
	女	29.3	57.8	12.9		
受教育程度	初中及以下	33.3	33.3	33.3	9.217	0.512
	高中或中专	42.1	36.8	21.1		
	大专	34.1	50.0	15.9		
	本科	27.4	56.4	16.2		
	硕士	29.0	58.1	12.9		
	博士及以上	55.6	22.2	22.2		
政治面貌	中共党员	40.0	46.7	13.3	9.308	0.157
	民主党派	22.2	77.8			
	无党派人士	40.0	42.9	17.1		
	群众	25.7	56.7	17.6		
婚姻状况	未婚	28.0	51.4	20.6	5.923	0.205
	已婚	32.6	56.5	10.9		
	离异	42.9	42.9	14.3		
海外留学经历	无	28.5	56.0	15.5	5.447	0.244
	有，半年到一年	42.1	36.8	21.1		
	有，一年以上	50.0	35.7	14.3		

续表

变量	特征	满意度评价（%）			chi square	sig.
		满意	一般	不满意		
北京户籍	有	41.9	48.4	9.7	9.954	0.007
	没有	25.6	55.5	18.9		
上大学之前生活地点	村	18.2	63.6	18.2	15.677	0.016
	镇	25.0	62.5	12.5		
	县城	28.8	49.5	21.6		
	大城市	42.2	47.1	10.8		
职业类型	初始员工	29.4	55.0	15.5	0.834	0.659
	合伙人	32.1	49.4	18.5		
来京年限	2 年及以下	26.6	54.7	18.8	11.432	0.022
	2~4 年	16.7	54.2	29.2		
	5 年及以上	34.8	52.9	12.3		
年薪	5 万元及以下	27.4	46.8	25.8	12.249	0.140
	5 万~10 万元	24.3	60.2	15.5		
	10 万~15 万元	30.6	54.8	14.5		
	15 万~20 万元	28.6	50.0	21.4		
	20 万元以上	41.3	50.8	7.9		
消费（房租）	2000 元以下	25.9	55.1	19.0	4.537	0.338
	2000~4000 元	31.0	51.0	18.0		
	4000 元及以上	37.5	54.2	8.3		
消费（食品）	1000 元以下	19.2	63.1	17.7	18.457	0.001
	1000~2000 元	33.6	46.2	20.2		
	2000 元以上	45.3	46.9	7.8		
消费（休闲）	1000 元以下	27.5	55.0	17.5	4.438	0.350
	1000~2000 元	40.9	45.5	13.6		
	2000 元以上	40.0	50.0	10.0		
消费（学习培训）	500 元以下	24.4	58.5	17.1	12.756	0.013
	500~1000 元	48.1	38.5	13.5		
	1000 元以上	38.7	41.9	19.4		
上班交通方式	公共交通	26.2	57.4	16.4	10.454	0.235
	步行	34.5	48.3	17.2		
	骑车	23.3	56.7	20.0		
	开汽车	45.1	45.1	9.8		
	其他	22.2	44.4	33.3		
通勤时间	30 分钟以下	37.1	50.9	12.1	7.783	0.100
	30~60 分钟	27.7	51.8	20.6		
	60 分钟以上	21.7	63.3	15.0		

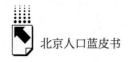

（二）对北京城市工作环境的总体满意度评价

1. 35~45岁科技创新人才对城市工作环境满意度评价最高

就年龄而言，35~45岁调查对象对北京城市工作环境总体满意度最高，其选择"满意"的比例最高，为52.6%；25~35岁和25岁以下的调查对象选择"满意"的比例相对较低，分别为46.9%和41.6%；45岁以上的调查对象选择"满意"的比例最低，为35.7%，比满意度最高的调查对象低了将近17个百分点。就性别而言，男性选择"满意"的比例为46%，和女性的满意度非常接近。

2. 学历最低和最高的科技人才对城市工作环境满意度评价相似，留学经历在1年以上的满意度高于其他群体

就受教育程度来说，硕士学历的调查对象选择"满意"的比例最高，为53.2%，高于本科和高中或中专学历的调查对象，其选择"满意"的比例分别为45.8%和44.4%；受教育程度为初中以下和博士及以上的调查对象选择"满意"的比例较低，二者均为33.3%。这说明，学历最低和学历最高的科技人才在对城市工作环境的评价上认知趋向一致，而且整体评价偏低。

就留学经历而言，有一年以上留学经历的调查对象选择"满意"的比例比较高，达64.3%，远远高于没有留学经历（45.2%）和留学经历为半年到一年（36.8%）的调查对象。这说明，留学背景在1年以上的科技人才对北京城市工作环境的总体满意度比较高。

就婚姻状况而言，已婚的调查对象选择"满意"的比例最高，为47.1%；未婚和离异调查对象选择"满意"的比例稍微偏低，但差别不大。这说明，婚姻状态对城市工作环境总体满意度评价影响不大。

3. 上大学之前曾居住在大城市的科技人才对北京城市工作环境满意度评价较高

就上大学之前的生活地点而言，来自大城市的调查对象选择"满意"的比例比较高，为50.0%；上大学之前生活在县城和镇的调查对象选择

"满意"的比例都在40%以上，分别为44.1%和43.6%；上大学之前生活在农村的调查对象选择"满意"的比例最低，但也超过了40%，为42.4%，比来自大城市的低了7.6个百分点。这说明，上大学之前所生活地方的城市级别越高，其对北京城市工作环境总体满意度评价也就越高。

就有无北京户籍而言，有北京户籍的调查对象选择"满意"的比例高于无北京户籍的调查对象，前者比例为49.5%，后者比例为43.8%，二者满意度相差5.7个百分点。

4. 相较于低消费群体来说，高消费科技人才对北京城市工作环境较为满意

就生活成本而言，我们从房租、食品、休闲和学习培训四个方面进行考察。房租为4000元及以上的调查对象选择"满意"的比例比房租为2000元以下和2000～4000元的调查对象均高约19个百分点。休闲消费为1000～2000元和2000元以上的调查对象选择"满意"的比例比消费在1000元以下的高出6.9个百分点。在食品消费方面，消费2000元以上的调查对象选择"满意"的比例（50.0%）高于消费1000～2000元（48.3%）和1000元以下（38.5%）的调查对象。在学习培训方面，月均花费为500～1000元的调查对象选择"满意"的比例最高，为55.8%。这说明，相较于低消费群体来说，高消费群体对北京城市工作环境较为满意。

5. 开汽车、通勤时间30分钟内的科技人才对工作环境满意度评价较高

就通勤方式而言，开汽车上下班的调查对象选择"满意"的比例最高，为49.0%；其次是步行上下班的，比例为48.3%；再次是采用公共交通和骑车的调查对象，比例分别为44.3%和43.3%。科技创新人才在对工作环境进行评价时，不同的交通方式对选择"满意"的影响不大，占比均在40%到50%之间。

就通勤时间而言，通勤时间在30分钟以内的调查对象选择"满意"的比例最高，为50.9%；其次是通勤时间为30～60分钟的调查对象，比例为42.9%；通勤时间在60分钟以上的调查对象选择"满意"的比例为38.3%，比通勤时间在30分钟以内的低了12.6个百分点。整体上看，通勤

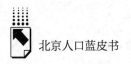
时间越长，该群体对北京城市工作环境的总体满意度评价越低。

科技创新人才对北京城市工作环境的总体满意度评价见表2。

表2 不同特征科技创新人才对北京城市工作环境的总体满意度评价

变量	特征	满意度评价（%）			chi square	sig.
		满意	一般	不满意		
年龄	25 岁以下	41.6	41.6	16.9	6.440	0.376
	25~35 岁	46.9	43.5	9.6		
	35~45 岁	52.6	28.9	18.4		
	45 岁以上	35.7	50.0	14.3		
性别	男	46.0	42.0	12.0	0.075	0.963
	女	44.8	42.2	12.9		
受教育程度	初中以下	33.3	16.7	50.0	16.730	0.081
	高中或中专	44.4	44.4	11.1		
	大专	36.4	43.2	20.5		
	本科	45.8	44.1	10.1		
	硕士	53.2	37.1	9.7		
	博士及以上	33.3	33.3	33.3		
政治面貌	中共党员	55.0	35.0	10.0	8.393	0.211
	民主党派	22.2	44.4	33.3		
	无党派人士	40.0	40.0	20.0		
	群众	45.0	43.5	11.5		
婚姻状况	未婚	44.3	43.1	12.6	0.366	0.985
	已婚	47.1	39.9	13.0		
	离异	42.9	42.9	14.3		
海外留学经历	无	45.2	42.8	12.0	5.390	0.250
	有,半年到一年	36.8	36.8	26.3		
	有,一年以上	64.3	28.6	7.1		
北京户籍	有	49.5	41.9	8.6	2.311	0.315
	没有	43.8	41.6	14.6		
上大学之前生活地点	村	42.4	37.9	19.7	9.812	0.133
	镇	43.6	48.7	7.7		
	县城	44.1	39.6	16.2		
	大城市	50.0	44.1	5.9		
职业类型	初始员工	44.7	44.7	10.5	5.904	0.052
	合伙人	46.9	33.3	19.8		

续表

变量	特征	满意度评价（%）			chi square	sig.
		满意	一般	不满意		
来京年限	2 年及以下	47.6	42.9	9.5	4.384	0.357
	2～4 年	45.8	33.3	20.8		
	5 年及以上	43.9	44.4	11.8		
年薪	5 万元及以下	42.6	37.7	19.7	8.773	0.362
	5 万～10 万元	45.6	47.6	6.8		
	10 万～15 万元	40.3	46.8	12.9		
	15 万～20 万元	50.0	35.7	14.3		
	20 万元以上	49.2	34.9	15.9		
消费（房租）	2000 元以下	41.4	46.5	12.1	7.916	0.095
	2000～4000 元	41.0	44.0	15.0		
	4000 元及以上	60.4	25.0	14.6		
消费（食品）	1000 元以下	38.5	44.6	16.9	5.140	0.273
	1000～2000 元	48.3	42.4	9.3		
	2000 元以上	50.0	37.5	12.5		
消费（休闲）	1000 元以下	43.1	43.1	13.8	1.527	0.822
	1000～2000 元	50.0	40.9	9.1		
	2000 元以上	50.0	35.0	15.0		
消费（学习培训）	500 元以下	40.9	46.6	12.4	5.905	0.206
	500～1000 元	55.8	34.6	9.6		
	1000 元以上	48.4	32.3	19.4		
上班交通方式	公共交通	44.3	44.8	10.8	9.249	0.322
	步行	48.3	31.0	20.7		
	骑车	43.3	30.0	26.7		
	开汽车	49.0	41.2	9.8		
	其他	44.4	44.4	11.1		
通勤时间	30 分钟以下	50.9	33.6	15.5	5.917	0.205
	30～60 分钟	42.9	46.4	10.7		
	60 分钟以上	38.3	48.3	13.3		

四　科技创新人才北京长期居留意愿现状分析

除了了解科技创新人才对北京城市的总体满意度之外，我们还进一步分析该群体的北京长期居留意愿。针对此，本研究在调查问卷中设置了一个问

题："假如现状不变，您会在北京长期居住吗?"备选答案有三项："会""不会""视情况而定"。调查数据显示，从整体上看，科技创新人才的北京长期居留意愿并不是非常强烈，选择"会"长期居住的还没有超过一半，仅为43.5%；明确表示"不会"的相对较少，占被调查对象的20.5%；还有35.7%被调查者持观望态度，选择"视情况而定"。

另外，科技创新人才对北京长期居留意愿不强烈的佐证还来自问卷中另外一个选项"购房意愿"，即"未来五年内，您是否有在北京购房的打算?"通常来讲，如果人们在某个地方已经购房或打算购房，其长期居住的意愿较高。在被问及时，有21.1%的被访者表示"已经买了"，19.3%的被访者表示"正准备买"，42.5%的被访者明确表示"不准备买"，还有16.9%的被访者选择了"其他情况"。从中不难发现，尽管拥有房产不是在某个地方长期居住的唯一判断标准，但没有房屋至少反映出居住地的流动性和不稳定性。从这个层面来讲，有相当一大部分科技创新人才的北京长期居留意愿并不强烈。

（一）女性长期居留意愿较强，46～60岁居留意愿呈现出确定性

从性别来看，相较于男性，女性居留意愿较强，迁移动机较弱。数据显示，调查的女性群体中，选择"会"长期居留的比例为47.40%，明显高于男性的41.40%。从另外一个角度也可以说明这个问题，比如男性调查对象中明确表示"不会"在北京长期居留的比例整整高出女性6.8个百分点。将年龄与居留意愿进行交叉分析，发现除少数年龄阶段外，年龄与居留意愿呈现波动上升的关系，即年龄越大，居留意愿越强烈，迁移动机越弱。另外，年龄为46～60岁的受访者居留意愿呈现出确定性，即明确表示会留在北京或不会留在北京。31～40岁、51～60岁的调查对象在北京长期居留意愿处在相对较高的水平。这可能是因为31～40岁的科技人才正处在青壮年时期，思想比较活跃，身体素质和技能较好，对生活拥有更大的憧憬等，而51～60岁人口可能经过多年的努力，具有了一定的财富基础，储备了一定的社会资本，因此这一年龄段的乡—城流动人口长期居留意愿较高。

（二）有北京户籍比没有北京户籍科技人才的长期居留意愿高

有北京户籍的调查对象选择"会"在北京长期居留的明显高于没有北京户籍的调查对象，前者选择"会"的比例高达87.10%，比后者高了61.3个百分点。另外，没有北京户籍的调查对象选择"视情况而定"的比例也比较高，达到了50.70%。由此可见，户籍对迁移动机影响非常大，有一部分处在犹豫和观望中。这说明，户籍很大程度上影响着科技人才的北京长期居留意愿，其中，拥有户籍的科技人员更愿意长期居住在北京。

从婚姻状况来看，已婚的调查对象选择"会"长期居住的比例为60.40%；其次是离异的调查对象，其比例为57.10%。其中，居留意愿最弱的为婚姻状况为未婚的调查对象，其选择"会"长期居住的比例仅为29.50%。这也说明，婚姻状况的不同对科技创新人才的城市长期居留意愿影响比较大（sig. =0.001）。可见，家庭的组建使居留意愿增强，另外，未婚群体居留意愿较弱也与其年龄相对较小有关。

（三）居留意愿与受教育程度的关系以硕士学历为分界线，呈现出分阶段的特点

就受教育程度而言，具有硕士学历的调查对象选择"会"在北京长期居留的比例最高，为51.6%；其次是博士及以上和本科学历的调查对象，他们选择"会"长期居留的比例分别为44.4%、43.30%。从对比来看，居留意愿与受教育程度的关系以硕士学历为分界线，呈现出分阶段的特点。从学历为初中以下到硕士来看，受教育程度越高，居留意愿越强；再到学历为博士及以上，受教育程度提高，但选择"会"在北京长期居住的比例反而降低。

另外，从上大学之前的居住地点来看，居留意愿最强的是来自大城市的调查对象；上大学之前的居住地为县城或农村的调查对象，选择"会"在北京城市长期居留的比例相对较低。

（四）收入越高，长期居留北京意愿越强

从收入来说，不同收入的调查对象选择"会"在北京长期居留的比例有较大差异。其中，年薪35万元以上的调查对象选择"会"长期居留的比例最高，比例高达95%。然而，年薪为15万~20万元的调查对象选择"会"长期居留的比例最低，比例仅为21.4%，远远低于年薪在35万元以上的群体。年薪为5万元以下和10万~15万元的两个群体选择"会"长期居留的比例相同。综观每个收入群体选择"会"长期居留的比例，大致可以看出，收入越高，长期居留北京意愿越强。

（五）文化艺术参与度高的群体居留意愿强

将文化艺术参与度和居留意愿进行交叉分析，结果发现，文化艺术参与度越高，调查对象的北京长期居留意愿越强。其中，经常参加文化艺术活动的调查对象和长期居留意愿强的人群交叉比例为54.20%；不参加文化艺术活动和长期居留意愿不强的人群交叉比例为24.20%。二者相差较大。这说明，文化艺术参与度对科技人才城市长期居留意愿有着重要影响。

（六）政治活动参与度对科技人才城市长期居留意愿影响不大

将政治活动参与情况与居留意愿做交叉分析，结果发现，在居留意愿强的组别中，经常参加政治活动的调查对象选择"会"在北京长期居住的比例为37.50%，不参加政治活动的调查对象选择"会"的比例为43.30%，二者相差不大。这说明，政治活动参与度对科技人才在北京长期居留意愿影响不大。

（七）社区邻里关系对科技人才长期居留意愿有影响但并不大

将邻里关系与长期居住意愿进行交叉分析，结果发现，与社区邻居经常走动的科技人才选择"会"在北京长期居住的比例最高，为50%；与社区邻居不了解、不走动的调查对象选择"会"的比例为44.0%。这体现出邻里关系（弱关系）可能对科技人才的居留意愿有影响，但并不十分明显。

各影响因素与科技人才的城市居留意愿交叉分析见表3。

表3　各影响因素与城市长期居留意愿的交叉表分析

变量	特征	长期居住意愿(%)			sig. (chi square)
		会	视情况而定	不会	
年龄	25 岁及以下	26. 40	44. 00	29. 70	. 000(55. 697)
	26 ~ 30 岁	38. 30	43. 30	18. 30	
	31 ~ 35 岁	61. 40	29. 80	8. 80	
	36 ~ 40 岁	82. 60	8. 70	8. 70	
	41 ~ 45 岁	46. 70	20. 00	33. 30	
	46 ~ 50 岁	25. 00		75. 00	
	51 ~ 55 岁	75. 00		25. 00	
	56 ~ 60 岁	83. 30		16. 70	
	60 岁以上		100. 00		
性别	男	41. 40	35. 50	23. 20	0. 322(2. 265)
	女	47. 40	36. 20	16. 40	
婚姻状况	未婚	29. 50	49. 40	21. 00	. 001(37. 034)
	已婚	60. 40	19. 40	20. 10	
	离异	57. 10	28. 60	14. 30	
户籍	有	87. 10		12. 90	. 000(108. 011)
	没有	25. 80	50. 70	23. 60	
年薪	5 万元及以下	37. 10	33. 90	29. 00	. 000(61. 509)
	5 万 ~ 10 万元	40. 00	41. 00	19. 00	
	10 万 ~ 15 万元	37. 10	46. 80	16. 10	
	15 万 ~ 20 万元	21. 40	60. 70	17. 90	
	20 万 ~ 25 万元	22. 20	55. 60	22. 20	
	25 万 ~ 30 万元	78. 60		21. 40	
	30 万 ~ 35 万元	50. 00		50. 00	
	35 万元以上	95. 00		5. 00	
教育程度	初中以下	33. 30	16. 70	50. 00	0. 049(18. 375)
	高中或中专	36. 80	26. 30	36. 80	
	大专	37. 80	37. 80	24. 40	
	本科	43. 30	41. 70	15. 00	
	硕士	51. 60	25. 80	22. 60	
	博士及以上	44. 40	11. 10	44. 40	

续表

变量	特征	长期居住意愿(%)			sig. (chi square)
		会	视情况而定	不会	
购房意愿	已经买了	83.80	7.40	8.80	.000(83.844)
	正准备买	48.40	32.30	19.40	
	不准备买	24.10	43.10	32.80	
	其他	35.80	58.50	5.70	
文化艺术	经常参加	54.20	26.40	19.40	.260(5.275)
	一般	42.20	39.00	18.80	
	不参加	39.60	36.30	24.20	
政治活动	有	59.60	26.30	14.00	.031(6.940)
	经常参加	37.50	37.50	25.00	.848(1.380)
	一般	45.70	37.10	17.10	
	不参加	43.30	34.50	22.20	
社区邻里	不了解、不走动	44.00	32.00	24.00	.538(5.042)
	仅限于打招呼	46.40	36.20	17.40	
	经常走动	50.00	39.30	10.70	
	必要时互相帮助	38.20	35.50	26.30	

五　对影响科技创新人才城市居留意愿的因素分析

通过以上分析，我们了解了被调查的科技创新人才对北京城市的总体满意度评价和长期居留意愿情况。那么，什么因素影响着科技创新人才的城市长期居留意愿？本研究从经济因素、城市包容性、城市生活便利性、城市公共服务、城市文化魅力、城市可提供的学习资源和政治资源等维度进行考察，尝试性地分析影响该群体长期居留意愿的因素。经济因素包括收入高低、工作机会、行业发展情况；城市生活便利性在这里主要的衡量指标就是生活便利。城市文化魅力多指城市中咖啡馆、酒吧、书店、艺术馆、影剧院等设施情况。在所有考察指标中，影响显著的有经济因素中的工作机会多、城市生活便利、城市公共服务、城市包容性、城市文化魅力。

（一）经济因素中的"工作机会"对居留意愿的影响比较大

数据显示，在调查对象中，有长期居留意愿的人数占比为51%，超过半数，并且工作机会对长期居留意愿的影响在0.01的水平上显著相关。"收入比较高"和"行业发展氛围浓"对科技创新人才的北京长期居留意愿也有影响。在居留意愿强的组别中，认同"收入比较高"的调查对象选择"会"长期居留的比例为50.4%，认为"一般"的调查对象选择"会"的比例为40.6%，不同意"收入比较高"的调查对象选择"会"的比例为33.3%。认同"行业发展氛围浓"的调查对象选择"会"的比例为47.9%，认为"一般"的调查对象选择"会"的比例为37.3%，不同意"行业发展氛围浓"的调查对象选择"会"的比例为28.0%。从总体上来看，科技创新人才更注重职业发展潜力和职位上升空间。

（二）城市生活便利性对居留意愿会产生较大影响

在认同北京生活便利的组别中，长期居留意愿强的占比为53.2%，超过半数，并且生活便利对长期居留意愿的影响在0.05的水平上显著相关（sig.＝0.019）。可见，对科技创新人才的吸引，不能仅局限于提供工作机会和物质收入，城市生活便利对科技创新人才也具有很高的吸引力。

（三）好的城市公共服务对居留意愿影响明显

在认为北京城市公共服务好的组别中，长期居留意愿强的占比为56.8%，并且城市公共服务对长期居留意愿的影响在0.001的水平上显著相关（sig.＝0.001）。公共服务是城市能否吸引人才长期居留的重要因素。一个区域的公共服务部门越多样，就越能吸引科技创新人才聚集该区域。如学校、医院等公共服务部门，不仅满足科技创新人才本身的学习、就医等需求，还涉及其家庭需要。

（四）城市包容性、文化魅力对居留意愿的影响比较大

在认为北京具有城市包容性的组别中，长期居留意愿强的占比为

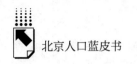

53.8%，并且城市包容性对长期居留意愿的影响在 0.001 的水平上显著相关（sig. = 0.001）。在认为北京具有城市文化魅力的组别中，长期居留意愿强的占比为 57.8%，并且城市文化魅力对长期居留意愿的影响在 0.01 的水平上显著相关（sig. = 0.002）

（五）城市可提供的学习资源对居留意愿会产生影响

在居留意愿强的组别中，认为学习资源对居留意愿影响强的人数占比最高，为 45.5%，其次是影响"一般"的，占比为 40.8%，"不同意"学习资源丰富对居留意愿有影响的人数占比为 40.7%。

在居留意愿强的组别中，认同政治资源丰富对居留意愿影响强的人数占比最高，为 56.6%，其次是影响"一般"的，占比为 42.4%，"不同意"北京政治资源丰富对吸引人才居留有影响的人数占比为 34.4%（见表4）。

表4　科技创新人才对影响其长期居留意愿因素的认知分析

影响因素	具体指标	评价	居留意愿(%)			chi square	sig.
			会	不会	视情况而定		
经济因素	收入比较高	同　意	50.4	17.3	32.4	5.6	0.236
		一　般	40.6	21.9	37.5		
		不同意	33.3	25.9	40.7		
	行业发展氛围浓	同　意	47.9	17.8	34.3	7.423	0.115
		一　般	37.3	22.9	39.8		
		不同意	28.0	36.0	36.0		
	工作机会多	同　意	51.0	17.6	31.4	13.213	0.010
		一　般	28.4	26.1	45.5		
		不同意	37.9	24.1	37.9		
城市生活便利性	生活便利	同　意	53.2	20.2	26.6	11.833	0.019
		一　般	40.0	17.9	42.1		
		不同意	31.6	28.1	40.4		
城市公共服务	公共服务好	同　意	56.8	18.0	25.2	19.749	0.001
		一　般	35.3	20.6	44.1		
		不同意	28.3	28.3	43.5		

续表

影响因素	具体指标	评价	居留意愿（%）			chi square	sig.
			会	不会	视情况而定		
城市包容性	包容性	同　意	53.8	14.7	31.5	22.753	0.001
		一　般	42.2	19.5	38.3		
		不同意	18.4	38.8	42.9		
城市文化魅力	文化艺术氛围浓	同　意	57.8	14.7	27.5	17.449	0.002
		一　般	39.5	20.4	40.1		
		不同意	28.3	31.7	40.0		
学习资源	学习资源丰富	同　意	45.5	18.3	36.1	1.676	0.795
		一　般	40.8	23.3	35.9		
		不同意	40.7	25.9	33.3		
政治资源	政治资源丰富	同　意	56.6	17.1	26.3	8.787	0.067
		一　般	42.4	19.9	37.7		
		不同意	34.4	24.7	40.9		

六　结论与政策思考

随着知识经济时代的来临，城市对诸如创新创意人才等高级人力资本的需求更加明显，研究该群体的城市满意度评价和居留意愿，对于城市发展和竞争力提高来说尤为重要。尤其是当下创新驱动发展的前提下，其实质就是人才驱动发展。正如本报告开篇引用的那样，各城市目前的"抢人大战"也说明了这个问题的重要性。

本报告认为，影响科技创新人才城市长期居留意愿的因素比较多，包括工作机会、城市生活便利性、城市公共服务、城市包容性、城市文化魅力等，每一种因素对其影响的程度不同。也就是说，科技创新人才选择一个城市或不选择一个城市是一项综合复杂的抉择。在这个抉择过程中，个体因素（年龄、性别、教育程度、户籍等）和经济因素往往是他们考虑比较多的内容，而文化因素只在年薪超过25万元的人群中发挥显著作用。另外，以邻里关系为主的社会关系网络对长期居住意愿也发挥着作用，这个网络越好，

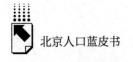

长期居留意愿越强。

事实上，科技创新人才对城市的总体满意度评价和居留意愿是一个比较复杂的问题，单一维度的解释往往具有局限性。本报告的研究也只是呈现了一些基本的情况与问题，针对城市如何更好地吸引和留住这样的人才，我们提出了一些建议，具体如下。

第一，个体因素方面，是否拥有北京户籍、婚姻状况对科技创新人才城市长期居留意愿有着较强影响，拥有北京户籍的调查对象在长期居留意愿上明显高于没有北京户籍的。户籍影响着在京期间享受福利的程度和身份认同。随着人口流动的家庭化趋向，婚姻状况也日益成为影响居留意愿的因素。例如，在考虑配偶就业、子女就学等问题时，已婚人员比未婚人员更具有现实指向性。尤其是在无户籍的科技创新人员家庭化迁移的背景下，子女就学问题是影响其长期居留意愿的关键因素。

第二，重视高层次科技创新人才对于城市空间品质和生活质量的诉求。随着知识经济时代的来临，文化舒适物对科技创新人才迁入和经济增长产生了重要影响；同时，文化舒适物的分布和组合会对该群体形成很强的吸附力。因为这迎合了高素质人力资本对生活质量和空间品质的要求。

第三，有序推进"中低层"科技创新人才落户门槛降低。目前，北京市针对科技创新人才落户出台了一系列优惠政策，但对于"中低层"科技创新人员来说，户籍的准入门槛还相对较高。北京市需要进一步完善户籍制度，解决"中低层"科技创新人才的城市融入问题。如果这个问题解决不好，将成为今后城市发展的很大隐患。因为一项科技创新往往需要不同层次的人才合作配合才能完成。另外，高层次的科技创新人才往往也是从低技术和低水平慢慢发展而来的。

第四，减少住房问题对科技创新人才长期居留意愿的阻力。影响科技创新人才迁移意愿的经济因素中，收入和房租两项较为明显。收入多少属于市场行为，由市场规律来决定。但是房租就不仅是单一的市场问题，因为它涉及居住问题，往往带有社会属性。调查中科技创新人才把"房租"作为影响其长期居留意愿的一个重要选项，可见，居住成本已经很大程度上影响到该群体的城市抉择。最近部分大城市降低买房资格标准或直接打折"赠房"招揽人才，也说明了居住成本对科技创新人才迁移意愿影响的重要程度。因此，降低居住成本，恐怕是未来城市政策制定中不得不考虑的一项议题。

第五，推进科技创新人才融入城市社会。以邻里关系为主的社会支持网络对于科技创新人才长期居留意愿也会产生影响。针对此，以社区为载体，推进邻里关系建设，打造包容性文化，营造社区中的美好家园氛围，不断增强群体的地方认同感。

参考文献

［1］陶雪飞：《城市科技创新综合能力评价指标体系及实证研究》，《经济地理》2013 年第 10 期。

［2］王宁：《消费流动：人才流动的又一动因——"地理流动与社会流动"的理论探究之一》，《学术研究》2014 年第 10 期。

［3］王宁：《劳动力迁移动机的三个理论视角及其整合》，《广西民族大学学报》（哲学社会科学版）2016 年第 1 期。

［4］吴军：《流动的逻辑：解读创新创业者大城市聚集动力》，《城市发展研究》2016 年第 8 期。

［5］祁述裕、吴军：《文化场景视角下北京中关村创新创业社区发展的动力探索》，《艺术百家》2017 年 8 月。

［6］吴军：《大城市发展新行动战略：消费城市》，《学术界》，2014 年第 2 期；随后被《中国人民大学复印报刊资料》（社会学）全文转载，2014 年第 6 期。

［7］吴军：《场景理论与城市公共政策》，《社会科学战线》2014 年第 1 期。

［8］Cary Wu、马秀莲、吴军：《文化增长机器：后工业城市与社区发展的路径探索》，《东岳论丛》，2017 年 7 月。

B.12
北京城市创新能力优势与不足：
与上海、广州、深圳比较*

吴军　刘柯瑾**

摘　要： 不同于传统聚焦于专业创新人群的研究范式，本报告的城市创新涵盖了普通大众的创新。从这个更广义角度理解创新，本报告把城市创新能力划分为三个方面：创新主体、创新资源、创新环境。基于此，我们对北京与上海、广州、深圳等大城市创新情况进行了比较，数据主要来源于四个城市2017年的统计年鉴。结果发现，第一，北京城市创新主体中的企业组织数量具有绝对优势，高新企业从业人数、高等学校、科研院所与社会组织等数量均高于上海、广州和深圳，但人口密度远低于其他三个城市；第二，北京城市创新资源得天独厚，较上海、广州、深圳优势明显，然而，科研投入与产生效益低于深圳，专利含金量有待提升；第三，北京城市创新环境在绿色发展和公共服务资源方面具有明显优势，但城市包容度不如深圳。

关键词： 城市创新　创新主体　创新资源　创新环境

---

* 感谢北京市社会科学基金研究基地北京人口与社会发展研究中心项目"北京创新创业社区发展的文化动力机制研究"（项目编号：17JDSRB001）支持。

** 吴军，中共北京市委党校社会学教研部副教授，博士，北京人口与社会发展研究中心研究人员，曾公派留学美国芝加哥大学，浙江大学杭州国际城市学研究中心与浙江省城市治理研究中心联合培养博士后，研究方向为城市与社区发展、治理与政策等；刘柯瑾，中国传媒大学与美国芝加哥大学联合培养博士生，研究方向为文化创意与城市发展。

一 引言：关于城市创新的几个维度

目前，关于城市创新的研究中，多数是以研发投入、专利数、论文数等指标来衡量的。我们认为，此类研究指标只专注于少数几类专业创新人群与活动，过于狭隘，忽略了"大众创新"中众人智慧或"智慧在民间"的含义。

针对国际城市创新发展的趋势，我们从创新主体、创新资源、创新环境、创新机制四个方面重新构建了未来发展目标，并认为场景理论以丰富的内涵、多样的形式、灵活的操作、广泛的参与、即时的反馈等特征成为当下城市创新建设中的有效途径。

创新主体，主要反映了城市创新实践活动的承担者，即具有创新能力并实际从事创新活动的人或组织。城市创新领域是广阔的，创新主体是多元的，包括普通公民、创意阶层、社会组织、企业、政府等。要想实现城市的创新发展，就需要调动最广泛创新主体积极参与，通过激发企业创新活力、鼓励创意阶层发挥自身所长、号召公民积极自我提升以及引导社会组织承担社会责任，以创建利于城市创新发展的多样性人力资源。城市在创新主体方面的主要目标是通过多样性的主体参与，打造非典型的城市学习路径，以提升公民、创意阶层、社会组织、政府部门对城市创新能力的认识并培养不同主体在创新实践中的工作能力。

创新资源，反映了城市创新发展所需要的各种投入，包括技术、文化、便利设施等各方面的投入要素，这些既是需要流动的商品，也是需要加以保护的重要资源。只有独特的、难模仿的、难转移的关键资源才能为城市创新发展带来长期优势，因而领先的科学技术、深入日常生活的便利设施、凝聚城市价值观的文化要素，是城市创新能力发展的重要方向。用科技改变社会协作方式，用便利设施更新公民生活方式，用文化要素激发深层次的价值认同，是城市创新能力提升的重点实现路径。城市在创新资源方面的发展目标是打造智慧治理、以人为本、资源集约的城市创新发展

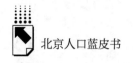

模式。

创新环境，反映的是城市创新过程中，影响创新主体进行实践的各种外部因素的总和，主要包括城市创新发展的战略与规划、对城市创新实践行为的经费投入力度以及社会对创新行为的态度等。创新环境不仅跟科技本身有关，而且和社会文化理念有着密切的联系，信息和知识的交流与传播不仅通过物质手段，更重要的是通过人与人之间正式或非正式的社交网络联结。加快形成鼓励创新、宽容失败的社会氛围，是城市创新能力建设的重要支撑和实现路径。城市在创新环境方面的主要目标是实现宜人的自然景观环境的同时，打造宽容开放的社会氛围，能够使不同的创新主体在城市中实现自我价值。

综上所述，城市创新主要应从创新主体、创新资源、创新环境三个方面推进建设，这三个方面是建设的主体部分，我们称之为骨骼。如何将骨骼有组织、成系统地连接起来，就需要找到城市的脉络。

本报告的数据主要来自北京、上海、广州和深圳等城市统计年鉴。主要包括2017年北京统计年鉴、2017年上海统计年鉴、2017年广州统计年鉴、2017年深圳统计年鉴以及2017年发布的《全球科技创新中心评估报告》和《中国城市科技创新发展报告》两份创新研究报告。由于统计口径和指标设置标准不一样，部分数据比较分析可能有差异。为了更加明晰，我们对表格中的一些数据做了计算处理，在这里特此说明。

二 北上广深城市创新主体比较

城市创新主体包括居民、企业组织、高等院校与科研机构、社会团体以及创意阶层等。城市居民作为城市创新建设过程中的参与者与获益者，其人口多少、素质高低、流动频率等因素是影响城市创新能力的重要内容。促进人口对城市创新的支持、参与和普及，是城市创新能力得以提升的关键。本报告从城市人口规模、人口密度、人口多样性等指标来比较城市创新主体的情况。

（一）北京人口规模和多样性尚可，但人口密度远低于上海、深圳与广州

人口规模对于城市发展至关重要。一般来说，它与城市发展的经济基础、地理位置、建设条件、现状特点等密切相关。事实上，有了人口的聚集，才能创造更多的财富与繁荣。2017年中国经济与社会发展统计数据库显示，截至2016年底，北京、上海、深圳、广州4座城市中，上海的常住人口最多，达2419.7万人；北京常住人口次之，达2172.9万人；深圳的常住人口最少，只有1190.84万人（见表1）。

人口密度是衡量城市人口分布稀疏程度的常用数量指标。城市创新能力的建设和提升，与人口密度也有着紧密关系。城市能够在有限的城市空间中聚集尽可能多的人，使其参与到城市的建设过程中，这在一定程度上为创新能力的提升提供了源泉。但是，我们仍要警醒，过高的人口密度有可能造成生态环境、社会资源的紧缺及分配不均，与城市创新发展中宜居目标背道而驰。数据显示，深圳的人口密度最高，达到每平方公里6000人；人口密度最小的是北京，每平方公里常住人口只有1300人；上海人口密度大约是深圳的一半，广州人口密度与北京相差不大（见表1）。在这里，我们补充说明4个城市的地理面积，北京的面积最大，为16412平方公里，大概相当于深圳的8.3倍；在4个城市中，深圳的面积最小，只有1997平方公里，与广州、上海的面积也相去甚远。

人口多样性所催生的多元文化对城市创新发展具有推动作用。人口多样性有利于促进创新理念接受度、创新参与互动性的提高以及创新行为的具体实施等。因而，人口多样性成为衡量城市创新能力的要素之一。数据显示，截至2016年底，深圳户籍人口绝对值仅为384.52万人，占常住人口比重尚不及三分之一；北京户籍人口有1362.9万人，占常住人口比重达到62.7%，是4个一线城市中户籍人口比重最大的城市；上海户籍人口绝对值是4个城市中最多的，达到1439.5万人，占到常住人口近60%的比重；广州户籍人口占常住人口比重达到62%，户籍人口数仅高于深圳，较北京、上海仍有较大差距（见表1）。

表1　北上广深城市人口基本情况

指　标	北京	上海	广州	深圳
人口规模(万人)	2172.9	2419.7	1404.35	1190.84
人口密度(万人/平方公里)	0.13	0.38	0.19	0.6
人口多样性(%)	37.3	40.5	38.0	67.7

注：对于城市人口多样性的衡量，我们主要采用的外来人口所占城市总人口的比例。相较于外来人口少的城市来说，外来人口多的城市其多样性会高些。

资料来源：①北京数据主要来自《北京统计年鉴（2017）》，http：//www. bjstats. gov. cn/nj/main/2017 – tjnj/zk/indexch. htm。

②上海数据主要来自《上海统计年鉴（2017）》，http：//www. stats – sh. gov. cn/tjnj/nj17. htm? d1 = 2017tjnj/C0105. htm。

③广州统计信息网，http：//210. 72. 4. 52/gzStat1/chaxun/njsj. jsp。

④《深圳统计年鉴（2017）》，http：//www. sz. gov. cn/cn/xxgk/zfxxgj/tjsj/tjnj/201712/W020171219625654798180. pdf。

（二）北京的企业组织数量具有绝对优势，广州科技企业组织较多，深圳信息企业组织较多

企业是市场经济中最活跃的单位，一个城市中的企业组织数量很大程度上反映着城市的活力与创新力。随着后工业社会和知识经济时代来临，一些新兴的企业组织不断壮大，尤其是以下领域迅猛崛起：第一，信息传输、软件和信息技术；第二，科学研究与技术服务；第三，文化、体育、娱乐等。因此，本报告的考察主要从信息与软件企业组织、科学研究与技术服务企业组织、文娱企业组织三个门类来进行城市创新主体的分析。数据显示，截止到2016年底，相较于其他城市，北京的企业组织数量具有绝对优势，同时各行业分布均匀、发展均衡。在信息传输、软件和信息技术以及科学研究与技术服务领域，规模以上法人单位均达到3000余家。广州的科学研究和技术服务领域的企业组织数量为1525家，约为北京同类企业数量的一半；其信息传输、软件和信息技术领域的企业数量则仅为深圳同类企业数量的一半、北京同类企业数量的1/5。深圳信息传输、软件和信息技术领域的企业众多，达到1044家；科学研究与技术服务领域的企业数量相对北京、广州

较少，仅为北京同类企业数量的 21%；而文化、体育、娱乐领域的企业力量则更为薄弱，企业数量仅为北京同类企业数量的 1/10 不到（见表2）。

表2　规模以上法人单位数量

单位：家

指　标	北京	广州	深圳
信息与软件企业组织	3012	571	1044
科学研究与技术服务企业组织	3382	1525	721
文娱企业组织	1263	439	106

资料来源：①北京数据主要来自《北京统计年鉴（2017）》，http：//www. bjstats. gov. cn/nj/main/2017 - tjnj/zk/indexch. htm。

②广州统计信息网，http：//210. 72. 4. 52/gzStat1/chaxun/njsj. jsp。

③《深圳统计年鉴（2017）》，http：//www. sz. gov. cn/cn/xxgk/zfxxgj/tjsj/tjnj/201712/W0201712 19625654798180. pdf。

（三）北京高新企业从业人数、高等学校、科研院所与社会组织的数量均高于其他三个城市

高新企业从业人数是衡量一个城市创新主体的直接指标。数量庞大且聚集明显的高新企业从业人数能够显著提升城市创新活力和辐射功能，这些人才的汇聚会加大聚集效应。数据显示，4 个城市的高新企业从业人数分布极不均衡，北京的从业人数占据了绝对的优势，达到了 81 万人之多，是上海高新企业从业人数的约 24 倍、广州高新企业从业人数的约 12 倍。深圳位列第二，高新企业从业人数达到了约 14.6 万人。上海高新企业从业人数最少，仅为 33804 人，比第三名广州的从业人数少了一半还多（见表3）。

高等院校成为贯彻落实城市创新政策、培育城市创新人才、激发科研机构创新的重镇。城市中高等院校的密度越高，代表提升城市创新能力的主体数量越多、能力越强。因而，高等学校数量成为衡量城市创新主体的要素之一。数据显示，北京高等院校数量最多，达到 91 所，是深圳高等院校数量的近 8 倍；同时，上海高等院校数量也达到了深圳高等院校数量的 5 倍多。广州位列高等院校数量第二名，具有较好的教育和科研资源。深圳高等院校

数量仅 12 所，与其他三座城市差距显著。可以看出，北京的教育实力最强，不仅体现在高等院校的数量上，还在教育质量上具有较强的优势。广州、上海紧随其后，优势也较为明显，而深圳高等院校数量相对有限，城市创新主体的建设和培育能力较为薄弱（见表3）。

与高等院校职能相近，科研院所也是城市创新的中坚力量，尤其是在科技创新领域。这些组织不但承担着重要的技术创新职能，而且是科技人才的摇篮，在城市创新建设中发挥着不可替代作用。数据显示，北上广深之间在科研院所数量上发展程度很不平衡。北京的科研院所数量在全国范围内占据领先地位，是广州科研院所数量的 9 倍还多，是深圳科研院所数量的 2 倍还多，达到了 1458 个。上海的科研院所数量略高于深圳的科研院所数量，达到了 798 个，位列 4 个城市中的第二位。值得注意的是，深圳尽管高校数量较少，但其科研院所数量高达 630 个。这也体现了深圳在城市创新能力提升方面的积极性和主动性，深圳尽管没有那么多高校，但通过政策和制度来培育和吸引更多的科研机构落户（见表3）。

表3　北上广深高新企业从业人数、高等学校、科研院所、社会组织等情况比较

指　标	北京	上海	广州	深圳
高新企业从业人数（人）	810195	33804	69305	145923
高等院校（所）	91	64	82	12
科研院所（个）	1458	798	160	630
社会组织（个）	4267	4007	2438	3708

资料来源：①北京数据主要来自《北京统计年鉴（2017）》，http：//www. bjstats. gov. cn/nj/main/2017 – tjnj/zk/indexch. htm。

②上海数据主要来自《上海统计年鉴（2017）》，http：//www. stats – sh. gov. cn/tjnj/nj17. htm? d1 = 2017tjnj/C0105. htm。

③广州统计信息网，http：//210. 72. 4. 52/gzStat1/chaxun/njsj. jsp。

④《深圳统计年鉴（2017）》，http：//www. sz. gov. cn/cn/xxgk/zfxxgj/tjsj/tjnj/201712/W0201712 19625654798180. pdf。

社会组织是社会创新的主体，很多城市社会问题可以用社会创新方法来解决。因此，社会组织数量的多少可以反映城市社会创新能力的大小。数据显示，北京、上海民政部门正式注册的社会组织数量居于全国前列，均超过

了4000个，其中北京比上海的社会组织多出了260个；广州在4个一线城市中社会组织数量较少，仅有2438个，占北京社会组织数量的57%。深圳在4个一线城市中人口数量最少，仅为北京人口数量的一半多一些，而社会组织数量却达到了3708个，只比北京社会组织数量少559个，在人均拥有量上较其他三座城市具有较大优势。这说明深圳城市创新能力很强（见表3）。

三 北上广深城市创新资源比较

（一）北京城市创新资源得天独厚，较上海、广州、深圳具有较大优势

作为建设创新型国家的重要突破口和切入点，城市创新能力打造的具体路径是对创新资源的整合，以增强城市的整体竞争力。城市创新资源主要指的是城市创新能力建设过程中所需要的各种投入，包括人才、信息、知识、经费等各方面的要素投入，本报告从当前城市创新资源影响力比较突出的两个维度——研究与试验发展经费内部支出、专利申请数进行测量。

研究与试验发展活动（R&D活动）的规模和强度指标通常用来反映某一区域的科技实力和核心竞争力，是国际上衡量一国或一个地区在科技创新方面努力程度的重要指标。一个城市的R&D水平，往往以研究与试验发展经费内部支出为重要影响因素，因为R&D的投入水平很大程度上决定了城市的创新发展潜力。如表4所示，北京及上海的研究与试验发展经费的内部支出数额明显处于全国的领先水平，均超过了1000亿元人民币，北京研究与试验发展经费的内部支出达到了1484.58亿元，居于全国首位。

按照通常的解释，发明专利是对产品、方法或其他改进所提出的新的技术方案，与已有技术相比需要具有突出的实质性特点和显著的进步才能被授予。作为一种无形资产，发明专利数量成为衡量城市创新能力的重要指标。北京在发明专利领域也取得了耀眼的成绩，以189129个的专利申请数量远远超过了上海、广州及深圳，甚至比上海及广州专利申请数的总和还多（见表4）。

表4　北上广深研发投入和成果产出比较

指　　标	北京	上海	广州	深圳
研究与试验发展经费内部支出(亿元)	1484.58	1049.32	209.8	279.71
专利申请数(个)	189129	119937	63366	145294

资料来源：①北京数据主要来自《北京统计年鉴（2017）》，http：//www. bjstats. gov. cn/nj/main/2017 – tjnj/zk/indexch. htm。

②上海数据主要来自《上海统计年鉴（2017）》，http：//www. stats – sh. gov. cn/tjnj/nj17. htm? d1 = 2017tjnj/C0105. htm。

③广州统计信息网，http：//210. 72. 4. 52/gzStat1/chaxun/njsj. jsp。

④《深圳统计年鉴（2017）》，http：//www. sz. gov. cn/cn/xxgk/zfxxgj/tjsj/tjnj/201712/W020171219625654798180. pdf。

根据以上数据不难看出，北京对研究与试验发展的扶持力度很大，对知识产权的认识到位，对科技创新的保护手段比较完善，这为北京积累了丰富的城市创新资源。

（二）北京的研究与试验发展经费内部支出与产出效益低于深圳，专利含金量有待提升

深圳在适应经济发展新常态和创新驱动城市发展的过程中，充分认识到了知识产权的市场化运作能力，在研究与试验发展经费内部支出仅为279.71亿元的前提下，实现了145294个专利申请数。同期，北京研究与试验发展经费内部支出额为深圳的5倍还多，而专利申请数仅比深圳多出了43835个。可见，深圳高度活跃的市场经济充分调动了企业的自主能动性，知识产权运营的意识和水平都得到了大幅度提升。

除了密切关注专利申请等成果数量，还要将知识产权服务工作视为城市创新发展的关键环节。因为，创新成果被研发人员和设计人员创造出来时，只是一个技术或一件作品，甚至可能只是一个创意，这样的成果形式很可能随意被人采撷。于是，在专利发明井喷式爆发的背后，还需要逐步加强知识产权的服务工作。即使是专利发明数量最多的北京与深圳，仍然在专利运营方面存在明显的短板。比如，大量中小企业的专利运营意识淡

薄，对知识产权服务的重要性和复杂性认识不足；知识产权服务工作的专业人才缺乏；专利发明可进行产业化转化的成果不多等。要想实现城市创新资源的可持续性，就需要在提升发明专利数量及含金量的同时，逐步完善专业的知识产权服务工作，使城市创新资源得以妥善留存，并实现有效的产业转化。

（三）广州城市创新资源薄弱，上海科技与金融融合的路径值得借鉴

广州在研究与试验发展经费内部支出方面远远落后于北京、上海，仅相当于后者投资额的 1/5，为 209.8 亿元，在 4 座一线城市中居于劣势。同时，广州的专利申请数仅约为北京专利申请数量的 1/3、深圳专利申请数量的 1/2，在 4 个一线城市中具有明显的短板。上海通过搭建科技金融投融资平台和科技金融服务平台，聚集科技金融领域所需的创新资源与要素，这一做法值得广州借鉴。

四　北上广深城市创新环境比较

（一）北京在城市绿色发展方面具有明显优势

生态宜居是城市创新环境的基础组成部分，偏向于自然物理方面的需求，直接影响着人们的生活质量和品质。不同的专业背景，对生态宜居性的测量不同。我们从当前影响城市发展比较突出的两个维度来进行测量：绿色指数和空气质量。绿色指数中包括城市建成区绿化覆盖率和人均公园绿地面积。表 5 的数据以 2016 年的全面均值为主。结果显示，北京的城市绿色发展指数明显优于其他三大城市，尤其是城市绿化覆盖率达到了 48.4%，排名第一；人均公园绿地面积也比较大，和广州、深圳在同一水平上，都在16.0 平方米以上，上海这方面的表现比较差，仅为 7.8 平方米。然而，北京的空气质量明显劣于其他三大城市，深圳空气质量最好。空气质量的好坏

很大程度上影响了城市的宜居性。在我们的调查访谈中，曾经有部分科技创新人才表示过，如果空气质量再不改善，将可能搬离北京，到深圳、杭州等城市发展。这也说明，清洁的空气不但影响着城市宜居性，也对城市创新环境和人才流动产生了重要影响。

表5 北上广深城市绿色指数和空气质量比较

指　标	北京	上海	广州	深圳
城市绿化覆盖率(%)	48.4	38.8	41.8	45.0
空气质量(PM2.5,微克/立方米)	73.0	45.0	36.1	27.0
人均公园绿地面积(平方米)	16.1	7.8	16.8	16.5

资料来源：①北京数据主要来自《北京统计年鉴（2017）》，http：//www.bjstats.gov.cn/nj/main/2017 - tjnj/zk/indexch.htm，其中，PM2.5数值来自《北京市环境公报（2016）》。

②上海数据主要来自《上海统计年鉴（2017）》，http：//www.stats - sh.gov.cn/tjnj/nj17.htm?d1 = 2017tjnj/C0105.htm。

③广州统计信息网，http：//210.72.4.52/gzStat1/chaxun/njsj.jsp。

④《深圳统计年鉴（2017）》，http：//www.sz.gov.cn/cn/xxgk/zfxxgj/tjsj/tjnj/201712/W020171219625654798180.pdf。

（二）北京在公共服务资源方面总体占优，上海的公共图书馆藏书量文化资源优势明显

公共服务是城市创新环境非常关键的组成部分。哈佛大学城市经济学家爱德华·格莱泽研究团队指出，一些"非市场交易"（non-market transactions）在城市发展过程中起到关键作用。这里的非市场交易更多倾向于城市能够为居住在这里的人们提供的公共服务。比如，是否有好的学校让子女就学？很多人口流动受到教育资源的影响；有无好的医院给老人就医？有无优质的文化设施与活动供人们休闲娱乐？城市公共交通是否便利？这些直接影响着人们的城市生活品质。

从教育资源来看，北京所拥有的学校数量和专任教师数量都远远超过其他几个城市。作为后起之秀的深圳，其教育资源也比较丰富，学校数量和专任教师数量都多于上海和广州。这也体现了深圳对人力资本的重视程度，深

圳的城市发展离不开人力资本的教育培训投入。

从卫生资源来看，北京医疗资源也相当丰富，每千人常住人口执业医生数量在4个城市中排名第一，为4.64人，深圳这方面相对落后；每千人常住人口床位数广州最多，北京排名第二，千人床位数有5个。

文化资源方面，北京的公共图书馆藏书量尽管没有上海多，但远远高于深圳和广州，是二者之和还要多。这说明，北京在图书、阅读等方面资源比较丰富。同样，无论是"自上而下"政府主导的文化资源，比如博物馆、纪念馆、美术馆和文化站，还是由市场主导的电影观影，北京都是异常活跃，明显优于其他三个城市。北京博物馆、纪念馆、美术馆高达178个，大约相当于上海、广州和深圳的总数。

公共交通也是城市公共服务的重要一环。从表6中不难发现，北京的公共电汽车和轨道交通载客均超过了36亿人次，远远高于上海、广州和深圳。上海的轨道交通也相当发达，载客人次仅次于北京，达到34亿人次以上。大概是由于地理条件和人口总数的限制，深圳这方面的数据排名比较靠后。

表6 北上广深城市公共服务情况比较

指标	北京	上海	广州	深圳
学校数（个）	3524	1744	1710	2285
专人教师数（万人）	23.1	16.12	16.8	100
每千人常住人口执业医生数（人）	4.64	2.7	3.3	2.5
每千人常住人口床位数（个）	5.06	4.6	6.3	3.5
公共图书馆藏书量（万册或件）	6229	7676	2737	3604
博物馆、纪念馆、美术馆（个）	178	125	32	46
电影放映场次（万场次）	228.5	252	96.3	—
文化站（个）	331	213	167	—
公共电汽车载客（万人次）	369019	239100	241358	186799
轨道交通（万人次）	365934	340106	257119	129213

资料来源：①北京数据来自 http：//www. bjstats. gov. cn/nj/main/2017 - tjnj/zk/indexch. htm；

②上海数据来自 http：//www. stats - sh. gov. cn/tjnj/nj17. htm? d1 = 2017tjnj/C2001. htm；

③广州数据来自 http：//210. 72. 4. 52/gzStat1/chaxun/njsj. jsp；

④深圳数据来自 http：//www. sz. gov. cn/cn/xxgk/zfxxgj/tjsj/tjnj/201712/W020171219625654798180. pdf。

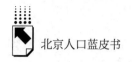

通过以上分析，我们不难发现，北京在公共服务方面保持着城市总体上的优势和竞争力，但如何把这些总体上的优势转化到城市管理服务的细节上，即城市管理服务的精细化，需要进一步下功夫。在调查访谈中，有专家反映，北京正因为资源太过丰富，很多时候采取的都是粗放型的管理服务手段，资源利用率比较低，而且有时候还出现浪费和破坏现象。这一点应该在今后城市创新环境改善中得到重视。

（三）深圳在城市包容度方面明显好于北京、上海、广州

创意城市研究著名学者佛罗里达在《创意阶层崛起》一书中指出，创意人才比较喜欢城市包容性氛围环境。他用美国各地区同性恋指数来说明城市的包容性，并建立与科技人才流动的关联性。然而，在中国，我们很难查到这方面的数据，更谈不上有科学系统的数据可以利用。不过，由于历史文化不同，在主流的意识形态中，大多数人对于"离婚"持较为负面的态度，与美国人对于同性恋的态度有着较大相似性。换句话说，一个地方对于"离婚"现象的接受程度，从某种程度上可以反映这个地区的包容性。除了用离婚率来测量城市包容性外，我们还加入了外来人口比例这一维度来进一步佐证城市包容性。

表7显示，单从离婚率来看，4个大城市包容性都比较高，离婚率都在35%及以上；但从外来人口占总人口比例来看，深圳的城市包容性要明显优于其他3个城市。就外来人口比例来看，北京城市包容性明显不如深圳和上海。结合深圳最近十年的城市发展来看，科技创新人才和创意人才对于城市发展起到关键作用，很多新兴产业和新就业机会都来自这些群体的推动。从侧面也说明了，深圳城市包容性对于人才的吸引与聚集作用明显（见表7）。

五 城市创新的趋势研判与特点

正如《创新美国报告》中指出的那样，创新是通向未来的钥匙，也是一个国家或地区在世界舞台上保持竞争优势的关键。北京、上海、广州、深

表7 北上广深城市绿色指数和空气质量比较

指标	北京	上海	广州	深圳
离婚率(%)①	39	38	35	36.25
外来人口比例(%)	37.2②	40.1③	38.0④	67.7⑤

注：①本组数据来自民政部相关数据，http://www.sohu.com/a/191276621_355799。

②《北京统计年鉴（2017）》显示，截至2016年底，北京常住人口规模达到2172.9万人，常住非户籍人口约807.5万人。

③《上海统计年鉴（2017）》显示，截至2016年底，上海常住人口2419.7万人，常住户籍人口为1450万人。

④《广州统计年鉴（2017）》显示，截至2016年底，广州常住人口1404.35万人，常住户籍人口870.49万人。

⑤《深圳统计年鉴（2017）》显示，截至2016年底，深圳常住人口为1190.84万人，常住户籍人口为384.52万人，常住非户籍人口为806.32万人。

圳作为经济社会活动的聚集地，也正成为创新的重要区域。在当今全球化背景下，城市创新能力逐渐成为世界经济发展的主要决定力量。在北上广深4个城市分析基础上，对于城市创新的趋势与特点做以下几方面概括。

第一，北京、上海常住居民数量占有绝对优势，城市创新能力的发展具有良好的基础。稳定增长的人口规模、高素质的劳动力队伍和能够提供多种服务的人口环境，是城市创新主体之———居民保持创新优势的关键因素。①北京、上海常住人口均超过2000万人，为这两座城市的可持续发展提供了坚实的储备。数据也表明，北京、上海在经济、科技、教育、艺术等方面均在国际上取得了显著的成绩。随着城市中各行各业的均衡发展，居民的数量、素质、受教育程度、社会融入能力等纷纷成为背后的重要决定因素。未来城市创新建设中，一方面，重点在于加强城市对高素质人才的吸纳能力；另一方面，面临着处理好人口结构优化与城市宜居之间的平衡问题，这将成为城市转型升级的重要一点。

第二，城市包容性逐渐成为中高收入人群择居、择业的重要考虑因素。对于一个城市来说，该城市人口具有较年轻的人口结构、较高的平均受教育

① 左学金、王红霞：《大都市创新与人口发展的国际比较——以纽约、东京、伦敦、上海为案例的研究》，《社会科学》2009年第2期，第44~52页。

水平以及人口的开放性及多样性，是衡量城市具有创新能力的重要方面。深圳作为后发制人的新兴移民城市，在全社会形成"鼓励创新、宽容失败"的社会价值①，具有很强的包容性，因而人口多样性特点显著。近年来，政府利用政策、环境、薪酬等手段吸纳各领域人才逐步加入，成为我国在科技、工业、贸易领域最活跃的中心。北京则相对注重"户口制度"，无形之中形成一定的排外因素，为人才的引进造成了一定的阻力。上海城市创新建设进程中高素质的人力资本相对匮乏，人口增长相对滞后，人口流动性、多样性与开放性不足。若是能够差别化人力资本投资政策、重视对高素质人才的公共服务以及改进户籍制度等，或许可以为上述问题提供有效的解决措施。

第三，"收入"已不是择居的唯一决定因素。北京的城镇居民人均可支配收入最高，但是人口密度不是最高的，除了客观政策调控的原因，可以看出，收入已不是高级人力资本选择工作地的唯一或是首要条件。深圳在四城市中城镇居民可支配收入最低，但是具有最高的人口多样性，同样，人口密度也远远高于其他三个城市，可见深圳对人力资本的吸纳能力是四个一线城市中最强的。由这一现象可以看出，除收入之外的创业创新氛围、自然环境、社会包容度等因素已逐渐成为影响居民选择城市的重要因素，并在一定程度上制约着城市创新能力的提升；另外也为城市可持续发展敲响警钟，城市创新能力建设是一个综合、多元、复杂的议题，需要多方入手方能留住创新主体。

第四，北京和深圳的产学研联动网络体系的重要性进一步凸显。产学研合作是促进创新主体互动的重要手段，加快形成产学研相结合的创新网络。创新主体的互动、创新系统的运行都离不开完善的产学研一体化。北京的科研机构数量、高校数量、企业数量独占鳌头，多年积累的科研成果、高度集中的高等院校、发展蓬勃的各类企业为北京的城市创新提供了丰富内容。深圳壮大力量发展教育资源，在硬件与软件上加大投入。比如，北京大学、清

---

① 谢志岿、李卓：《移民文化精神与新兴城市发展：基于深圳经验》，《深圳大学学报》（人文社会科学版），（2017）05 - 0032 - 06。

华大学在深圳设立研究生院；香港中文大学、哈尔滨大学、中山大学纷纷在深圳设立分校；南方科技大学、深圳技术大学等一批高校已选址建设；深圳北理莫斯科大学是第一家中俄合作办学的高等院校，也选择落户深圳。这是因为，高校数量最少的深圳深深感受到了危机，它意识到没有高等院校和科研机构的支撑，就没有科技成果的转化；没有不断涌现的科技创新成果，企业就很难保持创新动力。因而，建立产学研合作的创新体系，对科技成果供求关系的转变及其结构的调整，对促进科技成果转化，以及对形成科技创新的内在机制，都具有重要的战略意义。①

第五，文化与经济的关系在城市创新发展过程中亟待得到重视。深圳拥有科技和市场对接的良好条件，大力发展新型科技产业，在信息传输、软件和信息技术领域吸纳了大量的人才，弥补深圳高校与科研机构的不足。但是可以看出，深圳在谋求经济、科技发展的过程中，忽略了文化领域的发展，文化、体育、娱乐领域规模以上法人单位数量仅 106 个。文化应当是经济发展的基础结构，而不应仅仅作为让位于经济和科技发展的锦上添花之物。城市发展文化，一是要发挥文化的基础性作用，并在此基础上实现社会安定的公知教化；二是要大力发展文化企业，培育经济增长、人口就业的新的增长点。因此，文化和经济不应是两条跑道上的列车，在城市创新能力提升的过程中应当做到双轨并行，齐头并进。

参考文献

[1] 左学金、王红霞：《大都市创新与人口发展的国际比较——以纽约、东京、伦敦、上海为案例的研究》，《社会科学》2009 年第 2 期。

[2] 谢志岿、李卓：《移民文化精神与新兴城市发展：基于深圳经验》，《深圳大学学报》（人文社会科学版）2017 年第 5 期。

[3] 苏倩：《浅析国内外创新型城市建设的典型经验及借鉴》，《时代经贸》2013 年

---

① 苏倩：《浅析国内外创新型城市建设的典型经验及借鉴》，《时代经贸》2013 年第 17 期。

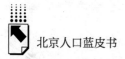

第 17 期。

［4］吴军：《流动的逻辑：创新创业人员大城市聚集动力》，《城市发展研究》2016 年第 8 期。

［5］祁述裕、吴军：《文化场景视角下中关村创业大街发展动力探索》，《艺术百家》2017 年第 4 期。

❖ 皮书起源 ❖

"皮书"起源于十七、十八世纪的英国，主要指官方或社会组织正式发表的重要文件或报告，多以"白皮书"命名。在中国，"皮书"这一概念被社会广泛接受，并被成功运作、发展成为一种全新的出版形态，则源于中国社会科学院社会科学文献出版社。

❖ 皮书定义 ❖

皮书是对中国与世界发展状况和热点问题进行年度监测，以专业的角度、专家的视野和实证研究方法，针对某一领域或区域现状与发展态势展开分析和预测，具备原创性、实证性、专业性、连续性、前沿性、时效性等特点的公开出版物，由一系列权威研究报告组成。

❖ 皮书作者 ❖

皮书系列的作者以中国社会科学院、著名高校、地方社会科学院的研究人员为主，多为国内一流研究机构的权威专家学者，他们的看法和观点代表了学界对中国与世界的现实和未来最高水平的解读与分析。

❖ 皮书荣誉 ❖

皮书系列已成为社会科学文献出版社的著名图书品牌和中国社会科学院的知名学术品牌。2016年，皮书系列正式列入"十三五"国家重点出版规划项目；2013~2018年，重点皮书列入中国社会科学院承担的国家哲学社会科学创新工程项目；2018年，59种院外皮书使用"中国社会科学院创新工程学术出版项目"标识。

中国皮书网

（网址：www.pishu.cn）

发布皮书研创资讯，传播皮书精彩内容
引领皮书出版潮流，打造皮书服务平台

栏目设置

关于皮书：何谓皮书、皮书分类、皮书大事记、皮书荣誉、

皮书出版第一人、皮书编辑部

最新资讯：通知公告、新闻动态、媒体聚焦、网站专题、视频直播、下载专区

皮书研创：皮书规范、皮书选题、皮书出版、皮书研究、研创团队

皮书评奖评价：指标体系、皮书评价、皮书评奖

互动专区：皮书说、社科数托邦、皮书微博、留言板

所获荣誉

2008 年、2011 年，中国皮书网均在全
国新闻出版业网站荣誉评选中获得"最具
商业价值网站"称号；

2012 年，获得"出版业网站百强"称号。

网库合一

2014 年，中国皮书网与皮书数据库端
口合一，实现资源共享。

权威报告·一手数据·特色资源

皮书数据库
ANNUAL REPORT(YEARBOOK)
DATABASE

当代中国经济与社会发展高端智库平台

所获荣誉

- 2016年，入选"'十三五'国家重点电子出版物出版规划骨干工程"
- 2015年，荣获"搜索中国正能量 点赞2015""创新中国科技创新奖"
- 2013年，荣获"中国出版政府奖·网络出版物奖"提名奖
- 连续多年荣获中国数字出版博览会"数字出版·优秀品牌"奖

成为会员

通过网址www.pishu.com.cn访问皮书数据库网站或下载皮书数据库APP，进行手机号码验证或邮箱验证即可成为皮书数据库会员。

会员福利

- 使用手机号码首次注册的会员，账号自动充值100元体验金，可直接购买和查看数据库内容（仅限PC端）。
- 已注册用户购书后可免费获赠100元皮书数据库充值卡。刮开充值卡涂层获取充值密码，登录并进入"会员中心"—"在线充值"—"充值卡充值"，充值成功后即可购买和查看数据库内容（仅限PC端）。
- 会员福利最终解释权归社会科学文献出版社所有。

数据库服务热线：400-008-6695
数据库服务QQ：2475522410
数据库服务邮箱：database@ssap.cn
图书销售热线：010-59367070/7028
图书服务QQ：1265056568
图书服务邮箱：duzhe@ssap.cn

社会科学文献出版社 皮书系列
SOCIAL SCIENCES ACADEMIC PRESS (CHINA)
卡号：312782823318
密码：

S 基本子库
SUB DATABASE

中国社会发展数据库（下设 12 个子库）

全面整合国内外中国社会发展研究成果，汇聚独家统计数据、深度分析报告，涉及社会、人口、政治、教育、法律等 12 个领域，为了解中国社会发展动态、跟踪社会核心热点、分析社会发展趋势提供一站式资源搜索和数据分析与挖掘服务。

中国经济发展数据库（下设 12 个子库）

基于"皮书系列"中涉及中国经济发展的研究资料构建，内容涵盖宏观经济、农业经济、工业经济、产业经济等 12 个重点经济领域，为实时掌控经济运行态势、把握经济发展规律、洞察经济形势、进行经济决策提供参考和依据。

中国行业发展数据库（下设 17 个子库）

以中国国民经济行业分类为依据，覆盖金融业、旅游、医疗卫生、交通运输、能源矿产等 100 多个行业，跟踪分析国民经济相关行业市场运行状况和政策导向，汇集行业发展前沿资讯，为投资、从业及各种经济决策提供理论基础和实践指导。

中国区域发展数据库（下设 6 个子库）

对中国特定区域内的经济、社会、文化等领域现状与发展情况进行深度分析和预测，研究层级至县及县以下行政区，涉及地区、区域经济体、城市、农村等不同维度。为地方经济社会宏观态势研究、发展经验研究、案例分析提供数据服务。

中国文化传媒数据库（下设 18 个子库）

汇聚文化传媒领域专家观点、热点资讯，梳理国内外中国文化发展相关学术研究成果、一手统计数据，涵盖文化产业、新闻传播、电影娱乐、文学艺术、群众文化等 18 个重点研究领域。为文化传媒研究提供相关数据、研究报告和综合分析服务。

世界经济与国际关系数据库（下设 6 个子库）

立足"皮书系列"世界经济、国际关系相关学术资源，整合世界经济、国际政治、世界文化与科技、全球性问题、国际组织与国际法、区域研究 6 大领域研究成果，为世界经济与国际关系研究提供全方位数据分析，为决策和形势研判提供参考。

法律声明

　　"皮书系列"（含蓝皮书、绿皮书、黄皮书）之品牌由社会科学文献出版社最早使用并持续至今，现已被中国图书市场所熟知。"皮书系列"的相关商标已在中华人民共和国国家工商行政管理总局商标局注册，如 LOGO（🔲）、皮书、Pishu、经济蓝皮书、社会蓝皮书等。"皮书系列"图书的注册商标专用权及封面设计、版式设计的著作权均为社会科学文献出版社所有。未经社会科学文献出版社书面授权许可，任何使用与"皮书系列"图书注册商标、封面设计、版式设计相同或者近似的文字、图形或其组合的行为均系侵权行为。

　　经作者授权，本书的专有出版权及信息网络传播权等为社会科学文献出版社享有。未经社会科学文献出版社书面授权许可，任何就本书内容的复制、发行或以数字形式进行网络传播的行为均系侵权行为。

　　社会科学文献出版社将通过法律途径追究上述侵权行为的法律责任，维护自身合法权益。

　　欢迎社会各界人士对侵犯社会科学文献出版社上述权利的侵权行为进行举报。电话：010-59367121，电子邮箱：fawubu@ssap.cn。

社会科学文献出版社